烟台大学黄海法学文库

山东省高校科研发展计划资助项目(J16YB06)

共犯关系研究

毛海利——著

GONGFAN GUANXI YANJIU

法律出版社
LAW PRESS·CHINA
北京

图书在版编目（CIP）数据

共犯关系研究 / 毛海利著. -- 北京 ：法律出版社，2024. --（烟台大学黄海法学文库）. -- ISBN 978 – 7 – 5197 – 9292 – 3

Ⅰ. D924.114

中国国家版本馆 CIP 数据核字第 2024D2J472 号

共犯关系研究
GONGFAN GUANXI YANJIU

毛海利 著

策划编辑 田亚飞
责任编辑 田亚飞
装帧设计 汪奇峰

出版发行 法律出版社
编辑统筹 法律出版社
责任校对 王晓萍
责任印制 胡晓雅
经　　销 新华书店

开本 710 毫米 × 1000 毫米　1/16
印张 13.5　**字数** 184 千
版本 2024 年 9 月第 1 版
印次 2024 年 9 月第 1 次印刷
印刷 唐山玺诚印务有限公司

地址：北京市丰台区莲花池西里 7 号（100073）
网址：www.lawpress.com.cn
投稿邮箱：info@lawpress.com.cn
举报盗版邮箱：jbwq@lawpress.com.cn
销售电话：010 – 83938349
客服电话：010 – 83938350
咨询电话：010 – 63939796

书号：ISBN 978 – 7 – 5197 – 9292 – 3
定价：52.00 元

凡购买本社图书，如有印装错误，我社负责退换。电话：010 – 83938349

总　　序

张卫平[*]

坐落于胶东半岛黄海之滨的烟台，不仅是我国的历史文化名城、最佳中国魅力城市之一，也是我国法学研究和法学教育的重镇。作为法学研究和教育的重要基地，烟台大学法学院自1984年创建以来，在法学研究和法学教育这两个方面都作出了突出的贡献。法学研究方面，在老中青三代法学家的共同努力之下，研究业绩亦令学界瞩目。尤其是在民法学研究领域，其一直处于前沿方阵之列，成为我国民法学研究的一支重要力量，2016年烟台大学法学院成为中国法学会“民法典研究方阵”理事单位就是其明证。

进入21世纪20年代，齐鲁大地在政治、经济、文化各个方面进入了新的发展时期。烟台大学也迎来了新的机遇，进入了发展的高速通道。随之，烟台大学的法学事业也进入了一个崭新的发展阶段。由法律出版社推出的“烟台大学黄海法学文库”研究丛书系列正是烟台大学法学新一轮发展的表征，是烟台大学法学研究发展的必然。

“烟台大学黄海法学文库”作为一个学术展示“平台”，不仅展示了烟台大学法学工作者最新的一批法学研究成果，也体现了烟台大学法学持续发展研究的实力和潜力，必将激励和推动烟台大学法学工作者，尤其是青年教师的科研工作，不断提升其研究品质和

---

* 烟台大学“黄海学者”特聘教授、清华大学教授。

能力。

即将出版面世的“烟台大学黄海法学文库”丛书在其选题上，无一不是我国法学研究的前沿课题，反映了撰稿人对其相关研究领域中前沿问题把握的学术敏感性。在问题的提出、研究路径的选择、命题的概括及论证、研究方法和资料的运用等方面，均体现了著述人的心智和努力。如关涛教授的专著《我国典当法律制度研究》，通过回顾我国典当制度的发展史，结合现代民商法理论，对于典当实务中存在的难点问题进行了系统阐述和论证，并在此基础上，对于我国典当制度的完善提出了建设性意见；于海防教授等的专论《消费者在线权益综合保障机制研究》一书，面向网络消费领域，系统、深入地研究了消费者在线权益保障机制问题，对我国消费者在线权益保障制度的建构和实践提供了有益理论指导；毕潇潇副教授的研究作品《临时禁令制度研究》不仅为我国禁令制度的建构提供了域外制度建构、实践及理论样本，并结合我国的行为保全制度进行了阐述，是为我国相关领域研究的“解渴”之作；陈浩副教授的著作《网络即时通讯记录司法认定问题研究》关注了证据实践中的前沿问题——网络即时通讯记录证据，作者通过对这一问题的深入研究，以破解该类证据实践运用中的困境与难题。在此，笔者不能一一列举丛书中十余种专著的主题和意义，仅在此提示这套丛书的创新性、前沿性和发展性值得学术界和实务界关注。

笔者注意到，这套丛书的作者主体以“80后”的青年教师为主，系清一色的法学博士，是烟台大学法学研究的生力军。他们的研究视野更加开阔，更善于吸收先进的理念和方法，思维更加活跃和灵动，研究更富有激情和热情，这无疑为“烟台大学黄海法学文库”的创新性、前沿性和发展性提供了最充分的保障。

烟台大学是我国大学中与大海“最亲密接触”的大学。在校园内，人们就能深深地呼吸到大海的气息，看到浪花的跳跃。因此，我有理由相信，烟台大学法律人也自然具有大海的胸襟和气魄，也敢于在法学研究的“大海”中搏击，在风浪中探索前行，成为我国法学研究新时代的“冲浪者”“弄潮儿”。

“烟台大学黄海法学文库”的推出，正是烟台大学法学在前行中打出的“旗语”！烟台大学法学也将在法学研究的“航程”中不断前行，高歌猛进！

笔者作为烟台大学“黄海学者”特聘教授，受法学院之托，为此书作总序，于我无疑是一件极大的幸事和荣誉，也是一种责任。

2022 年 3 月 11 日于清华园

目　　录

第一章　共犯人关系的解释论重构

传统上，共同犯罪论或共犯论被视为刑法学中的“幽暗地带”，足以彰显共犯论关涉问题的复杂性。具体到我国的共犯论研究，虽然每年都有大量的研究成果出版或发表，但是囿于我国现行的共犯论立法体例与当前颇为流行的域外共犯论立法体例关于共犯人概念在形式上存在的明显差异，比较法上，中外共犯论研究的话语体系还存在相当的隔阂。如我国现行《刑法》主要将共犯人区分为主犯、从犯与胁从犯，而区分制的立法体例通常将共犯人区分为正犯与共犯，单一制的立法体例则将共犯人统一视为正犯，不同立法体例下共犯人之间究竟是何关系，理论上仍然存在比较大的争议，有待进一步的探讨及澄清，否则将会极大地制约我国共犯论的进一步深化与拓展。

一、问题的提出

共同犯罪是指两人以上共同参与实施犯罪的情形。关于共同犯罪的场合，围绕共犯人关系的处理，国内外形成了三种颇具代表性的立法体例，即以共犯人参与构成要件的方式为中心处理共犯人关系的区分制与单一制和以共犯人在共同犯罪中所起作用为中心处理共犯人关系的主从犯体制。

区分制通常根据共犯人参与构成要件的犯行形式的不同，将共犯人区分为正犯（共同正犯）与共犯（教唆犯、帮助犯），并据此设定不同的处罚原则；单一制则将所有给构成要件的实现提供了条件的共犯人均视为正犯，并适用同一法定刑。主从犯体制以我国现行《刑法》为代表，其根据共犯人在共同犯罪中所起作用的大小，将共犯人区分为主犯、从犯、胁从犯，并设定不同的处罚原则。至于刑法中明确规定的教唆犯，尽管学界对其在共犯人分类中的认识还存在争议，但大都认为根据其在共同犯罪中所起作用的大小，应分别将其视为主犯与从犯。

根据我国现行共同犯罪的立法体例，固然能够轻松解决共犯人的刑事责任大小问题，但究竟应该如何把握共犯人之间的界限，无论是理论界①，还是司法实践②，至今都未能形成令人满意的解决方案。

另外，虽然我国刑法以共犯人在共同犯罪中的作用为中心将共犯人区分为主犯、从犯与胁从犯，但是综观当前有关共犯人关系的专题研究，鲜见就主犯、从犯与胁从犯之间的关系直接进行讨论的情形，大多围绕主犯、从犯与正犯、共犯之间的关系进行探讨，此亦表明，关于共犯人关系的处理，主犯、从犯与胁从犯之间的关系并非解决问题的关键，如何理顺主犯、从犯与正犯、共犯之间的关系，才是解决共犯人关系问题的根本症结所在。据此，国内学界关于共犯人关系的讨论，大都以此为中心展开，此亦成为我国共犯论研究中亟待解决的根本的前提性问题。

然而令人颇为遗憾的是，该问题在我国学界远未形成共识，仍然存在激烈争议，而该问题如果不能得到妥当解决，必然会直接严重制约我国共犯论的深化和拓展。基于上述问题意识，本部分首先对我国学界关于共犯人关系的既有观点进行检讨，其次以共犯人关系据以解决的基本问题为基准，反思处理共犯人关系的两种代表性共犯论基本立场的优劣得失，进而确定解决我国共犯人关系的妥当的参考方案，最后就我国现行有关共犯人的规定进行解释论重构，以期对我国的共犯论研究和司法

---

① 我国当前权威的刑法教科书，共同犯罪一章，与早期的刑法教科书相比，几十年来几乎没有任何进展，仍然停留于介绍共同犯罪概述、共同犯罪的形式、共同犯罪人的种类及刑事责任等问题。关于共犯人种类，也只是简要介绍各类共犯人包括哪些情形，至于刑法所规定的各共犯人之间的界限，基本没有相应的理论阐释。参见高铭暄主编：《刑法学》（修订本），法律出版社 1984 年版，第 186 页以下；高铭暄、马克昌主编：《刑法学》（第 8 版），北京大学出版社、高等教育出版社 2017 年版，第 163 页以下；《刑法学》编写组编：《刑法学》（上册・总论），高等教育出版社 2019 年版，第 228 页以下。

② 我国的司法实践中，关于共犯人的刑事责任，判决书通常会在描述完法庭查明及认定的事实后，直截了当地指出：某某某在共同犯罪中起主要作用，是主犯，某某某在共同犯罪中起次要或辅助作用，是从犯。至于其中的主要作用、次要作用或辅助作用的结论是如何得出的，基本上没有予以详细的说理或解释。

实践有所助益。

二、围绕共犯人关系之既有观点检讨

一如前述，国内学界关于共犯人关系的研究，基本上围绕正犯、共犯（教唆犯、帮助犯）与主犯、从犯（胁从犯）的关系展开讨论。归纳起来，主要有交叉关系说、递进关系说与重合关系说三种代表性观点。

（一）交叉关系说

传统上，学界以分工分类法与作用分类法为基础，主张共犯人之间呈现为一种交叉关系。具体而言，该观点认为关于共犯人的分类存在两种标准，即分工分类法与作用分类法，并据此认为，前者有利于定罪，后者有利于量刑。对于分工分类法，有的采用二分法，将共犯人分为正犯与共犯；有的采用三分法，将共犯人分为实行犯、教唆犯与帮助犯；有的采用四分法，将共犯人分为实行犯、组织犯、教唆犯与帮助犯。对于作用分类法，有的采用二分法，将共犯人分为主犯与从犯，有的采用三分法，将共犯人分为首要分子、从犯与胁从犯。我国刑法则以作用分类法为主，同时兼顾分工分类法，进而将共犯人分为两类，一类是主犯、从犯与胁从犯；另一类是教唆犯。至于两种分类法下共犯人之间的关系，则呈现为一种交叉关系，即实行犯既可以是主犯，也可以是从犯。教唆犯既可以是主犯，也可以是从犯。①

近来有学者根据双层次区分说，亦主张交叉关系说。如主张该观点的钱叶六教授指出，我国刑法对共犯人分类采取的是对参与人类型与参与程度实行双层次操作的区分制，即在构成要件层面，根据分工分类法，将共犯人分为正犯、组织犯、教唆犯与帮助犯，据以解决共犯人的定性问题（第一层次）。在分工分类法的基础上，根据作用分类法，进一步将共犯人分为主犯与从犯，据以解决共犯人的量刑问题（第二层

---

① 参见高铭暄、马克昌主编：《刑法学》（第8版），北京大学出版社、高等教育出版社2017年版，第172页以下。

次）。根据双层次区分说，正犯多数情形下是主犯，但也可能是从犯。教唆犯通常是从犯，但例外情况下也可能是主犯。帮助犯一般是从犯，但例外情形下也可能是主犯。①

还有学者基于单一制的基本立场，支持交叉关系说。如主张该观点的刘明祥教授认为，我国刑法关于共犯人的规定采取的是单一制，对于我国《刑法》条文中明确规定的主犯，根据罪刑法定主义的要求，应该严格解释，不能用德日两国刑法中的正犯概念进行替代。如果认为我国刑法采取的是区分制，那么对于居于区分制核心位置的正犯概念，不可能不予以规定。另外，根据区分制的立法体例，在共同正犯的场合，所有的参与者均是正犯，这导致每个参与者尽管发挥的作用大小可能有重大差异，但在处罚上却没有区别。对教唆犯判处正犯的刑罚，导致无论教唆者发挥作用是大还是小，处罚上都体现不出差异。基于单一制的基本立场，刘教授认为，我国刑法中的主犯，既可能是实行犯，也可能是教唆犯，甚至可能是帮助犯。从犯既可能是帮助犯，也可能是教唆犯，甚至可能是实行犯。②

不可否认，交叉关系说作为我国学界最为通行的观点，被司法实践所普遍接受，但其存在的问题亦最值得反思。

首先，交叉关系说的主张者虽然从不同的视角对共犯人关系予以论证，但得出的结论则基本一致，表明其背后的基本立场其实并无本质区别。如传统观点与双层次区分说均认为，根据分工分类法所形成的正犯等概念只承担定罪的功能，并不承担量刑的功能，根据作用分类法形成的主犯等概念才承担量刑功能，这等于说，分工分类法下的正犯与教唆犯、帮助犯，在规范上、价值上并无相应的层级关系，或者说在规范上、价值上都是等价的，如后文所述，该种观点显然与区分制的基本主张相左，本质上都属于单一制的基本立场，而单一制不仅在理论根基上存在缺陷，其关于共犯人定罪量刑的解决模式亦存在问题，因此，以单

① 参见钱叶六：《双层区分制下正犯与共犯的区分》，载《法学研究》2012 年第 1 期。
② 参见刘明祥：《主犯正犯化质疑》，载《法学研究》2013 年第 5 期。

一制为基本立场而主张交叉关系说存在问题。

其次，主张交叉关系说的学者普遍对共同犯罪量刑问题的本来旨趣存在重大误解。如认为区分制下对共同正犯与教唆犯的处罚无法根据作用大小予以区别对待，其实，根据区分制的立法体例，虽然对共同正犯与教唆犯均是根据正犯的刑罚予以处罚，但这只是就共犯人的处罚前提而言，在适用同样的处罚前提下，对共同正犯与教唆犯，仍然需要结合各共犯人的具体不法与责任最终确定其应承担的刑罚，鉴于各共犯人具体不法与责任存在差异，最终确定的刑罚自然会有所不同，怎么能说没有体现区别对待呢？相反，认为共同正犯既可能是主犯也可能是从犯的观点，只有在考虑各正犯者具体的不法与责任的前提下才能成立，这明显混淆了共犯人的处罚前提与对共犯人的具体处罚之间的区别，并使主犯与从犯成为包容所有影响共犯人刑罚裁量的量刑情节的概念。正因如此，我国刑法虽明确规定了主犯与从犯，但迄今为止，理论与实践均未就两者之间的界限提出明确的界分标准。

最后，认为我国刑法并未明文规定正犯概念，用正犯概念来解释主犯概念，从而违背了罪刑法定原则严格解释的说法，显然过于形式化。退一步说，根据单一制的立法体例，其须明文规定对各共犯人适用同一法定刑，即对各共犯人采取“同等对待”原则，但我国刑法中并不存在相应的明文规定，在此意义上，认为我国共同犯罪的立法体例属于单一制，存在问题。其实，不管我国刑法有没有明文规定正犯的概念，《刑法》分则条文所规定的就是正犯，正因如此，即使我国刑法同样未明文规定间接正犯的概念，但其却普遍为我国的理论与实践所接受。

（二）递进关系说

主张递进关系说的是周啸天教授。周教授指出，共同犯罪理论具有解决定罪与量刑的双重任务，而定罪与量刑又取决于违法与责任，进而认为，首先，在不法层面，根据有无支配面向结果的因果流程的实质标准，将共犯人区分为正犯与共犯，其中，正犯是主犯，共犯是从犯。关于教唆犯，教唆成年人犯罪的教唆犯应当是共犯，所以是从犯，教唆未成年人犯罪的教唆行为，实质上是煽动行为，可以将行为人评价为与未成年人一起分担了实行行为，共同引起了犯罪结果的发生，成立共同正犯，所以是主犯。其次，在共同正犯之中，还需要根据责任大小，通过综合考虑参与人的期待可能性与预防必要性大小，即谁的动机更为强烈，谁不实施犯罪行为的可能性更大，谁的违法性认识更为明确，谁的意志占据优势地位，谁的人身危险性更大等，进一步筛选出主犯与从犯。①

递进关系说以不法与责任为基础，认为共同犯罪是违法形态，主张首先从不法层面区分正犯与共犯，具有合理性。但该说又认为对于共同正犯，需要根据责任大小，进一步筛选出主犯与从犯，这与交叉关系说的主张一样，同样混淆了共同犯罪量刑问题上共犯人的处罚前提与共犯人的具体处罚之间的关系。另外，对于教唆犯，仅根据教唆的对象是成年人与未成年人为标准，分别将其评价为从犯与共同正犯，不仅过于形式化，也难言妥当。换言之，完全否认教唆成年人可能是共同正犯，或完全肯定教唆未成年人是共同正犯的观点，均存在问题。②

（三）重合关系说

主张重合关系说的是杨金彪博士。杨博士指出，作为共犯人分类标准的分工分类法与作用分类法，分别体现了共犯形式的、类型性的侧面与实质的、具体的侧面，两者充其量只具有理论意义。在立法论上，不可能只根据分工分类法或作用分类法中的一种标准对共犯人进行分类。我国刑法对共犯人的分类，实际上就是综合运用了分工分类法与作用分类法，分别从形式与实质两个方面对共犯人进行分类，两种分类标准只是角度不同，完全可以统一起来。如果说二者有什么不同，也只是据以划分共犯人的历史用语习惯不同，如大陆法系习惯将共犯人称为正犯、教唆犯与帮助犯，我国习惯上将共犯人称为主犯、从犯与教唆犯。杨博士还非常形象地将其主张图示化为：正犯 = 主犯，帮助犯 = 从犯（还包

---

① 参见周啸天：《正犯与主犯关系辨正》，载《法学》2016 年第 6 期。

② 参见张明楷：《共犯人关系的再思考》，载《法学研究》2020 年第 1 期。

括胁从犯）。结合我国刑法已经明确规定的教唆犯，最后得出结论，即我国刑法规定了正犯（主犯）、帮助犯（从犯）与教唆犯三种共犯人类型。①

重合关系说实质上是根据区分制的共犯人关系来解读我国现行刑法中的共犯人规定，通过将正犯与主犯、帮助犯与从犯等置，使我国刑法中的主犯与从犯（胁从犯）的关系转换为共同犯罪定罪量刑问题上的构成要件符合性的判断与处罚前提的确定等问题，这不仅有利于贯彻罪刑法定原则，也有利于根据刑法设定的不同的处罚前提，就共犯人之间的界限提出明确的标准，对共犯人实行区别对待，从而有利于分化瓦解共同犯罪，贯彻罪刑相适应原则，由此来看，重合关系说的主张值得肯定。但尽管如此，由于该观点并未明确指出其所说的正犯，是仅指单独正犯（直接正犯、间接正犯），还是也包括共同正犯这一极为重要却未被解决的问题，该观点存在不足。② 另外，该观点并未就其主张结合我国刑法中的共犯人规定予以进一步的具体阐释，其意义亦具有局限性。

三、既有观点背后的共犯论基本立场考察

承上，国内学界关于共犯人关系的讨论，之所以存在不同理解，是因为各种观点背后据以立论的共犯论基本立场存在区分制与单一制的差别。而要妥当解决共犯人之间的关系问题，有必要对各种观点背后据以立论的共犯论基本立场予以理论反思，进而确立解决共犯人关系的应然方向。当然，理论反思亦需要确立为各共犯论基本立场共同认可的理论基准，否则，必要的理论反思则会流于自说自话而缺乏应有的意义。对此，国内学界通说认为，共同犯罪的法律规定具有解决共同犯罪的定罪与量刑两个方面的问题，其不会因为共犯论体系不同而不同。换言之，

---

① 参见杨金彪：《分工分类与作用分类的同一——重新划分共犯类型的尝试》，载《环球法律评论》2010 年第 4 期。

② 参见张明楷：《共犯人关系的再思考》，载《法学研究》2020 年第 1 期。

共同犯罪的定罪与量刑问题是任何共犯论体系都必须予以解决的问题。①

下文以共犯人关系据以解决的基本问题，即共同犯罪的定罪问题与量刑问题为基准，对区分制与单一制的共犯人关系的基本主张及其合理性进行考察与反思。

（一）区分制共犯人关系考察

区分制共犯人关系的处理显然受制于其立法体例的限制，其体系特征在于，将所有给构成要件的实现提供了条件的人，根据行为人参与构成要件的犯行形式的不同，区分为正犯与共犯，并就共犯适用与正犯分离且分层级的法定刑。其中，共犯又有广狭两种含义，狭义共犯仅指教唆犯与帮助犯，广义共犯则在狭义共犯的基础上，还包括共同正犯。采取区分制立法体例最具代表性的国家是德国和日本，如《德国刑法典》第 25 条规定了正犯（直接正犯、间接正犯与共同正犯），第 26 条规定了教唆犯，第 27 条规定了帮助犯。②《日本刑法典》第 60 条规定了共同正犯，第 61 条规定了教唆犯，第 62 条、第 63 条规定了帮助犯。③

1. 区分制共犯人关系的理论根基

为区分制共犯人关系奠定理论根基的是限制的正犯概念。根据严格

---

① 国内学界常用的共同犯罪的定罪问题与量刑问题，亦可理解为奥地利著名刑法学者奇纳普菲尔所称的“共动二重性”问题，其将之视为共同犯罪的法律规制存在的两个基本问题：第一，构成要件的范围问题，即在多种多样的共动者中使谁成为可罚的行为人的问题。第二，量刑问题，即对各共动人的不法、责任进行适当的量刑及刑罚个别化是否能够实现的问题。关于该问题的详尽分析，参见［日］高桥则夫：《共犯体系和共犯理论》，冯军、毛乃纯译，中国人民大学出版社 2010 年版，第 17～20 页。

② 《德国刑法典》第 25 条第 1 款规定，自己实施犯罪，或通过他人实施犯罪的，依正犯论处。第 25 条第 2 款规定，数人共同实施犯罪的，均以正犯论处。第 26 条规定，故意教唆他人故意实施违法行为的是教唆犯。对教唆犯的处罚与正犯相同。第 27 条第 1 款规定，对他人故意实施的违法行为，故意予以帮助的，是帮助犯。第 27 条第 2 款规定，对帮助犯的处罚参照正犯的处罚，并依据第 49 条第 1 款的规定减轻处罚。参见《德国刑法典》（2002 年修订），徐久生、庄敬华译，中国方正出版社 2004 年版，第 11～12 页。

③ 《日本刑法典》第 60 条规定，两人以上共同实行犯罪的，都是正犯（共同正犯）。第 61 条规定，教唆他人，使他人实行犯罪的，判处正犯的刑罚。教唆教唆犯的，与前项同。第 62 条规定，帮助正犯的，是从犯。教唆从犯的，判处从犯的刑罚。第 63 条规定，从犯的刑罚，按照正犯的刑罚予以减轻。参见《日本刑法典》，张明楷译，法律出版社 1998 年版，第 25～26 页。

意义上的限制的正犯概念，只有亲自实施《刑法》分则规定的构成要件的行为人，才是正犯。对于构成要件的实现仅仅予以加功，而非亲自实施的行为人，不能称为正犯。由于教唆犯与帮助犯并未亲自实施《刑法》分则规定的构成要件，故而不是正犯。如果严格贯彻限制的正犯概念，则根据《刑法》分则，教唆犯与帮助犯皆无处罚的根据。事实上，不论是否采取区分制的立法体例，《刑法》总则皆有关于教唆犯与帮助犯的处罚规定，在此意义上，《刑法》总则关于教唆犯与帮助犯的处罚规定，亦被称为"刑罚的扩张事由"。根据限制的正犯概念，将共犯人区分为正犯与共犯，并据此处理共犯人之间的关系就是其自然的逻辑归结。①

2. 区分制共犯人定罪量刑之解决模式

围绕共犯人关系据以解决的基本问题，即共同犯罪的定罪问题与量刑问题，区分制共犯人关系形成了独特的解决模式。

就共同犯罪的定罪而言，其要解决的核心问题，或者其本旨在于，如何就共犯人的犯罪成立进行判断时受到构成要件的限制，进而划定共犯人的处罚范围。根据区分制的立法体例，在二人以上共同参与犯罪的场合，复数的参与者自然会就犯罪的实施进行分工，如有的参与者教唆他人实施犯罪，有的参与者负责具体实施犯罪的实行行为，有的参与者则对犯罪的实施进行加功。对于负责具体实施犯罪实行行为的行为人，即正犯，由于《刑法》分则的构成要件就是针对正犯而规定的，关于其犯罪成立的判断，与单独犯的判断并无任何差别。但对于教唆他人犯罪者或对他人犯罪给予帮助者，其实施的行为并非《刑法》分则明文规定的构成要件的实行行为，如何确保对二者进行处罚亦受到构成要件的限制，进而贯彻罪刑法定原则，成为问题。对此，采取区分制立法体例的理论普遍认为，共犯的成立，必须以被教唆者或被帮助者（正犯）着手实行犯罪为前提，此即共犯从属性原理。② 换言之，对共犯的犯罪

① 参见王光明：《共同实行犯研究》，法律出版社2012年版，第11页。

② 参见［德］克劳斯·罗克辛：《德国刑法学总论》（第2卷），王世洲等译，法律出版社2013年版，第98页以下；［日］山口厚：《刑法总论》（第3版），付立庆译，中国人民大学出版社2018年版，第323页以下。

成立的判断，通过诉诸从属性原理的限制，就能合理地阻止将所有对构成要件的实现具有因果性的行为人均纳入刑法的处罚范围，从而使共犯的处罚也能受到构成要件的限制，进而划定共犯行为的法治国轮廓。①

就共同犯罪的量刑而言，其要解决的核心问题，或者其本旨在于，以法定的共犯人的处罚原则为依据，进而确立其责任性质及处罚前提。根据区分制立法体例据以立论的限制的正犯概念，对正犯的处罚，由于《刑法》分则存在明文规定，即使《刑法》总则不予规定，对其处罚也没有任何问题。相反，对共犯的处罚，如果《刑法》总则不予规定，对其处罚就缺乏明确的依据。正因如此，《刑法》总则不仅在总则中对教唆犯与帮助犯予以明文规定，而且还规定了不同的处罚原则，即判处正犯的刑罚的原则与参照正犯的刑罚减轻处罚的原则。据此，正犯属于"一次责任"，作为共犯的教唆犯与帮助犯被理解为"一次责任"类型背后派生的、从属的"二次责任"。② 这意味着，在区分制立法体例下，正犯与共犯并不处于同一个层次，③ 而是本质上不同的两种当罚类型。换言之，正犯才是共同犯罪中的"核心人物"或"关键角色"，共犯只是共同犯罪中的"边缘人物"。

至于刑法为不同的共犯人设定不同的处罚原则在共同犯罪量刑中的本旨，需要结合刑法对行为的评价结构来把握。根据德日两国通行的犯罪论体系，对行为的刑法评价需要经过不法与罪责（或违法与责任）两个阶段来完成，且责任必须以不法为前提。据此，区分制下刑法通过对正犯与共犯设定不同的处罚原则，进而对共犯人量刑所产生的影响，其实仅仅限于违法阶段对共犯人处罚前提的确定上。对此，我国学者柯耀程正确指出，在行为评价架构下，行为人的责任，系以其行为的不法的程度，作为认定之标准。也就是说，不法系责任之前提。要确立共犯可

---

① 参见［日］高桥则夫：《共犯体系和共犯理论》，冯军、毛乃纯译，中国人民大学出版社 2010 年版，第 132～133 页。

② 参见［日］山口厚：《刑法总论》（第 3 版），付立庆译，中国人民大学出版社 2018 年版，第 305 页。

③ 参见［德］汉斯·海因里希·耶赛克、托马斯·魏根特：《德国刑法教科书（总论）》，徐久生译，中国法制出版社 2001 年版，第 778 页。

罚性之程度，仍需要一定的前提条件，故而共犯与正犯之参与类型，既然会使个别责任有所差异，则此种差异必须在责任认定之前，即行确立，如此方能凸显因正犯与共犯参与形态的不同，而产生责任上之差异。①

具体而言，以《日本刑法典》的规定为例，假如甲对乙伤害丙的行为提供帮助，该种场合，乙是正犯，甲是帮助犯，若对乙选择适用1个月以上10年以下惩役的法定刑，作为帮助犯的甲，根据参照作为正犯的乙的刑罚予以减轻处罚的处罚原则，以及《日本刑法典》减轻处罚的适用规则，对甲只能在半个月以上5年以下惩役的法定刑范围内裁量刑罚。至于在该法定刑范围内，最终对甲判处怎样的刑罚，则需要根据甲具体的行为来确定。换言之，根据共犯人的处罚原则所确立的处罚前提与对共犯人的具体处罚，两者之间虽然存在紧密的联系，但并非同一层次的问题，不容混淆。针对不同的共犯人要存在不同的处罚前提，进而才能对共犯人最终的刑罚裁量具有重大影响。换言之，区分制关于共犯人划分的不同共犯人类型，既承担着共同犯罪的定罪功能，亦承担着量刑功能。据此，德日刑法关于正犯与共犯的界分标准，才由传统的形式客观说，即只有亲自实施构成要件的部分或全部行为的人，是正犯，其余参与者均为共犯，发展为当前被普遍接受的实质客观说，即即使没有实施构成要件的行为，如果对构成要件的实现具有支配或重要作用，亦是正犯。②

以上主要就正犯与狭义共犯的关系进行了考察，对于采取区分制的德日等国刑法中规定的共同正犯与其他共犯人之间的关系，理论上存在争议，仍需进一步考察。

《德国刑法典》第三章第三节明确将共同正犯规定为正犯，关于共同正犯的法律性质，德国刑法理论普遍认为，共同正犯属于正犯。《日本刑法典》在共犯一章中规定了共同正犯，但其法律效果又与正犯相同，关于共同正犯的法律性质，理论上存在正犯说、共犯说、兼具正犯

① 参见柯耀程：《变动中的刑法思想》，中国政法大学出版社2003年版，第172页。

② 参见［德］乌尔斯·金德霍伊泽尔：《刑法总论教科书》（第6版），蔡桂生译，北京大学出版社2015年版，第398页以下。

性与共犯性说三种观点。之所以存在不同的观点，主要是因为学者们观察问题的视角不同。具体而言，如果基于实行共同正犯的视角，就会认为共同正犯是正犯；如果基于共谋共同正犯的视角，就会认为共同正犯是共犯；如果同时从上述两个方面进行观察，就会认为共同正犯既有正犯性，又有共犯性。如果立足于共同正犯的法律效果，就会认为共同正犯是正犯；如果立足于共同正犯的事实本身，就会认为共同正犯是共犯；如果同时从上述两个方面进行观察，就会认为共同正犯既有正犯性，又有共犯性。①

在德日刑法中，尽管对共同正犯的性质存在不同观点，但对共同正犯的归责原则并没有本质的差别，大都认为，正是由于存在共同正犯均为正犯的明文规定，所以共同正犯的归责原则，贯彻的是“直接的相互性归责”或“部分行为全部责任”的处罚原则，一方面，对共同正犯犯罪成立的判断，并不需要像狭义共犯那样，采取从属性原理进行归责；另一方面，就共同正犯的处罚而言，该处罚原则具有以下两个方面的功能。

其一，在共同正犯中，各参与者即使仅仅实施了部分行为，也要对全部行为造成的“全部结果”承担责任。如甲、乙共谋杀害丙，并同时向丙开枪射击，只有甲打中了丙致其死亡。该种场合，如果分别来看，甲承担杀人罪既遂的责任，乙只能承担杀人罪未遂的责任，而根据“部分行为全部责任”的处罚原则，乙即使没有打中丙，也要对丙的死亡结果承担杀人罪既遂的责任。如此说来，“部分行为全部责任”的处罚原则，明显具有扩张处罚范围的效果。

其二，在共同正犯中，各参与者即使仅仅实施了部分行为，也要对全部行为造成的全部结果承担“正犯”的责任。如甲、乙共谋对丙实施抢劫，甲用暴力对丙予以压制，乙取走了丙的财物。该种场合，如果分别来看，甲、乙只能分别就各自的暴力行为与取财行为承担责任，而

---

① 参见张明楷：《共同正犯的基本问题　兼与刘明祥教授商榷》，载《中外法学》2019年第5期。

根据“部分行为全部责任”的处罚原则，甲、乙均应作为抢劫罪的正犯承担责任。就此而言，“部分行为全部责任”的处罚原则，明显具有扩张正犯责任的功能。①

通过以上对共同正犯处罚原则的分析，可以看出，共同正犯的归责原则，既不同于单独正犯的归责原则（直接就正犯行为本身进行归责），也不同于狭义共犯的归责原则（以正犯为前提的从属性归责），而是一种独立的归责原则。由此说来，以上所述关于共同正犯的法律性质的争议，所谓共同正犯既有正犯性又有共犯性，准确来讲，并不是说共同正犯既是正犯又是共犯，而是说共同正犯，既不同于正犯，也不同于共犯（狭义），是一种独立的共犯人类型。因此，关于共同正犯的法律性质，与其争论共同正犯究竟是正犯还是共犯，不如直接承认共同正犯是不同于正犯与共犯（狭义）的一种独立共犯人类型。② 质言之，共同正犯本质上是一种在扩张正犯责任基础上形成的独立共犯人类型。③

（二）单一制共犯人关系考察

单一制共犯人关系的处理当然也受制于其立法体例，其体系特征在于，将所有给构成要件的实现提供了条件的人均视为正犯，并对直接正犯人之外的其他参与者，适用与直接正犯人同样的法定刑，即对所有的共犯人采取“同等对待”原则。

1. 单一制共犯人关系的理论根基

在单一制立法体例中，之所以将所有为构成要件的实现提供了条件的人均视为正犯，是因为其背后的理论根基是因果关系的等价条件理论。根据该理论，不管行为人参与构成要件实现的方式如何，无论是亲

---

① 参见张明楷：《共犯人关系的再思考》，载《法学研究》2020 年第 1 期；王光明：《共同实行犯研究》，法律出版社 2012 年版，第 79 页。

② 参见张明楷：《共同正犯的基本问题　兼与刘明祥教授商榷》，载《中外法学》2019 年第 5 期。

③ 参见［德］冈特·施特拉腾韦特、洛塔尔·库伦：《刑法总论 I——犯罪论》，杨萌译，法律出版社 2006 年版，第 310 页。

自实施构成要件行为，还是以非构成要件行为加功于构成要件的实现，在法律评价上都是等价的。反过来说，在共同犯罪的过程中，即使共犯人参与构成要件实现的行为方式会有所不同，但是，根据单一制主张者的观点，要“先验地”决定各种行为方式的价值或意义，不仅非常困难，而且也不现实。[①] 因此，所有的共犯人在法律评价上都是等价的。

单一制的立法体例，又有两种形式，即形式的单一制正犯体系与功能的单一制正犯体系。形式的单一制正犯体系，不仅放弃了对所有犯行形式进行规范上、价值上的层级区分，对所有参与者都采取“同等对待”原则，适用同一法定刑，而且在构成要件符合性层面上也放弃了其概念上、范畴上的区别，将所有共犯人都视为单一的正犯概念。因此，形式的单一制正犯体系又被称为“单一制类型体系”或“正犯概念的单型结构”。[②] 功能的单一制正犯体系，一方面与形式的单一制正犯体系一样，放弃了对特定的犯行形式进行规范上、价值上的层级区分，对所有的参与者都采取“同等对待”原则，适用同一法定刑。另一方面，却维持了其概念性、类型性的区别，即将正犯在概念上类型化为直接正犯、诱发正犯与援助正犯。因此，功能的单一制正犯体系又被称为“复数类型体系”或“复数正犯概念体系”。[③]

2. 单一制共犯人定罪量刑之解决模式

围绕共犯人关系据以解决的基本问题，即共同犯罪的定罪问题与量刑问题，单一制共犯人关系的解决模式不仅“简洁明快”，也颇具特色。

就共同犯罪的定罪而言，单一制采取了如下解决路径：第一，放弃将正犯和共犯放在对立的位置，将所有给构成要件的实现提供了条件的

---

① 参见［意］杜里奥·帕多瓦尼：《意大利刑法学原理》，陈忠林译，法律出版社 1998 年版，第 334 页。

② 采取该种立法体例的代表性国家是意大利，如《意大利刑法典》第 110 条规定，当数人共同实施同一犯罪时，对于他们当中的每一个人，均处以法律为犯罪规定的刑罚，以下各条另有规定者除外。参见《意大利刑法典》，黄风译，中国政法大学出版社 1998 年版，第 37 页。

③ 采取该种立法体例的代表性国家是奥地利，如《奥地利联邦共和国刑法典》第 12 条规定，自己实施应受刑罚处罚的行为，或者通过他人实施应受刑罚处罚的行为，或者为应受刑罚处罚的行为的实施给予帮助的，均是正犯。参见《奥地利联邦共和国刑法典》（2002 年修订），徐久生译，中国方正出版社 2004 年版，第 5 页。

人都统一地视为正犯，进而都属于构成要件的范围。第二，在单一制的架构之下，各正犯在价值上都是等价的，其间并不存在价值性分级（即使在功能的单一制立法体例中，其虽然将各种犯行形式类型化为直接正犯、诱发正犯与援助正犯，但是对各种正犯类型只是进行概念上的、范畴上的区分，各种正犯类型都属于同等的正犯类型，其间并不存在价值性分级，在价值上都是等价的）。既然如此，对于各正犯的犯罪成立，只能从各个正犯的立场，分别地、独立地进行判断。换言之，各正犯之间根本无所谓从属性的问题。

就共同犯罪的量刑来说，对各共犯人的不法、责任进行适当的量刑以及刑罚的个别化是否能够实现，其关键之处在于"应该如何处罚直接正犯以及其他参与者"，尤其是对于其他参与者，是适用与直接正犯"分离且分层级的法定刑"，还是适用与直接正犯"同一法定刑"？对此，单一制的论者认为，由于参与了所干之事的人都被统一地视为正犯，并且正犯内部并不存在价值性分级，那么，对各参与者的量刑就无须在构成要件层面，于解释论上进行区分，进而也无须对所有的共犯人适用"分离且分层级的法定刑"。既然如此，在单一制的立法体例架构之下，在量刑时，对所有的共犯人都应适用"与直接正犯人同一的法定刑"，即对所有的共犯人都适用"同等对待"的原则，是其在量刑问题上的必然的逻辑归结。

不过在此需要明确的是，同等对待并不是指对每一个共犯人都应处以完全相同的刑罚，而是指对每一个共犯人的刑罚裁量以及其刑罚个别化，在遵循与直接正犯适用"同一法定刑"的前提下，在刑罚裁量阶段，根据具体的案情以及刑法为适应共动的多样性所规定的"共动关系的量刑事由"或"类型化的量刑规定"来实现量刑。如此一来，"共动关系的量刑事由"或"类型化的量刑规定"在刑罚裁量及刑罚个别化的过程中，就扮演着极为重要的角色。也正是基于这一点，在采取了单一制的典型立法例中，大都比较详尽地规定了"共动关系的量刑事由"或"类型化的量刑规定"。例如，《奥地利联邦共和国刑法典》第 33 条第 3 项、第 4 项规定的特别从重事由与第 34 条第 1 款第 4 项、第 6 项规定的特别的减轻事由，即“共动关系的量刑事由”。[①] 又如，《意大利刑法典》第 111 条、第 112 条加重处罚的规定与第 114 条减轻处罚的规定以及第 116 条、第 117 条例外减轻处罚的规定，则是极其详尽细致的“类型化的量刑规定”。[②]

① 参见［日］高桥则夫：《共犯体系和共犯理论》，冯军、毛乃纯译，中国人民大学出版社 2010 年版，第 46 ~ 47 页。《奥地利联邦共和国刑法典》第 33 条规定，行为人具备一定情形时，构成特别从重处罚事由。其中，第 3 项规定的情形为“教唆他人实施应受刑罚处罚的行为的”；第 4 项规定的情形为“发起者或教唆犯参与了数个应受刑罚处罚行为之一或在此等应受刑罚处罚的行为中起主要作用的。”第 34 条第 1 款规定，行为人具备一定情形时，构成特别之减轻处罚事由。其中，第 4 项规定的情形为“行为是在第三人的影响下实施的，或因为恐惧或服从命令而实施的”；第 6 项规定的情形为“在数人共同实施应受刑罚处罚的行为中仅起辅助作用的。”参见《奥地利联邦共和国刑法典》（2002 年修订），徐久生译，中国方正出版社 2004 年版，第 15 ~ 16 页。

② 参见［日］高桥则夫：《共犯体系和共犯理论》，冯军、毛乃纯译，中国人民大学出版社 2010 年版，第 29 页。《意大利刑法典》第 111 条第 1 款规定：“指使因人身条件或者个人身份而不可归罪的或者不受处罚的人员实施犯罪的，对该人员实施的犯罪负责；刑罚可以增加。如果属于可实行当场逮捕的犯罪，刑罚增加三分之一至一半。”第 111 条第 2 款规定：“如果指使他人实施犯罪的人是被指使者的父母，刑罚增至一半；如果属于可实行当场逮捕的犯罪，刑罚增加的幅度为三分之一至三分之二。”第 112 条第 1 款规定：“有下列情况之一的，对犯罪应科处的刑罚应予增加：1）共同参加犯罪的人数为 5 人或者 5 人以上的，法律另有规定的除外；2）除以下两项规定的情况外，发起或者组织犯罪合作的，或者在共同犯罪中起领导作用的；3）在行使其权力、领导或监督职责中，指使其属员实施犯罪的；4）除第 111 条规定的情况外，指使不满 18 岁的未成年人或者处于精神病或精神缺陷状态的人实施犯罪的，或者利用上述人员实施可对之实行当场逮捕的犯罪的。”第 112 条第 2 款规定：“出于人身条件或身份的原因，利用不可归罪者或者不受处罚者实施可对之实行当场逮捕的犯罪的，处罚可增加至一半。”第 112 条第 3 款规定：“如果指使他人实施犯罪或者利用他人实施犯罪的人是对被指使者或被利用者行使父母权的人，在第一款 4）项规定的情况下，刑罚可增加至一半；在第二款规定的情况下，刑罚可增加至三分之二。”第 112 条第 4 款规定：“如果某一参加犯罪的人是不可归罪的或者不受处罚的，同样适用本条 1）项、2）项和 3）项规定的加重处罚。”第 114 条第 1 款规定：“如果法官认为在第 110 条和第 113 条规定的情况下参加共同犯罪的人在犯罪的准备或者执行过程中只起了轻微的作用，可以减轻处罚。”第 114 条第 2 款规定：“上述规定不适用第 112 条列举的情况。”第 3 款规定：“对于被指使实施犯罪或者在犯罪中合作的人，当具备第 112 条第一款 3）项和 4）项和第三款规定的条件时，也可以减轻处罚。”第 116 条第 1 款规定：“如果已实施的犯罪是某一共同犯罪人不希望实施的犯罪，当结果是因其作为或者不作为造成的时，该人也对该犯罪负责。”第 116 条第 2 款规定：“如果已实施的犯罪重于所希望实施的犯罪，对于希望实施较轻犯罪的人减轻处罚。”第 117 条第 1 款规定：“如果由于犯罪人的人身条件或身份或者由于犯罪人与被害人之间的关系而对某些共同犯罪人改变罪名，其他人也对相同的犯罪负责。但是，如果这后一犯罪比较严重，对于不具备上述条件、身份或者关系的人，法官可以减轻处罚。”参见《意大利刑法典》，黄风译，中国政法大学出版社 1998 年版，第 37 ~ 39 页。

综上，在单一制立法体例的架构之下，对于各个共犯人（参与者）的量刑以及刑罚个别化，就无须在构成要件层面、解释论上先进行个别化，相反，只需完全推至刑罚裁量阶段最终由法官进行具体的刑罚裁量即可。

四、共犯论基本立场的合理性评估

通过对区分制共犯人关系与单一制共犯人关系的理论考察，可以看出，两者就共犯人关系据以解决的共同犯罪的定罪与量刑问题的处理方案存在明显不同，至于哪种立法体例更为妥当，理论上仍存在激烈的争论。以共犯人关系据以解决的基本问题为基准进行分析，应当认为，区分制共犯人关系的立法体例更为妥当。具体分析如下。

（一）基于共同犯罪定罪问题的合理性评估

就共同犯罪的定罪而言，根据区分制的立法体例，其将所有给构成要件的实现提供了条件的人，区分为正犯与共犯，并就共犯的成立，通过诉诸从属性原理，即共犯的成立必须以正犯着手实行构成要件的实行行为为前提，进而使共犯的成立亦能受到构成要件的限制，据此，在区分制立法体例下，教唆的未遂和帮助的未遂都是不可罚的。这不仅有利于贯彻罪刑法定原则，而且亦能合理地限制共犯的处罚范围。正因如此，理论上鲜见有关区分制扩大处罚范围的批判。

关于扩大处罚范围的批判，主要是针对单一制的立法体例而展开。因为根据单一制的理论基础，即因果关系的等价条件说，凡是对构成要件的实现提供了因果性条件的人，既遂也好，未遂也罢，甚至处于预备阶段，对之进行处罚都是当然的逻辑结论。如此一来，处罚范围的过度扩张就会随之而至，由此而招致的批判之声亦将如影随形。如有学者对单一制批判道：原本未遂共犯（无效的共犯）依德国刑法是不处罚的，但是根据单一制正犯概念都会变成可罚的未遂正犯；在预备阶段的共犯，也会因为意念的表示对构成要件有因果作用而被处罚。这都过度扩张了刑罚的范围。[①] 但事实果真如此吗？对此仍有必要进行深入的分析，下面我们分别结合单一制的代表国家的立法体例，即意大利与奥地利就教唆未遂和帮助未遂的立法和理论研究情况予以进一步考察。

第一，意大利处罚范围的立法与法理考察。《意大利刑法典》第115条第1款和第3款明确否定了单纯的“为实施而达成协议”和“教唆未遂”的处罚问题。《意大利刑法典》第115条第1款规定，除法律另有规定外，如果两人或两人以上为实施犯罪的目的而达成协议，并且该犯罪没有实施，不得仅因协议行为而对任何人予以处罚。第115条第3款规定，在教唆他人实施犯罪的情况下，如果教唆已被接受，但犯罪没有实施，适用同样的规定。对于帮助未遂的可罚性问题，意大利在法律上并没有予以明确的规定，至于其是否也与教唆未遂一样不可罚，则需要对意大利刑法有关共犯处罚的根据进行考察之后方能得出明确的结论。

关于共犯的处罚根据，当前意大利刑法学界占统治地位的观点是“多主体说”。该理论认为，有关共同犯罪的总则规定与刑法分则结合后，不是简单地扩张了刑法分则规定的范围，而是产生了一种新的与分则规定并立的犯罪规范，即一种构成要件不同于刑法分则规定的独立的共同犯罪规范。这种规范规定的犯罪构成，并不要求单独存在一个完全符合分则规定的实行行为，而是以多个共同犯罪人的行为相加必须符合单个主体的犯罪构成为核心，包容一切决定或有利于共同犯罪及其结果发生的行为。根据“多主体说”理论，一方面，其为所有参与共犯者的处罚提供了理论依据，即一切参与共同犯罪的行为，不论是帮助行为、教唆行为还是实行行为；不论实行行为是由一个人单独完成，还是由不同的共同犯罪人分别完成；也不论在要求特定身份的犯罪中，具体行为实施者是否具有特殊身份，只要他们的行为相加符合刑法为单个主体规定的犯罪构成，则每一个共犯人的行为就都是符合共同犯罪构成要

① 参见许玉秀：《当代刑法思潮》，中国民主法制出版社2005年版，第556页。

件的行为。[①] 另一方面，“多主体说”理论又为教唆未遂与帮助未遂的不可罚提供了理论基础，即根据“多主体说”，共犯的成立有一个非常重要的条件，即至少有一个共同参与人的行为具备犯罪成立所必需的基本的客观要件，[②] 若此要件缺失，则共同犯罪难以成立。而教唆未遂与帮助未遂均不能满足此客观要件，故难以成立共犯，自然不可罚。所以在意大利，“多主体说”不仅为法律上所规定的教唆未遂的不可罚提供了理论上的根据，亦为法律未规定的帮助未遂的不可罚提供了理论根据。

第二，奥地利处罚范围的立法与法理考察。《奥地利联邦共和国刑法典》第 15 条第 2 款规定，行为人决定实施应受刑罚处罚的行为，或者通过他人实施应受刑罚处罚的行为（第 12 条），或者通过直接的预备行为参与应受刑罚处罚的行为的，是行为未遂。该规定明确否定了对帮助未遂的处罚。对于法律上不处罚援助正犯的理论根据，支持功能的单一制正犯的学者从未遂的概念角度给出了解释，即《奥地利联邦共和国刑法典》第 15 条第 2 款处理的并非参与问题，而是未遂问题。作为未遂的客观构成要件是制造出危险，援助正犯仅仅属于增加危险，在未遂阶段，可罚性尚不充分。[③]

至于奥地利法律未明确规定的教唆未遂是否具有可罚性，学界存有争议。如肯定论者认为，根据《奥地利联邦共和国刑法典》第 15 条第 2 款的规定，要与活动本身的未遂一样来处理诱发正犯的未遂。在开始了诱发行为的直接实行或者开始了直接先行于该实行的行为时，诱发正犯就成为未遂。直接正犯是否实行了活动，对诱发正犯而言，原则上并不重要。[④] 据此，教唆未遂，仍然是可罚的。

---

① 参见陈忠林：《意大利刑法纲要》，中国人民大学出版社 1999 年版，第 222 页。

② 参见［意］杜里奥·帕多瓦尼：《意大利刑法学原理》，陈忠林译，法律出版社 1998 年版，第 321 页。

③ 参见［日］高桥则夫：《共犯体系和共犯理论》，冯军、毛乃纯译，中国人民大学出版社 2010 年版，第 55 页。

④ 参见［日］高桥则夫：《共犯体系和共犯理论》，冯军、毛乃纯译，中国人民大学出版社 2010 年版，第 51 页。

然而，即使站在奥地利刑法的立场，对于教唆未遂也未必一定就是可罚的，如日本学者高桥则夫指出：未遂犯的处罚根据在于行为对法益侵害的客观危险性，如果将其（具有侵害法益现实危险性的行为——笔者注）评价为实行行为，那么也会存在这样的情况，即就某共动行为本身而言，对法益侵害的危险是间接的，还不能对它进行与实行行为相同的评价。这种情况下，仅仅实施了这种共动行为，尚不值得处罚。教唆行为、帮助行为，可以说原则上属于这种共动行为。因此，不处罚帮助未遂的根据在于，其对法益侵害的危险性是间接的，尚不能将其评价为实行行为。至于教唆未遂，在功能的单一制正犯体系下，是否对教唆行为必然进行与实行行为同样的理解，则是需要探讨的问题。即使将教唆行为理解为实行行为，其也被包含在广义的实行行为之中，同时，只有存在狭义的实行行为时才成立未遂。在此种意义上，教唆未遂不能处罚。另外，还有认为应将正犯行为和实行行为加以分离的想法。根据这种想法，在实施了正犯行为却不存在值得作为未遂来处罚的危险性时，就可以理解为不是实行行为。总之，即使采用统一性正犯体系（单一制正犯体系），也可能不处罚一定的共动的未遂。[①] 直截了当地说，即使采取统一性正犯体系，教唆未遂也可能是不可罚的。

基于以上分析，从结论上看，关于共犯的处罚范围，单一制实际上并未过度扩大处罚范围。但由此引发的问题是，为什么根据单一制的基本立场会推导出其扩大处罚范围的结论，但实际情况却并非如此呢？其中的缘由何在？如果进一步追究就会发现，之所以会如此，是因为单一制的论者为了合理控制共犯的处罚范围，在论理上都违背了其本来的基本立场。

例如，意大利的“多主体说”一方面极力批判共犯从属性原理，[②] 另一方面，根据其主张的“多主体说”，对于共犯的成立，又要求“至

---

① 参见［日］高桥则夫：《共犯体系和共犯理论》，冯军、毛乃纯译，中国人民大学出版社 2010 年版，第 59 页。

② 参见［意］杜里奥·帕多瓦尼：《意大利刑法学原理》，陈忠林译，法律出版社 1998 年版，第 318～320 页。

少有一个共同参与人的行为具备犯罪成立所必需的基本的客观要件”，而这一要件的存在，不正是区分制下共犯从属性的主张吗？而且，在共犯成立问题上，“多主体说”本质上属于“整体”认定的立场，这与单一制正犯体系所主张的“各正犯者都是等价的，对于各正犯者成立的判断，只能从各个正犯者的立场，分别地、独立地进行判断”的立场不又是相矛盾的吗？所以，单一制的论者一方面基于其固有的立场对共犯从属性大加挞伐，另一方面又通过极其隐蔽的方式回到了这个原理上，这不能不说是一个莫大的反讽。

又如，在奥地利，在对帮助未遂不可罚的论证上，认为未遂的客观构成要件是制造出危险，而“援助正犯由于仅仅属于增加危险而没有制造出危险因而不可罚”的说辞，实际上就表明了，各正犯行为的性质在本质上是不同的，否则就无法解释，同样是正犯，同样是正犯的未遂，为什么帮助正犯的未遂就不可罚，直接正犯的未遂就可罚呢？这难道与单一制所主张的“各正犯者在本质上是相同的”这一基本立场不矛盾吗？另外，为了主张教唆未遂的可罚性，又将诱发正犯的正犯行为视为与直接正犯的正犯行为本质上相同的行为，果真如此吗？也不无疑问。至于日本学者高桥则夫为了论证帮助未遂和教唆未遂的不可罚性，而主张将正犯行为与实行行为加以分离的观点也同样表明，即使将各参与者都视为正犯，各正犯者的行为在本质上也是不同的。

综上所述，在帮助未遂和教唆未遂不可罚的理论解释上，单一制的论者为了防止过于扩大处罚范围，不惜违反其基本立场与理论前提，最终仍然迂回地通过共犯从属性原理对之予以限定。这也从反面说明共犯从属性原理实在是一个根本无法被弃置的原理，进而也说明在该问题上，区分制相较于单一制更为合理。

（二）基于共同犯罪量刑问题的合理性评估

一如前述，两大共犯论在共同犯罪的量刑问题上形成了各具特色的解决模式：单一制将共同犯罪的量刑及刑罚的个别化完全推至刑罚裁量阶段，通过“共动关系的量刑事由”或“类型化的量刑规定”以及对各参与者的不法、责任的具体考量来实现对各参与者刑罚的个别化；区分制则是首先在解释论上就对共犯人予以个别化，即将各参与者根据其犯行形式区分为正犯或共犯，其次确立不同的处罚原则，最后再在量刑阶段，根据各参与者具体的不法、责任进行刑罚裁量。

在理论上，两大共犯论关于共同犯罪量刑问题的解决模式都饱受争议。如针对单一制的主张，有论者批判道，在单一制正犯体系下，所有的参与人都适用同一量刑幅度，使量刑标准变得粗糙，因为它排除了对教唆犯和帮助犯减轻处罚的可能性。① 另有论者指出，单一制主张单一刑度的观念，那么面临绝对确定的法定刑时，将面临绝对法定刑无法区隔责任的问题。② 区分制同样招致了批判，如有论者批判道，区分理论必须区分正犯与共犯，在法理上探讨各种区分标准又极端抽象，使正犯、共同正犯、教唆犯、帮助犯的概念，像“被磨光了法理概念的水晶球”，它们被架构成一个法理的阶层共犯体系，而这种法理的阶层共犯体系完全无法解决一些非典型的正犯、教唆犯和帮助犯的形态。③ 究竟孰是孰非，仍有必要予以进一步分析探讨。

第一，对单一制关于共同犯罪的量刑问题的解决模式招致批判的分析。首先，认为单一制立法体例下对所有的参与人都适用同一量刑幅度，使量刑标准变得粗糙的指摘并不妥当。因为在此体制下，固然对所有的参与人都采取同等对待的原则，都适用同一量刑幅度，但同时也应该看到，单一制在对各参与者量刑时，除要遵循同等对待原则之外，还必须考虑针对共动的多样性所详尽规定的“共动关系的量刑事由”或“类型化的量刑规定”，对各参与人的刑罚个别化完全可以在刑罚裁量阶段予以非常精细的考量，进而也就不存在被指摘的量刑粗糙问题。其次，从对共同犯罪的量刑的实际刑罚裁量效果来看，坦率来讲，单一制的同等对待原则以及“共动关系的量刑事由”或“类型化的量刑规定”的配合适用还具有明显的优势：一方面，可以避免区分制在区分参与类

① 参见［德］汉斯·海因里希·耶赛克、托马斯·魏根特：《德国刑法教科书（总论）》，徐久生译，中国法制出版社 2001 年版，第 778 页。

② 参见柯耀程：《变动中的刑法思想》，中国政法大学出版社 2003 年版，第 191 页。

③ 参见许玉秀：《当代刑法思潮》，中国民主法制出版社 2005 年版，第 556 页。

型时所面临的困扰；另一方面，可以避免区分制下囿于分界的僵化而导致放纵“幕后大人物”处以严厉刑罚的可能，还可以摆脱对需要从轻处罚的人不能从轻处罚的困境。最后，至于在绝对确定法定刑的情况下，单一制所面临的绝对法定刑无法区隔责任的难题，其实也完全可以通过立法的修改来予以化解。综上说明，在共同犯罪的量刑问题上，针对单一制的指摘其实都没有击中其要害。

在笔者看来，单一制在共同犯罪的量刑问题上存在的真正难题在于：如何处理该体制下“共动关系的量刑事由”或“类型化的量刑规定”与各参与者的犯行形式之间的关系。如果说该“共动关系的量刑事由”或“类型化的量刑规定”是基于特定犯行形式的不同而作出的规定，那就意味着不同的犯行形式在价值上并不相同，这与单一制所宣称的“各犯行形式之间在价值上没有本质不同”的主张岂不矛盾？如果说该“共动关系的量刑事由”或“类型化的量刑规定”是基于与特定的犯行形式没有关系的其他参与事实所作的规定，那么，将与特定的犯行形式没有关系的其他参与事实规定为“共动关系的量刑事由”或“类型化的量刑规定”的依据何在？又该如何界定这些参与事实？仍不无疑问。凡此种种，在单一制的体系架构与理论脉络之下，都是难以化解的难题。

第二，区分制关于共同犯罪的量刑解决模式的合理性分析。在区分制的立法体例下，由于将各参与者的犯行形式已经做了类型化、个别化的处理，故上述因单一制而产生的疑问在区分制下是不存在的。至于在区分制下，正犯与共犯区分或分界的难题，通过当前流行的实质客观理论，即犯罪事实支配理论的运用，基本上都可以得到有效的解决。另外，分界是概念精致化的必然结论，分界有其程序目的，即更有效地发挥体系功能。因为分界困难而放弃分界，是逃避问题，不是解决问题。分界其实是进化的当然现象，文明进化的过程是不断地变更界标，寻找更有效的分界方法，而不是放弃分界。分界问题是进化过程中无法逃避的问题。因此，以分界难题反驳区分正犯和共犯概念的优点，而捍卫不区分的立场，只是显现技巧而已。①

综上分析，在共同犯罪的量刑及刑罚个别化问题上，区分制相较于单一制亦更为妥当。

五、单一制正犯体系的解释论疑问

鉴于我国《刑法》总则关于共同犯罪的法律规定在体系特征方面存在的模糊性，关于我国共同犯罪的体系归属，难免会存在争议，归纳起来，既有认为其属于区分制共犯体系的观点，也有主张其属于单一制正犯体系的观点。② 但在笔者看来，尽管我国刑法关于共同犯罪的法律规定存在相当大的解释空间，但从解释论的角度来论证我国的共犯论体系属于单一制正犯体系的观点存在诸多疑问，以下对以刘明祥教授为代表的单一制正犯体系略做检讨。单一制正犯体系论者对单一制正犯体系的解释论证，是依据日本著名的共犯论学者高桥则夫教授关于单一制正犯体系的体系特征③而展开讨论的，本书也以此为据，逐一进行探讨。

第一，单一制正犯体系论者以我国《刑法》第 25 条第 1 款规定的“共同犯罪是指二人以上共同故意犯罪”为依据，认为我国刑法中所有参与犯罪的人构成犯罪即成为共同犯罪的人条件都是完全相同的，并将其与单一制正犯体系的第一个体系特征，即“给犯罪的成立提供了条件的人都是正犯者”做了同样的理解。

然而，我国《刑法》第 25 条只是规定了共同犯罪的概念，据此固然可以明确共同犯罪的成立条件或存在范围，但由于该条并未规定对共

---

① 参见许玉秀：《当代刑法思潮》，中国民主法制出版社 2005 年版，第 565 页。

② 参见王光明：《共同实行犯研究》，法律出版社 2012 年版，第 32～35 页；王光明、房惠颖：《我国共同犯罪的体系归属及解释论建构》，载《甘肃政法学院学报》2013 年第 5 期。

③ 根据日本学者高桥则夫教授的归纳，统一性正犯概念（单一制正犯体系）具有如下内容（特征）：第一，给犯罪的成立提供了条件的人都是正犯者；第二，不重视行为在形态上的区别；第三，关于犯罪的成立，要针对各个正犯者的行为分别加以讨论；第四，对各个正犯者适用同一的法定刑；第五，根据分担的程度、性质来量定刑罚。参见［日］高桥则夫：《共犯体系和共犯理论》，冯军、毛乃纯译，中国人民大学出版社 2010 年版，第 6 页；刘明祥：《论中国特色的犯罪参与体系》，载《中国法学》2013 年第 6 期。本部分征引的刘明祥教授基于单一制正犯体系的立场论证我国的共犯论体系归属的观点，均出自上述论文。

同犯罪人的处罚原则，显然无法据此进一步认为我国刑法中规定的共同犯罪人都是正犯者。单一制正犯体系之所以能做如此理解，一方面是因为其将因果关系的等价条件理论作为理论依据，另一方面这也具有明确的法律依据，如《意大利刑法典》第110条规定，当数人共同实施同一犯罪时，对于他们当中的每一人，均处以法律为犯罪规定的刑罚，以下各条另有规定者除外。《奥地利联邦共和国刑法典》第12条规定，自己实施应受刑罚处罚的行为，或者通过他人实施应受刑罚处罚的行为，或者为应受刑罚处罚的行为的实施给予帮助的，均是正犯。

第二，单一制正犯体系论者认为，不论行为人实施的是实行行为，还是教唆行为或帮助行为，其都是我国刑法中的共同犯罪人，其参与的行为形态并不具有重要意义，因而也没有必要加以区分。

众所周知，单一制正犯体系中，之所以不重视参与的行为在形态上的区别，是因为根据单一制的法律规定，对所有的参与者的法律评价都是同等的。但是，我国刑法对此并未有相关规定，该体系的主张者在没有提供法律依据的前提下得出该结论，其论证是不充分的。

第三，单一制正犯体系论者指出，我国刑法对共同犯罪的参与者，其行为是否构成犯罪并不以其他参与者构成犯罪为前提。换言之，我国刑法对共同犯罪的成立的判断，都是针对各个共同犯罪人独立地进行判断，不具有从属性。

在单一制正犯体系中，之所以对于犯罪成立的判断，要针对各个正犯者独立地进行判断，仍然是因为各个正犯者在单一制的法律规定中都具有同等的法律地位的理论归结，但是该体系的主张者在没有明确指出法律依据的前提下就得出上述结论，难免让人对其结论的合法性产生怀疑。

第四，单一制正犯体系论者认为，我国刑法对各个共同犯罪人都适用相同的法定刑，不存在对共犯与正犯适用不同的法定刑的问题。

该种理解依然欠缺法律依据。众所周知，在单一制正犯体系中，对各个正犯者适用同一的法定刑，即采取同等对待的原则，都是有明确的法律作为支撑的，如前述《意大利刑法典》第110条的规定与《奥地利联邦共和国刑法典》第 12 条的规定，这也决定了单一制正犯体系最根本的体系特征，而我国刑法关于共同犯罪的规定恰恰缺乏相应的依据，单一制正犯体系论者在欠缺法律依据的前提下，却认为我国刑法对各个共同犯罪人都适用相同的法定刑，实在有些牵强。

第五，单一制正犯体系论者还认为，根据我国刑法规定，在具体量定刑罚时，需要对各个共同犯罪人，根据其参与的程度和性质以及作用大小，分别认定为主犯、从犯或胁从犯，给予轻重不同的刑罚，以充分体现区别对待的刑事政策精神。

在笔者看来，我国刑法关于主从犯及其处罚原则的规定，与其说体现了单一制正犯体系的特征，倒不如说其与区分制共犯论体系的体系特征更为契合。

如前所述，在单一制正犯体系中，基于因果关系的等价条件说，所有的正犯者都具有同等的价值，因此，对各个正犯者均适用同一的法定刑，即采取同等对待原则，但这绝非意味着对其适用同样的刑罚，关于各个正犯者最终应当承担的具体刑罚，则需要在刑罚裁量阶段，由法官根据各个正犯者具体的不法及责任来量定。值得一提的是，在单一制正犯体系中，为适应共同犯罪的复杂性、多样性，在对各个正犯者适用同一的法定刑的前提下，刑法中也会存在有关“共动关系的量刑事由”或“类型化的量刑规定”等内容。

在区分制共犯论体系中，基于限制的正犯概念，作用于构成要件的不同的犯行形式并非具有同样的价值，因此，才需要刑法中区分不同“当罚类型”或“共犯人类型”，并确定不同的处罚原则。综上所述，如果我国刑法中存在对所有的“共同犯罪人”适用同一的法定刑的法律规定，那么将我国刑法中的主从犯的规定理解为“共动关系的量刑事由”或“类型化的量刑规定”也未尝不可，显然，我国刑法并未存在相应的规定。如此一来，只能将我国刑法中主从犯的规定理解为区分制共犯论体系中的“当罚类型”或“共犯人类型”。

六、区分制共犯体系下共犯人规定的解释论重构

综上所述，围绕共犯人关系据以解决的基本问题，区分制共犯人关

系的处理方案显然更为合理，其与我国的共同犯罪规定具有内在的契合性，并且基于单一制正犯体系的立场从解释论上解读我国现行《刑法》规定存在诸多问题，据此，关于我国共犯人关系的处理，应当在参考区分制共犯人关系立法体例的体系特征和本来旨趣的基础上，以构成要件符合性的判断以及共犯人的处罚前提为中心，对我国现行共犯人的法律规定予以解释论重构。只有如此，才能使我国刑法中共犯人关系的处理，既能切实贯彻罪刑法定原则与罪刑相适应原则，又能妥当地协调刑法的人权保障机能和法益保护机能之间的紧张关系。

（一）我国《刑法》第 26 条是关于共同正犯的规定

关于我国《刑法》第 26 条所规定的主犯，即组织、领导犯罪集团进行犯罪活动的或者在共同犯罪中起主要作用的人，究竟是指哪类共犯人，通说认为，《刑法》第 26 条规定的主犯包括组织犯与实行犯。但是通说的观点存在问题：第一，通说所主张的组织犯，其实施的行为并非构成要件行为，对其犯罪成立的判断，是否也像对实施非构成要件行为的帮助犯的犯罪成立判断那样，贯彻共犯从属性原理，通说观点对此问题的处理并不明确。第二，根据刑法对主犯所规定的处罚原则，不管是组织领导犯罪集团进行犯罪活动的人，还是在共同犯罪中起主要作用的人，如张明楷教授的理由所述，其所贯彻的均是相同的处罚原则，即“部分行为全部责任”的处罚原则，通说将贯彻同样处罚原则的共犯人确定为两类不同的共犯人，不仅过于形式化，也缺乏坚实的理论基础，难言妥当。第三，通说虽然认为《刑法》第 26 条规定的主犯包括了实行犯，但其所说的实行犯是仅指共同实行犯，还是既包括单独实行犯，又包括共同实行犯，也缺乏清晰的界定，正如后文所述，该问题恰恰是《刑法》总则究竟应该规定哪些共犯人时必须予以考虑的问题，这也反映出通说对于《刑法》总则应当明确规定哪些共犯人，还缺乏清醒的认识。

其实，《刑法》总则应当规定哪些共犯人，并不是立法者随意进行规定的，其关乎共同犯罪的定罪及量刑问题如何解决，以及罪刑法定原则与罪刑相适应原则能否真正得到切实贯彻。不仅如此，联系我国现行《刑法》第 26 条对主犯所规定的处罚规则，应当认为，我国《刑法》

第26条规定的主犯，只能解释为共同正犯。对此，张明楷教授指出，我国《刑法》第26条规定的主犯就是共同正犯。张明楷给出以下两个方面的支持理由：一方面，《刑法》总则规定了哪些共犯人与规定了共犯人应当分为几类，是两个不同的问题。《刑法》总则应当规定哪些共犯人，需要根据罪刑法定原则来确定。由于《刑法》分则规定的构成要件行为，就是正犯行为，因此，即使《刑法》总则不对单独正犯进行规定，也丝毫不影响对单独正犯的定罪与处罚。而《刑法》分则规定的构成要件行为，由于不能直接适用于教唆犯与帮助犯，因此，只有《刑法》总则对教唆犯与帮助犯予以明文规定，才不至于使教唆犯与帮助犯的处罚违反罪刑法定原则。另外，共同正犯的场合，由于其不以实施构成要件行为为必要，尤其不以实施全部的构成要件行为为必要，因此，只有在《刑法》总则中存在“共同正犯均为正犯”的规定时，才能对其适用“部分行为全部责任”的处罚原则，进而对共同正犯的处罚予以妥当处理。如此说来，《刑法》总则还必须规定共同正犯。另一方面，我国《刑法》第26条第3、4款对主犯所规定的处罚原则，即“按照集团所犯的全部罪行处罚”与“按照其所参与的或者组织、指挥的全部犯罪处罚”，其实贯彻的就是“部分行为全部责任”的处罚原则，而非减轻处罚原则，而该处罚原则恰恰就是共同正犯的处罚原则。基于以上两个方面的理由，将我国《刑法》第26条规定的主犯解释为共同正犯，完全符合《刑法》第26条规定的旨趣。[①]

在明确了我国《刑法》第26条规定的共犯人是共同正犯之后，我国《刑法》第26条规定的共犯人从文理上看又包括两种情形，即“组织、领导犯罪集团进行犯罪活动的人”与“在共同犯罪中起主要作用的人”。因此，如何理解这两类共犯人，仍有必要进一步予以解释。如上所述，尽管《刑法》第26条的规定包括了两种情形，但这并不意味着其规定了两种性质不同的共犯人，而是分别规定了共同正犯的两种基本类型，即共谋共同正犯与实行共同正犯，这也符合区分制共犯体系中

---

① 参见张明楷：《共犯人关系的再思考》，载《法学研究》2020年第1期。

共同正犯的理论和实践。因为，在区分制共犯体系中，共同正犯一般又分为实行共同正犯与共谋共同正犯两种类型，其中，共谋共同正犯又分为支配型的共谋共同正犯与对等型（或分担型）的共谋共同正犯两种情形。

借鉴国外关于共同正犯的类型划分，应当认为，我国《刑法》第26条所规定的共同正犯，实际上包括了共同正犯两种类型中的三种具体情形，即组织、领导犯罪集团进行犯罪活动的人，其属于“支配型共谋共同正犯”；在共同犯罪中起主要作用的人，则包括“实行共同正犯”与“对等型共谋共同正犯”两种情形。换言之，我国《刑法》第26条实际上规定了共同正犯的两种基本类型，即实行共同正犯与共谋共同正犯。[①] 其中，就实行共同正犯而言，不管是实施了构成要件的全部行为或部分行为，应该恒属于共同正犯的范畴。那种认为“实施了部分构成要件行为的人，既可能是从犯，也可能是共同正犯的观点”[②]，不仅会导致构成要件的实行行为丧失定型性，而且还会进一步模糊共同正犯与从犯之间的界限，也不利于贯彻罪刑法定原则，难言妥当。

特别需要指出的是，将我国《刑法》第26条规定的主犯，解释为实行共同正犯与共谋共同正犯两种类型，尤其是共谋共同正犯概念的引入，可能会面临通说的质疑。因为在通说看来，对于共谋共同正犯，根据我国《刑法》第26条的规定已然能够轻松将其认定为主犯，进而解决其刑事责任的问题，既然如此，再费尽周章引入在国外本来就存在极大争议的共谋共同正犯概念，意义何在？

如果仅仅从能否将共谋共同正犯认定为主犯的角度予以审视，引入

---

① 关于实行共同正犯与共谋共同正犯的详细分析，参见本书第二章“共同正犯的基本问题”中对“共同正犯的基本类型”的论述。在此需要说明的是，如果只是从字面含义来理解实行共同正犯与共谋共同正犯，就会发现实行共同正犯与共谋共同正犯的概念并不周延，这是因为，在部分被认为共同正犯的情形中，参与人既没有实施构成要件行为的一部分，也没有真正意义上的共谋，只是实施了构成要件以外的行为。因此，所谓的共谋共同正犯，并不限于单纯的共谋，还包括了实施构成要件以外的行为的情形。参见张明楷：《共同正犯的基本问题　兼与刘明祥教授商榷》，载《中外法学》2019年第5期。

② 张明楷：《共犯人关系的再思考》，载《法学研究》2020年第1期。

共谋共同正犯的概念的确不仅没有必要，而且还会徒增司法的负担。但是，通说之所以能够将共谋共同正犯轻松地认定为主犯，恰恰反映了其在将共谋共同正犯认定为主犯的过程中，缺乏共谋共同正犯的概念，导致无法以构成要件为中心对共谋共同正犯的正犯性给予理性审视，这必然不利于贯彻罪刑法定原则，而共谋共同正犯概念的引入，有利于弥补通说在该方面存在的缺失。因此，共谋共同正犯概念的引入，并非纯粹的概念游戏，而是具有重要的理论价值和现实意义。

（二）我国《刑法》第 27 条、第 28 条均是对帮助犯的规定

关于我国《刑法》第 27 条规定的从犯，根据通说的理解，其既包括帮助犯，又包括次要的实行犯，还包括起次要作用的教唆犯。如前所述，该种理解只有在基于各共犯人具体的不法及责任的意义上才能成立。因为不管共犯人以何种方式参与共同犯罪，即使同为共同正犯，其具体的不法及责任也会各不相同，最终承担的刑事责任自然也会存在差别。如果根据各共犯人具体的不法及责任来把握共犯人之间的关系，不仅严重误解了共同犯罪的量刑问题意在解决共犯人处罚前提的本来旨趣，而且会导致在共犯人之间根本无法确立明确的界限。

立基于区分制共犯体系的体系特征和本来旨趣，应当认为，我国《刑法》第 27 条所规定的从犯，即在共同犯罪中起次要作用或者辅助作用的人，其实只是对帮助犯的规定。至于《刑法》条文中的“起次要作用或辅助作用”规定的含义，并非像通说所认为的那样，刑法规定了次要实行犯与帮助犯两类共犯人，甚至还包括起次要作用的教唆犯，而是分别从实质侧面（起次要作用）与形式侧面（帮助）对帮助犯作了具体规定。

关于《刑法》第 28 条所规定的胁从犯，即被胁迫参加犯罪的人，亦非一种独立的共犯人类型。基于《刑法》第 28 条对胁从犯所规定的处罚原则比《刑法》第 27 条对从犯所规定的处罚原则还要轻的状况，应当认为，《刑法》第 28 条所规定的胁从犯，实际上是在第 27 条规定的帮助犯的基础上，基于存在“被胁迫”这一责任减轻情节，所形成的一种帮助犯的责任减轻类型，即被胁迫的帮助犯。

综上所述，无论是《刑法》第27条所规定的从犯，还是《刑法》第28条所规定的胁从犯，其实均是对帮助犯的规定。鉴于帮助犯是一种通过加功于正犯的行为，间接侵犯法益的共犯人，其与刑法保护的法益之间距离较远，违法性明显较小，基于贯彻罪刑法定原则和实现人权保障机能的要求，对帮助犯的犯罪成立的判断，必须彻底贯彻从属性的原理，即帮助犯的成立的判断，必须以正犯着手实行犯罪为前提。

（三）我国《刑法》第29条第1款、第2款的含义

《刑法》第29条对教唆犯进行了明确规定，理论上基本都认可其是一种独立的共犯人类型，但关于第29条第1款、第2款规定的含义，仍存在争议，有待进一步澄清。

关于《刑法》第29条第1款所规定的“教唆他人犯罪的，应当按照他在共同犯罪中所起的作用处罚”的含义，通行的观点大都没有区分教唆犯的处罚前提与具体处罚在共同犯罪量刑中的不同意义，而是基于具体处罚的视角指出，如果在共同犯罪中起主要作用，就按主犯进行处罚，如果在共同犯罪中起次要作用，则按从犯进行处罚。但是，如前所述，刑法关于共犯人类型的法律规定，就共同犯罪的量刑而言，是为了解决其处罚的前提问题，在此意义上，由于教唆犯属于加功于正犯，通过正犯的行为间接侵犯法益的共犯人类型，原则上其违法性比正犯要小，尽管如此，考虑到教唆犯往往是犯罪的原动力，即使其违法性比正犯小，也还没有小到必须对教唆犯规定比正犯更轻的处罚前提的程度。因此，在区分制中，才普遍将教唆犯的处罚原则规定为“判处正犯的刑罚”。显然该处罚原则只是为了解决教唆犯的处罚前提问题，在对教唆犯判处正犯的法定刑的前提下，在具体的刑罚裁量过程中，完全可以根据教唆犯具体的不法及责任，最终对其判处比正犯更轻或更重的刑罚。根据共犯人类型据以解决量刑问题的本来旨趣，即共犯人的处罚前提问题，对此应当认为，《刑法》第29条第1款中的“教唆他人犯罪的，应当按照他在共同犯罪中所起的作用处罚”的含义，其实是指“判处正犯的刑罚”的旨趣。

关于《刑法》第29条第2款所规定的“如果被教唆的人没有犯被

教唆的罪，对于教唆犯，可以从轻或者减轻处罚”的含义。单从文理上看，似乎被教唆者，即正犯，即使没有着手实行犯罪，对教唆者也应该予以刑罚处罚。但这样一来，我国刑法对教唆犯成立的判断，就没有贯彻从属性原理。本来，教唆犯与帮助犯同为加功于正犯的间接侵害法益的共犯人类型，其行为的违法性较小，对教唆犯的处罚，亦应贯彻从属性原理，进而保证对教唆犯的处罚亦能贯彻罪刑法定原则。但鉴于教唆犯是犯罪的原动力，如果对教唆犯的处罚，彻底贯彻共犯从属性原理，一概需要被教唆者着手实行犯罪之后才予以处罚，那么在教唆他人实施极为严重犯罪的场合，刑法的反应明显过于滞后，这必然不利于实现刑法的法益保护机能。正是为了合理平衡刑法的人权保障机能与法益保护机能之间的紧张关系，《德国刑法典》第 30 条第 1 款规定，在教唆他人实施重罪的场合，即使被教唆者没有着手实行犯罪，对教唆者也要予以刑罚处罚。该规定具有相当的合理性，值得肯定。借鉴《德国刑法典》第 30 条第 1 款的规定，对我国《刑法》第 29 条第 2 款“被教唆的人没有犯被教唆的罪”中的“罪”不能仅从文理上进行形式解释，必须进行实质的限制解释，即将其中的“罪”限制解释为“重罪”。据此，在教唆他人实施重罪的场合，教唆犯的成立，无须以被教唆者着手实行犯罪为前提，在此意义上，教唆犯具有独立性。相反，在教唆他人实施轻罪的场合，仍须诉诸从属性原理的限制，即教唆犯的成立，必须以被教唆者着手实行犯罪为前提。[①]

① 关于教唆犯的从属性及独立性的详尽论证，参见本书第三章“共犯的法律性质”有关“实行从属性”问题的论述。

第二章　共同正犯的基本问题

众所周知，我国现行《刑法》关于共同犯罪的规定，不仅与区分制的立法体例存在明显差别，亦与单一制的立法体例存在本质不同。作为共同犯罪中非常重要的共犯参与形态或共犯人之一的共同正犯[①]，在我国现行《刑法》中确实未有法律明文规定。尽管如此，一如张明楷教授所指出的那样，我国《刑法》总则关于共同犯罪的规定，具有很大的解释空间。[②] 正因如此，我国刑法中是否规定了共同正犯，现行《刑法》相关规定该如何理解，成为学界存在相当争议的问题。

如第一章所述，笔者主张我国《刑法》第 26 条关于主犯的规定，就是针对共同正犯的规定，该种理解，显然是对我国现行共犯规定进行的实质解释或理论重构，从而需要给予详细的理论论证。囿于论述主题，笔者之前的论证只是简要给出了支持观点的基本理由，对学界存在的不同观点并未展开讨论，另外，关于共同正犯的类型、本质及处罚等基本问题，亦值得进一步探讨。据此，本章首先讨论我国现行《刑法》关于共同正犯的法律规定问题，力求进一步明确共同正犯的法律依据，然后围绕共同正犯的类型、本质及处罚等基本问题展开讨论。

一、共同正犯的法律依据

共同正犯，作为区分制立法体例中的一种非常重要的共犯参与形态

---

① 共同正犯，既可指共同犯罪中的共犯参与形态，亦可指共同犯罪中的共犯人。为显示区别，理论上通常将共犯参与形态意义上的共同正犯仍称为共同正犯，而将共犯人意义上的共同正犯称为共同正犯者。

② 参见张明楷：《共同正犯的基本问题　兼与刘明祥教授商榷》，载《中外法学》2019年第 5 期。

或共犯人，均会在刑法中被明确规定，如《德国刑法典》第25条第2款规定，数人共同实施犯罪的，均以正犯论处；《日本刑法典》第60条规定，二人以上共同实行犯罪的，都是正犯。鉴于我国刑法关于共同犯罪的立法体例与区分制的立法体例存在形式上的差别，关于我国刑法究竟是否对共同正犯进行了规定，学界还存在不同的理解。

传统上，囿于我国刑法中并未出现共同正犯的文字表述，学界通常是将共同正犯作为理论上共同犯罪的形式之一来讨论，如高铭暄、马克昌主编的《刑法学》教材中指出："简单的共同犯罪，在西方刑法中叫共同正犯（共同实行犯），是指二人以上共同实行某一具体犯罪客观要件的行为。这种共同犯罪形式中每一共同犯罪人都是实行犯。对此我国刑法没有规定，但在司法实践中这种共同犯罪形式经常出现，值得研究。"①

（一）我国《刑法》第25条并非关于共同正犯的规定

对于司法实践中经常出现的共同犯罪形式，其关涉共同犯罪问题的妥当处理，自然需要刑法上提供明确的法律依据，否则，有关共同正犯的法律问题的处理，则存在是否符合罪刑法定原则的疑问。如此说来，对于共同正犯的研究，首先就应该明确共同正犯的法律依据问题，基于上述问题意识，张明楷教授率先提出，可以将《刑法》第25条第1款之规定，解释为关于共同正犯之规定。② 但是，张教授并未对该观点给予理论论证，其后续的研究也并未将该观点坚持下去，转而认为《刑法》第26条才是关于共同正犯的规定。③

张明楷教授将《刑法》第25条第1款解释为关于共同正犯的规定的观点，虽然提出之时没有进行理论上的论证，其后来的研究也没有继续坚持该种观点，但其关于共同正犯的法律依据的问题意识和开风气之先的积极探索，无疑具有重要的现实意义和相当的启发性，并被后来的

---

① 高铭暄、马克昌主编：《刑法学》（第8版），北京大学出版社、高等教育出版社2017年版，第172～179页。

② 参见张明楷：《共同犯罪的认定方法》，载《法学研究》2014年第3期。

③ 参见张明楷：《共犯人关系的再思考》，载《法学研究》2020年第1期。

学者坚持并进行理论上的论证。如钱叶六教授在论证共同犯罪的本质时附带指出，首先，1997年《刑法》第25条第1款“共同犯罪是指二人以上共同故意犯罪”可以解释为关于共同正犯的规定。这可以在1997年《刑法》第25条第2款的提示性规定中证成。该条第2款规定：“二人以上共同过失犯罪，不以共同犯罪论处；应当负刑事责任的，按照他们所犯的罪分别处罚”。而按照他们所犯的罪分别处罚，是指按照过失正犯（单独正犯）处罚。其次，基于体系性解释，既然1997年《刑法》第29条、第27条分别规定了教唆犯和帮助犯，那么我们完全可以认为1997年《刑法》第25条第1款是关于共同正犯的规定。①

钱叶六教授在赞成张明楷教授提出的《刑法》第25条第1款是关于共同正犯的规定观点的基础上进行了理论上的论证，对深化拓展《刑法》第25条第1款的理解具有积极意义，值得肯定，但是钱教授提出的论证理由则明显牵强，缺乏说服力。

首先，《刑法》第25条第2款虽然提到了二人以上共同过失犯罪的事实，但对之的处理却是“按照他们所犯的罪分别处罚”，即使认为此处的意思是指“按照过失正犯（单独正犯）处罚”，也只是意味着对二人以上共同过失犯罪的，要按照单独正犯进行处罚，根据该种提示性规定，其提示的意思也只能解释为对于《刑法》第25条第1款规定的二人以上共同故意犯罪的，要按照故意正犯处罚，并非论者所主张的二人以上共同故意犯罪的，要按照共同正犯进行处罚的旨趣，如此来说，怎么能说《刑法》第25条第1款就是关于共同正犯的规定呢？

其次，关于论者从体系解释角度给出的理由，基于《刑法》第29条和第27条分别规定了教唆犯和帮助犯，就径直认为《刑法》第25条是关于共同正犯的规定的理由也明显缺乏说服力。值得一提的是，论者虽然基于体系解释的角度对《刑法》第25条的规定进行论证，但并未提及《刑法》第28条和第26条规定的旨趣，其究竟是何考虑我们不得

---

① 参见钱叶六：《我国犯罪构成体系的阶层化及共同犯罪的认定》，载《法商研究》2015年第2期。

而知。可能的理由是，论者对《刑法》第28条和第26条的理解遵循通说的主张，即第28条规定的是胁从犯，第26条规定的是组织犯和作为主要实行犯的单独正犯，与论者要论证的共同正犯在形式上明显存在区别，因此其将视角转向第25条，进而认为《刑法》第25条第1款是关于共同正犯的规定。但是，之所以要在《刑法》总则中对共犯人进行规定，根本上是因为罪刑法定原则和罪刑相适应原则的要求，应在《刑法》总则中对不同的共犯人进行规定，以明确共犯人的处罚依据和处罚原则，但是，《刑法》第25条第1款关于共同犯罪的规定并未确定相应的处罚原则，[①] 将其解释为关于共同正犯的规定，明显不符合共犯人规定的旨趣。

最后，类似我国现行《刑法》第25条的规定，在世界各国刑法中相当罕见，这明显受到苏联刑法相关规定的影响，其显然属于有关共同犯罪的处罚范围和定罪的一般规定，根据《刑法》第25条规定所处的体系位置，对《刑法》第26条至第29条的解释固然应符合第25条规定的内在要求，但对其也不宜进行过度解读。[②] 对第25条的理解，结合继承苏联刑法的现行《俄罗斯联邦刑法典》的规定及俄罗斯刑法学者的解释，可以认为我国《刑法》第25条的规定具有以下几个方面的意义：第一，在法律中规定共同犯罪的制度就能够论证那些并不直接实施犯罪，但以一定方式促使犯罪完成的人的责任，这样一来，就有可能确定《刑法》分则没有直接规定，但具有社会危害性因而需要刑法调整的那些行为的范围。第二，这一制度是我们确定对共同犯罪人定罪的规则。第三，这一制度所制定的标准使人们依照刑事追究的法制原则、罪

---

① 参见张明楷：《共犯人关系的再思考》，载《法学研究》2020年第1期。

② 刘明祥教授在批判钱叶六教授观点中指出，如果将《刑法》第25条第1款解释为关于共同正犯的规定，则意味着《刑法》其他条款关于“共同犯罪”的规定可以转换或理解为“共同正犯”，进而认为会得出很荒唐的结论。可是，退一步来讲，根据钱叶六教授的观点，即使认为《刑法》第25条第1款是关于共同正犯的规定，也只能认为《刑法》第25条第1款中规定的“共同犯罪”应该理解为“共同正犯”，并不意味着《刑法》其他条款中的“共同犯罪”都应该理解为“共同正犯”，刘明祥教授明显曲解了钱叶六教授的观点，也是对《刑法》第25条第1款规定的过度解读。参见刘明祥：《我国刑法没有规定共同正犯——单一正犯体系的视角》，载《法学家》2022年第1期。

过原则和公正原则，实现对以某种方式参与实施犯罪的人的责任和刑罚个别化。①

（二）我国《刑法》第 26 条是关于共同正犯规定的再检讨

如前所述，我国现行《刑法》虽然缺乏关于共同正犯的明文规定，但并非意味着就不存在相应的规定，相反完全可以通过对现行《刑法》进行实质的解释来确立共同正犯的法律依据，基于理论和实践普遍认可的共同正犯概念需要在现行《刑法》中有明确法律依据的问题意识，笔者赞同张明楷教授的观点，主张《刑法》第 26 条关于主犯的规定其实就是对共同正犯的规定，并给出了简要论证理由。鉴于该观点最近受到以刘明祥教授为代表的单一制正犯体系的强烈批判，为了进一步论证笔者的观点，在此有必要对这些批判性见解予以回应。

第一，单一制正犯体系论者提出的第一条批判理由是，我国《刑法》第 26 条明显是对主犯的含义及对主犯的处罚原则的规定。其中，第 26 条第 1 款表明，主犯是在共同犯罪中起主要作用的人。德日刑法中规定的二人以上共同实行犯罪的共同正犯者，并非都能成为我国刑法中的主犯，只有在共同犯罪中起主要作用的共同正犯者，才能成为主犯。此外，区分制体系下的教唆犯和帮助犯，如果在共同犯罪中起主要作用，也能成为我国刑法中的主犯。据此认为，我国刑法中规定的主犯与区分制体系下的“正犯”“共同正犯”完全不同，不可能将“主犯”等同于或替换为“正犯”或“共同正犯”。②

在笔者看来，该条批判理由与笔者在第一章所论述的关于共犯人关系的交叉关系说的基本主张完全一致，笔者之前对交叉关系说的检讨完全可以作为对该批判理由的基本回应。在此需要再次申明的是，交叉关系说存在的最根本的问题是混淆了共犯人量刑问题上的共犯人规定需要解决的处罚前提与司法裁判对共犯人的具体处罚之间的关系，误解了刑

① 参见［俄］Н·Ф. 库兹涅佐娃、И·М. 佳日科娃主编：《俄罗斯刑法教程（总论）》（上卷·犯罪论），黄道秀译，中国法制出版社 2002 年版，第 384 页。

② 参见刘明祥：《我国刑法没有规定共同正犯——单一正犯体系的视角》，载《法学家》2022 年第 1 期。

法关于共犯人规定本为解决共犯人处罚前提的旨趣。笔者关于《刑法》第 26 条是关于共同正犯的规定的观点，恰恰立基于共犯人量刑问题的本来旨趣，批判观点出于解决共犯人处罚前提的考虑而对《刑法》第 26 条规定的解释论重构，显然并未准确把握笔者主张观点的本来旨趣。

第二，单一制正犯体系论者提出的第二条批判理由是，我国刑法并不存在如德日刑法那般“数人或二人以上共同实行犯罪行为者皆以正犯论处”的明文规定。我国《刑法》所规定的“组织、领导犯罪集团进行犯罪活动”的参与人，只是日本目前的通说认可的一种特殊类型（并非普通类型）的共同正犯（共谋共同正犯），在德国被理解为间接正犯，并非共同正犯。“在共同犯罪中起主要作用”的参与人，仅包含区分制体系下的共同正犯人的一部分，即共同正犯中属于共同故意且在其中起主要作用的人，若在其中仅起次要作用，或者是属于共同故意之外的共同正犯人，如日本刑法通说肯定的二人以上基于不同的犯罪故意（如一方以杀人故意，另一方以伤害故意）所成立的共同正犯，或二人以上共同过失犯罪所成立的过失共同正犯，均被排除于“在共同犯罪中起主要作用”的人之外。总之，即使认为我国《刑法》第 26 条是关于共同正犯的规定，其与德日刑法关于共同正犯的范围也存在重大差异，据此批判认为我国《刑法》第 26 条规定的并非共同正犯。①

就该条批判理由而言，仅仅以我国《刑法》第 26 条的规定与德日刑法关于共同正犯的规定在明文规定上存在差异，就断然否定我国《刑法》第 26 条对共同正犯的规定，是对刑法规定的形式化解读。对刑法规定的理解如果只是拘泥于刑法规定的字面含义，我国现行《刑法》的规定就不可能适应司法实践中复杂多样的案件事实，也难以适应社会的发展变化。相反，对刑法规定的理解与适用，在符合罪刑法定原则的前提下，完全可以进行客观的实质解释，基于我国《刑法》第 26 条规定存在的极大的解释空间，将其解释为关于共同正犯的规定，这并不存

① 参见刘明祥：《我国刑法没有规定共同正犯——单一正犯体系的视角》，载《法学家》2022 年第 1 期。

在法律上的障碍。既然可以认为“组织、领导犯罪集团进行犯罪活动”的参与人，属于日本刑法通说认可的“共谋共同正犯”，这就说明将我国《刑法》第26条的规定解释为关于共同正犯的规定，具有实质上的根据。至于上述参与人在德国属于间接正犯而非共同正犯的观点，也只是部分学者的观点，与此相对，在德国也有相当多的学者认为，其属于共同正犯。①

“在共同犯罪中起主要作用”的参与人仅包括区分制下共同正犯人的一部分，不包括基于不同的犯罪故意的共同正犯和过失正犯的批判见解也难言妥当。当然，即使肯定《刑法》第26条规定的是共同正犯，基于《刑法》第25条规定的限制，在我国还难以肯定过失共同正犯，但《刑法》第25条的规定并不足以成为否定作为共同正犯本质的犯罪共同说或行为共同说不可逾越的法律障碍，而无论是根据犯罪共同说，还是行为共同说，均能肯定二人以上基于不同犯罪故意的共同正犯成立。另外，不论是否认为我国《刑法》第26条规定的是共同正犯，对于共同正犯的范围的把握，都要以我国的刑法规定为依据来确立，并非一定要与德日的刑法规定及理论上主张的共同正犯的范围完全一致。如此说来，以我国刑法规定的共同正犯的范围与德日不同为由，进而否定我国《刑法》第26条的规定不属于共同正犯的批判见解并不具有说服力。

第三，单一制正犯体系论者提出的第三条、第四条、第五条批判理由均与共同正犯的处罚原则有关，在此一并进行检讨。单一制正犯体系论者认为，我国《刑法》第26条各款的规定均不存在像德日刑法那样对共同正犯“依正犯处罚”或“以正犯论”的规定。我国《刑法》第26条对主犯规定的处罚原则与德日刑法对共同正犯采取的“部分行为全部责任”的归责原理并不相同。具体来说，我国《刑法》第26条规定的“按照集团所犯的全部罪行处罚”与“按照其所参与的或者组织、

---

① 参见［德］克劳斯·罗克辛：《德国刑法学总论》（第2卷），王世洲等译，法律出版社2013年版，第41页；［德］约翰内斯·韦塞尔斯：《德国刑法总论》，李昌珂译，法律出版社2008年版，第296～297页。

指挥的全部犯罪处罚”的原则，无论是对主犯还是从犯均适用。另外，我国理论与实践中的通说均认为主犯是酌定的从重处罚情节，这与区分制下共同正犯的归责原理也存在差别。[①]

笔者认为，我国《刑法》第 26 条中虽然缺乏像德日刑法那样对共同正犯“依照正犯处罚”或“以正犯论处”那样的明文规定，但这只是不同法律规定之间形式上的差异，并不足以成为将我国刑法关于主犯的处罚原则实质解释为关于共同正犯的处罚原则的法律障碍。[②] 众所周知，在区分制的立法体例中，正是存在对共同正犯“均以正犯论处”或“都是正犯”的法律规定，德日刑法理论的通说才认为，刑法对共同正犯采取的是“直接地相互性归责”或“部分行为全部责任”的归责原则，而该归责原则显然具有以下两层含义。

其一，在共同正犯中，各共同正犯即使仅仅实施了部分行为，也要对全部行为造成的“全部结果”承担责任。这主要是针对承担刑事责任的范围而言的，对此，根据现在通行的因果共犯论的观点，共同正犯与狭义共犯承担的刑事责任范围并没有实质差别。如此说来，我们大概就能理解为什么刘明祥教授会认为“对所有共同犯罪人，无论是主犯还是从犯，都是按其‘所犯的全部罪行’或‘所参与的全部犯罪’追究刑事责任”。

其二，在共同正犯中，各共同正犯即使仅仅实施了部分行为，也要对全部行为造成的全部结果承担“正犯”的责任。换言之，对共同正犯，不适用从属性归责及减轻责任。这与狭义共犯承担的责任性质具有实质差别，一如我们所知，虽然德日刑法均规定对教唆犯判处正犯的刑罚以及对帮助犯按照正犯的刑罚予以减轻，但德日刑法理论的通说认为刑法对教唆犯与帮助犯采取的是从属性归责原则，而且对帮助犯适用减

---

① 参见刘明祥：《我国刑法没有规定共同正犯——单一正犯体系的视角》，载《法学家》2022 年第 1 期。

② 刘明祥教授关于德日刑法对共同正犯的处罚原则的引证并不准确，德日刑法关于共同正犯的处罚原则的规定分别为“均以正犯论处”与“都是正犯”。参见《德国刑法典》（2002 年修订），徐久生、庄敬华译，中国方正出版社 2004 年版，第 11 页；《日本刑法典》，张明楷译，法律出版社 1998 年版，第 25 页。

轻责任。如此说来，区分制立法体例下，刑法对共同正犯、教唆犯及帮助犯采取的是不同的归责原则。反观我国刑法关于共犯人的处罚原则的规定，对主犯所采取的“按照集团所犯的全部罪行处罚”及“按照其所参与或组织的全部犯罪处罚”的处罚原则，表明主犯不仅要对全部不法事实负责，而且还要对全部不法事实承担正犯责任，即直接按照《刑法》分则规定的法定刑进行处罚，这与刑法对从犯采取的从轻或减轻责任明显不同。对此，刘明祥教授却避而不谈，可见其提出的批判理由也难言妥当。

至于单一制正犯体系论者援引通说观点认为主犯是酌定的从重处罚情节，与共同正犯的处罚原则存在不同的观点。一如前述，该种理解混淆了共犯人量刑问题上需要解决的对共犯人处罚的前提与对共犯人的具体处罚之间的关系，并不符合共犯人量刑问题的本旨。

第四，单一制正犯体系论者提出的第六条批判理由指出，国外采取单一制正犯体系的刑法中，也有与我国《刑法》第 26 条相似的规定，如《意大利刑法典》第 112 条，而采取单一制正犯体系的刑法不可能有区分制共犯体系刑法中关于共同正犯那样的规定，据此指出，不能将我国《刑法》第 26 条的规定理解为区分制共犯体系刑法中关于共同正犯的规定。[①]

在笔者看来，《意大利刑法典》第 112 条第 1 款第 2 项“发起或者组织犯罪合作的，或者在共同犯罪中起领导作用的”与我国《刑法》第 26 条第 1 款“组织、领导犯罪集团进行犯罪活动的”规定之间，从文字上的表述来看确有相似之处，但两者之间的法律性质未必一致。基于意大利单一制正犯体系的体系架构，其第 112 条规定的法律性质属于“类型化的量刑规定”，如高桥则夫教授指出：“意大利刑法第 110 条采用的是统一性正犯体系，即不区分正犯和共犯，采用某种方法共动于可罚性行为的人都被视为共动者，按同一的法定刑处理。可以说，该法典

---

① 参见刘明祥：《我国刑法没有规定共同正犯——单一正犯体系的视角》，载《法学家》2022 年第 1 期。

是一部采用在概念上完全不区分共动者种类的形式的统一性正犯体系的立法。该法典中所言共动者，与多数的正犯者同义。第 41 条关于所有的原因都具有相同价值的规定，是将全部参与者都同等对待的正当化根据。但是，统一的法定刑并不意味统一的刑罚。事实上，意大利的共犯规定还对参与者的处罚设有例外规定，没有严格贯彻参与者同罚的原则，由此可见，取代构成要件上的解释论层面的范畴性类型化，进行了极其类型化的量刑规定。”①

由此可以看出，《意大利刑法典》第 112 条第 1 款第 2 项的规定与区分制共犯体系下基于构成要件的犯行形式不同，而区分的“共犯人类型”在法律性质上具有根本的不同。能否对《意大利刑法典》第 112 条第 1 款第 2 项与我国《刑法》第 26 条的规定作同样的解读，关键在于如何把握我国《刑法》第 26 条规定的法律性质。这又取决于如何把握我国现行共同犯罪立法体例的体系归属。一如笔者在第一章中所述，基于单一制正犯体系合理性评估及实定法解释论上存在的诸多疑问，应将我国的共犯论体系归属于区分制共犯体系。据此，我国《刑法》第 26 条的规定于法律性质上属于基于构成要件的犯行形式不同而规定的“共犯人类型”之一，并非单一制正犯体系下的“类型化的量刑事由”。《意大利刑法典》第 112 条第 1 款第 2 项将“发起或者组织犯罪合作的，或者在共同犯罪中起领导作用的”作为“类型化的量刑事由”的“加重情节”来规定，并不妨碍将我国《刑法》第 26 条第 1 款“组织、领导犯罪集团进行犯罪活动”的规定，解释为基于构成要件的犯行形式不同而规定的“共犯人类型”之一的“共同正犯”。

退一步而言，采取单一制正犯体系的刑法果真不可能有区分制共犯体系刑法那样的关于共同正犯的处罚规定吗？值得反思。例如，作为形式的单一制正犯体系代表性国家，《意大利刑法典》第 110 条规定，当数人共同实施同一犯罪时，对于他们当中的每一人，均处以法律为该犯

① ［日］高桥则夫：《共犯体系和共犯理论》，冯军、毛乃纯译，中国人民大学出版社 2010 年版，第 28 ~ 29 页。

罪规定的刑罚，以下各条另有规定者除外。根据该规定，可以看出，其对于所有共犯人的犯行形式放弃了构成要件符合性层面的范畴上、规范上的区别，而将每个共犯人都视为正犯。对此，如果从共同犯罪的视角来看，可以认为每个共犯人都是共同正犯。质言之，在区分制共犯体系中，共同正犯只是部分犯罪现象，而在形式的单一制正犯体系中，共同正犯则是共同犯罪的全部现象。①

又如功能的单一制正犯体系的代表性国家《奥地利联邦共和国刑法典》第 12 条规定，自己实施应受刑罚处罚的行为，或者通过他人实施应受刑罚处罚的行为，或者为应受刑罚处罚的行为的实施给予帮助的，均是正犯。该条规定了三种正犯形式，即直接正犯、诱发正犯与援助正犯，其中并未体现共同正犯的规定，这是否意味着奥地利刑法中也不存在共同正犯的概念呢？答案显然是否定的。理论上，根据限制的体系，在存在共同的行为支配时，就视为共同正犯；根据归属的体系，在存在分担行为时，会使用共同正犯的概念。②

奥地利的判例也使用了共同正犯的概念。所谓共同正犯，是指在活动的实行阶段积极地进行有认识的而且有意欲的共动。判例通过共同正犯这种构成，扩张了直接正犯的概念。也就是说，如果存在实行阶段的共动，那么就不需要所有的共动者实施实行行为本身。根据判例，参与者在实施活动时，只要当初仅仅在场，在必要时表示为了已经正在实行的共同正犯者而介入的意思，就可以肯定其为共同正犯。因此，可以说共同正犯的构成目的是在构成要件的层面考虑具体贡献事实上的重要性。③

另外，对于功能的单一制正犯体系，从立法论上讲，其实也需要特别规定共同正犯。正如高桥则夫教授指出的那样，统一性正犯体系也需

① 参见张明楷：《共同正犯的基本问题　兼与刘明祥教授商榷》，载《中外法学》2019 年第 5 期。

② 参见［日］高桥则夫：《共犯体系和共犯理论》，冯军、毛乃纯译，中国人民大学出版社 2010 年版，第 48～49 页。

③ 参见［日］高桥则夫：《共犯体系和共犯理论》，冯军、毛乃纯译，中国人民大学出版社 2010 年版，第 53 页。

要特别规定共同正犯。这是因为，无论是在统一性正犯体系中，还是在共犯体系中，为了承认“部分实行全部责任”这种共同正犯的法律效果，都需要条文上的根据。[①]

值得一提的是，一方面，单一制正犯体系论者基于单一制正犯体系不需要共同正犯规定的认知，极力否定共同正犯的概念。例如，刘明祥教授认为，“我国刑法之所以没有关于共同正犯的规定，归根到底是因为共同正犯是区分制的产物，并且具有内在缺陷，又与单一制正犯体系不相容，而我国采取刑法单一制正犯体系，自然也就不会有关于共同正犯的规定。”[②] 另一方面，单一制正犯体系论者关于共同犯罪的描述，却使用共同正犯的概念及理论。例如，刘明祥教授认为，“由于每个参与者都是相互把他人的行为作为自己行为的一部分加以利用、予以补充，那么，即便是由他人的行为直接引起了侵害法益的事实或结果的发生，也仍然视为参与者利用他人的行为作为自己的犯罪的手段或工具，引起了危害结果的发生，这正是每个参与者都对参与范围内的危害结果负责的根据所在。”[③] 该种描述，其实就是关于共同正犯的描述。[④] 此亦表明，不论何种共犯论体系，都绕不开共同正犯的概念。

综上所述，以我国《刑法》第 26 条的规定与单一制正犯体系国家的立法规定相似，而后者不可能存在区分制共犯体系下的共同正犯规定为由，进而反驳我国《刑法》第 26 条是对共同正犯的规定，既不符合单一制正犯体系国家的法律规定与司法实践，也不具有说服力。

第五，单一制正犯体系论者提出的第七条批判理由是，如果将《刑法》第 26 条理解为仅是关于共同正犯的规定，就会导致在只有单独正犯而无共同正犯的案件中，出现只有从犯而无主犯的不合理现象，难以

---

① 参见［日］高桥则夫：《共犯体系和共犯理论》，冯军、毛乃纯译，中国人民大学出版社 2010 年版，第 61 页。

② 刘明祥：《单一正犯视角下的共同正犯问题》，载《中外法学》2019 年第 1 期。

③ 刘明祥：《单一正犯视角下的共同正犯问题》，载《中外法学》2019 年第 1 期。

④ 参见张明楷：《共同正犯的基本问题　兼与刘明祥教授商榷》，载《中外法学》2019 年第 5 期。

实现刑法对主犯从重处罚的立法宗旨。[①]

本条批判理由显然是站在我国通说的立场而提出的质疑，与笔者主张的共犯论基本立场明显不同。笔者将《刑法》第 26 条的规定解释为关于共同正犯的规定，一方面，是出于对区分制共犯论体系合理性的审视；[②] 另一方面，则是出于对《刑法》总则究竟应该规定哪些共犯人，才能切实贯彻罪刑法定及罪刑相适应等刑法基本原则的考量。[③]

根据笔者的立场和对《刑法》第 26 条的解释，在涉及共同正犯的共同犯罪案件中，共同正犯当然就属于我国《刑法》第 26 条规定的主犯，并根据“部分行为全部责任”的归责原则，对全部不法事实承担正犯责任，即直接参照《刑法》分则规定的法定刑处罚；在仅有单独正犯的共同犯罪案件中，虽然对案件中的单独正犯不能认定为我国《刑法》第 26 条规定的主犯，但对其也是根据《刑法》分则规定的法定刑处罚。显然，对共同正犯的处罚与对单独正犯的处罚没有本质差别。因而，单一制正犯体系论者基于通说观点认为在仅有单独正犯的共同犯罪案件中，只有从犯没有主犯的不合理现象以及刑法对主犯从重处罚的立法宗旨无法实现，也难言妥当。

二、共同正犯的基本类型

经过上述对共同正犯的法律规定的检讨得以再次明确，我国《刑法》第 26 条的规定就是关于共同正犯的规定。以此为基础，如前所述，笔者将我国《刑法》第 26 条规定的共同正犯做了进一步的类型化重构，即将《刑法》第 26 条第 1 款规定的“组织、领导犯罪集团进行犯罪活动的”类型化为“支配型共谋共同正犯”，将第 1 款规定的“在共同犯罪中起主要作用的”类型化为“实行共同正犯”与“对等型或分

① 参见刘明祥：《我国刑法没有规定共同正犯——单一正犯体系的视角》，载《法学家》2022 年第 1 期。

② 参见王光明、毛海利：《两大共同犯罪体系的根本对立及合理性评估——以“共动二重性”为基点》，载《烟台大学学报（哲学社会科学版）》2013 年第 1 期。

③ 参见张明楷：《共犯人关系的再思考》，载《法学研究》2020 年第 1 期；毛海利：《共犯人关系论纲》，载《烟台大学学报（哲学社会科学版）》2022 年第 1 期。

担型共谋共同正犯”。换言之，我国刑法中规定的共同正犯，实际上包括“实行共同正犯”与“共谋共同正犯”两种基本类型。[①]

之前囿于讨论的主题及篇幅限制，并未就此详细展开讨论。笔者当然也清楚地知道，不论出于何种理由，在对共同正犯的基本类型背后的理论基础缺乏详细论证的前提下，断然认为我国《刑法》第26条的规定包括“实行共同正犯”与“共谋共同正犯”两种类型，很难具有说服力。因而，笔者以下对之展开讨论，也是对之前观点的进一步呼应及补充论证。

众所周知，在明确采取区分制共犯论体系的立法体例中，都会有关于共同正犯的具体规定，为共同正犯的处罚提供明确的法律依据。如《德国刑法典》第25条第2款规定，数人共同实施犯罪的，均以正犯论处。《日本刑法典》第60条规定，二人以上共同实行犯罪的，都是正犯。尽管德日刑法对共同正犯均存在明文规定，但就法律中规定的共同正犯包括哪些类型，理论上则存在激烈争议。

（一）日本的学说及判例状况

1. 实行共同正犯

在日本，曾经居于压倒性地位的通说认为，共同正犯的成立，需要两个以上的行为人，主观上基于共同实行的意思，客观上必须分担构成要件的实行行为。如大塚仁教授指出：“共同正犯，是指‘二人以上共同实行了犯罪的’的情形（第60条）。为了成立共同正犯，需要二人以上的行为人在主观上存在共同实行的意思（共同加功的意思，意思的联络），在客观上存在共同实行的事实（共同加功的事实，行为的分

---

① 采取不同的标准，对共同正犯可以进行不同的分类，如故意的共同正犯与过失的共同正犯、普通的共同正犯与结果加重犯的共同正犯、作为的共同正犯与不作为的共同正犯等。显然，这些类型不是源于共同正犯概念，而是从其他侧面对共同正犯所作的分类。换言之，上述类型不是共同正犯特有的类型，而是正犯、教唆犯与帮助犯的共有类型。作为共同正犯的基本问题和法律规定的共同正犯类型，本部分仅围绕共同正犯的概念本身来讨论共同正犯的基本类型，即实行共同正犯与共谋共同正犯。参见张明楷：《共同正犯的基本问题　兼与刘明祥教授商榷》，载《中外法学》2019年第5期。

担)。”[①] 该种情形下的共同正犯，也被称为形式的实行共同正犯。

形式的实行共同正犯概念，虽然具有明显的优势，即以严格的实行行为概念为基准，共同正犯与教唆犯、帮助犯的区别在客观上得以明确，但也存在明显的不足，即由于其形式性而游离现实社会中产生的共犯现象的多样性，不能充分把握具有作为共同“正犯”之当罚性的犯罪参与者。尤其是在犯罪者组织性、集体性地实施犯罪的场合，隐藏在背后策划、指挥犯罪的人，即使没有承担作为犯罪的实行，对于犯罪的实现也起了重要的作用，可以说具有作为与实行者相同的或者超过实行者的“正犯”的当罚性，即所谓的黑幕重罚的必要性。[②] 形式的实行共同正犯概念的不足之处，亦构成日本判例后来发展共谋共同正犯的重要背景。

2. 共谋共同正犯

(1) 概念及其发展

所谓共谋共同正犯，是指两人以上共谋实行某个犯罪，当共谋者中某个人实行了与共谋相关的犯罪时，那么其他共谋者也被认为成立《日本刑法典》第 60 条规定的共同正犯的情形。

与学说上曾经只承认实行共同正犯相对，日本判例则一贯肯定没有分担实行行为的共谋共同正犯。因此，共谋共同正犯是通过日本的判例而被展开的。被认为创设了共谋共同正犯的概念并予以承认的判例是日本大审院明治 29 年（1896 年）的判决，对于恐吓罪（所谓的智能犯）的案件，作出了以下判示：“既然共谋举事，何人均该当局中，其行为无外乎为共谋者一体之行为也。”但是，关于盗窃罪（所谓的实力犯），日本判例并不承认共谋共同正犯的成立，即认为未亲自实施犯罪行为的人即使实施了共谋也不能成为正犯。即使进入现行刑法的时代，该种理解也未改变。由此看出，日本判例虽然承认共谋共同正犯，但一开始基

① ［日］大塚仁：《刑法概说（总论）》（第 3 版），冯军译，中国人民大学出版社 2003 年版，第 248 页。

② 参见［日］西田典之：《共犯理论的展开》，江溯、李世阳译，中国法制出版社 2017 年版，第 57～58 页。

本上是将共谋共同正犯限定于智能犯罪上，并不适用于实力犯。这主要是考虑到，关于所谓的智能犯罪的遂行，不仅身体性加功于作为其构成要件的行为是必要的，而且在绝大多数情形下都要求精神上的加功。后来，通过所谓的“大森银行团伙事件”①，日本在判例上确立了不问是智能犯，还是实力犯，对所有的犯罪均能肯定共谋共同正犯的立场，至此，共谋共同正犯的概念在判例上得以稳固确立。②

从判例中发展起来的共谋共同正犯概念，受到实行共同正犯主张者的激励批判。

批判意见主要集中于以下几点：第一，承认共谋共同正犯，超越了《日本刑法典》第60条“两人以上共同实行犯罪的”这一规定用词的文意，违反罪刑法定原则；第二，认定未实施实行行为者构成共同正犯，会淹没正犯与共犯之间的区别，最终走向统一的正犯概念，即对所有参与者按照同一参与类型予以处罚，其结果是，不仅会将相当于从犯者“升格”为共同正犯，甚至连不相当于从犯者也会作为共同正犯来处罚；第三，共谋共同正犯是让个人承担团体所实施的犯罪的罪责，违反作为责任主义之内容的个人责任；第四，共谋共同正犯这一概念，有可能将处于谋议现场者以及处于犯罪现场者“一网打尽”，因而存在将无关者卷入其中的危险。③

针对共谋共同正犯问题上学说与判例立场之间的严重对立，日本学界对此也进行了深入的反思。

一方面，日本著名刑法学者平野龙一教授指出，学说和判例之间存在巨大差别的，有共谋共同正犯。判例认为，即使共谋犯罪的人没有亲自实施，只要其他的人实行了，就是共同正犯；相反，学说认为只有实

---

① 本案的基本案情为：作为当时某党派地下组织的干部，为了资金调度而计划袭击银行，并指示其部下去实施，部下听从该指示袭击了银行。参见［日］高桥则夫：《刑法总论》，李世阳译，中国政法大学出版社2020年版，第401页。

② 参见［日］高桥则夫：《刑法总论》，李世阳译，中国政法大学出版社2020年版，第401页。

③ 参见［日］松原芳博：《刑法总论重要问题》，王昭武译，中国政法大学出版社2014年版，第296页。

施了实行行为的人才是共同正犯。多数说认为学说是“正确的”刑法解释，进而批判判例“将立法论和解释论混为一谈”。但是，认为法院数十年都不依法裁判的见解，过于主观。既然何谓“正确解释”不能绝对正确，则从现实角度来看，不能否定日本最高法院在认为正确的基础上所作出的判决就是“活法”的事实。因此，问题应当以“怎样做才能改变这一事实”的方式提起。①

基于平野龙一教授的上述问题意识，后来的学说纷纷朝着肯定共谋共同正犯的方向发展，特别是作为实行共同正犯的核心代表学者团藤重光教授也修正了自己的学说，他指出，当试图顺应社会现象的实态时，执着于共谋共同正犯的实务见解至少在一定限度上有其理由。与其说在一定限度内对《日本刑法典》第 60 条的解释，存在充分肯定共谋共同正犯的余地，毋宁说在正当的限度内承认共谋共同正犯的同时，引导其适用不至于走过头才是我们应该选择的道路。② 团藤重光教授学术观点的转变，被视为学说适应刑事司法实态过程的一个片段。与此同时，这也被作为一个象征性的案例，象征着“实行行为”——被称作形式的犯罪论的骨架——的形式性与统一性瓦解，向着实质的犯罪论转换。③这样一来，在当前日本学界，虽然反对的观点依然顽强地得以主张，但肯定共谋共同正犯的学说已经成为多数说或主流。④

另一方面，针对来自实行共同正犯论者提出的批判意见，共谋共同正犯的肯定论者也给出了有力的回应。

针对上述第一点批判意见，肯定论者对《日本刑法典》第 60 条给出了另有说服力的解释。例如，西原春夫教授指出，在解释《日本刑法

---

① 参见［日］平野龙一:《刑法的基础》，黎宏译，中国政法大学出版社 2016 年版，第 194～195 页。

② 参见［日］西田典之:《共犯理论的展开》，江溯、李世阳译，中国法制出版社 2017 年版，第 50 页。

③ 参见［日］前田雅英:《刑法总论讲义》（第 6 版），曾文科译，北京大学出版社 2017 年版，第 312 页。

④ 参见［日］山口厚:《刑法总论》（第 3 版），付立庆译，中国人民大学出版社 2018 年版，第 338 页；［日］西田典之:《日本刑法总论》（第 2 版），王昭武、刘明祥译，法律出版社 2013 年版，第 310 页。

典》第60条时，应当将其解释为具有如下旨趣：它并非要求每个人有实行行为的分担，而是要求从整体上考察二人以上的共同行为是否符合特定的犯罪实行。[①] 又如，前田雅英教授指出，《日本刑法典》第60条的“共同实行犯罪的”规定之中，也包含没有分担任何实行行为的人。所谓“共同实行”是指，实行行为能够评价为“共同的行为”，当然包括基于共同的意思而由某人来实施的情形。[②]

针对上述第二点批判意见，肯定论者一般会在明确共谋共同正犯的处罚依据的基础上，通过进一步划定具体认定的下位基准或类型化规则，来限定共谋共同正犯的成立范围，或具体划定其与教唆犯、帮助犯之间的界限。[③] 但从日本判例的现实状况来看，判例判处共同正犯的案件比例居于绝对的优势，这里面固然有司法实务上操作便利的考虑，但也不得不说，理论上限定共谋共同正犯范围的效果实际上并不理想，偏离了该概念提出的初衷。松原芳博教授指出，在数人参与的犯罪中，教唆犯、从犯的数量大约仅占判处有罪的总人数的0.2%、2%，并且，教唆犯多集中于藏匿犯人之罪、隐灭证据之罪，从犯多集中于开设赌场罪、伪造货币之罪。由此可见，司法实务中的实际情况是，绝大多数的参与者都是作为共谋共同正犯来处理，共谋共同正犯的适用对象已经远远超出当初提出该理论的目的，即应对那些被称为“幕后者”的核心人员。之所以如此广泛地适用共谋共同正犯，也可以说是因为与教唆犯、从犯相比，起诉状以及判决书的制作更简单，更容易举证。[④]

上述第三点批判意见，基本上是针对首先为共谋共同正犯的概念进行理论论证的“共同意思主体说”而提出的，基于当前日本学界都是

---

① 参见［日］西原春夫：《犯罪实行行为论》，戴波、江溯译，北京大学出版社2006年版，第269页。

② 参见［日］前田雅英：《刑法总论讲义》（第6版），曾文科译，北京大学出版社2017年版，第312页。

③ 参见［日］西田典之：《共犯理论的展开》，江溯、李世阳译，中国法制出版社2017年版，第66~70页；［日］西原春夫：《犯罪实行行为论》，戴波、江溯译，北京大学出版社2006年版，第291~292页。

④ 参见［日］松原芳博：《刑法总论重要问题》，王昭武译，中国政法大学出版社2014年版，第296页。

从个人责任的角度对共谋共同正犯概念的理论基础进行论证，基本上没有学者再主张该学说，第三点批判意见现已没有实际意义。

关于上述第四点批判意见，在肯定论者看来也不具有决定性意义，通过相应的措施也能够予以妥当的处理。如在肯定共谋共同正犯的基础上，既要在实体法上以个人的、客观的行为贡献作为共同正犯的成立要件，还要求在诉讼法上将这一点作为严格的证明对象。[①]

（2）理论依据

①共同意思主体说

该说为草野豹一郎教授所提倡，也是最早为共谋共同正犯提供理论根据的学说。该说的基本主张认为，如果两个以上异心别体的个人，在实施一定的犯罪这一共同目的之下，形成了同心一体的共同意思主体，那么，其构成成员的部分实行行为就被认为是作为共同意思主体的行为，作为其结果，分担了实行行为的共谋者的行为就直接成为没有分担实行行为的其他共谋者的行为。因此，这可以说是认为全体成员都成为共同正犯的见解。[②] 日本最高裁判所针对“大森银行团伙事件”的判决被认为反映了“共同意思主体说”。[③]

对于判例上发展起来的共谋共同正犯概念，最先从理论上对其提供根据的是共同意思主体说，尽管该学说后来遭受其他学说的激烈批判，但其存在的积极意义不容否认。而学界针对共同意思主体说的批判，主要集中于该学说采取的团体责任的立场及对共谋共同正犯的正犯性把握不够。如大塚仁教授指出：“这种见解（共同意思主体说——引者注）基本上与近代刑法学中的个人责任原理背道而驰，是团体责任主义的立

① 参见［日］松原芳博：《刑法总论重要问题》，王昭武译，中国政法大学出版社 2014 年版，第 298 页。

② 参见［日］西田典之：《共犯理论的展开》，江溯、李世阳译，中国法制出版社 2017 年版，第 60 页。

③ 日本最高裁判所的判示为：共同正犯的本质在于两个以上的人如一心同体而相依相援共同实施各自的犯意，并据此而实行特定的犯罪，让所有共同者对既成事实承担全部责任的理由就存在于此。参见［日］高桥则夫：《刑法总论》，李世阳译，中国政法大学出版社 2020 年版，第 401 页。

场，同时也没有积极地论证团体责任；相反，是把民法的组合理论推及刑法解释之上，想承认其团体构成人员的个人责任，这在逻辑上包含着矛盾，同时，其对把单纯共谋者视为共同实行者的说明也不能说是充分的。所以，对共谋共同正犯的观念和共同意思主体说，学界予以了严厉的批判。”①

针对学界的学术批判，共同意思主体说的首倡者草野豹一郎教授对该学说做了极大修正。他指出，二人以上者在其主观方面只要对犯罪事实有共同认识即可成立共犯，并主张在共犯中起重要作用的为共同正犯。但是，他对重要作用的标准并未予以回答。② 共同意思主体说的有力支持者西原春夫教授则从以下四个方面对重要作用的判断进行了详细的论证，即实现了实行行为的全部或部分行为的情形、望风的情形、在相互的意思联络的基础上出现在现场但并未直接实施实行行为的情形、单纯参加谋议者的情形。③ 然而，经过理论修正之后，共同意思主体这一概念，不过是具有划定广义的共犯的外围边界的机能，并不能为肯定共谋共同正犯的正犯性提供依据与标准。如果这种界定广义的共犯之外延的共同意思主体说，显示的是心理因果性的所及范围，那么这种意义的共同意思主体，就与日本的通说“重要作用说”实质上是重合的。④

②间接正犯类似说

该说的代表性学者是日本英年早逝的藤木英雄教授，其基本主张为，在各人基于意思联络，相互利用、补充他人的行为，以实现共同的犯罪意思的场合，一方面，直接实行犯罪的人就是作为全体共谋者的手足而实行犯罪；没有分担实行行为的人，实际上是将他人作为犯罪的工

---

① ［日］大塚仁：《刑法概说（总论）》（第3版），冯军译，中国人民大学出版社2003年版，第259页。

② 参见李海东主编：《日本刑事法学者》（上），中国·法律出版社、日本国·成文堂1995年版，第125页。

③ 参见［日］西原春夫：《犯罪实行行为论》，戴波、江溯译，北京大学出版社2006年版，第291～292页。

④ 参见［日］松原芳博：《刑法总论重要问题》，王昭武译，中国政法大学出版社2014年版，第299页。

具进行利用。另一方面，直接实行犯罪的人，由于认识到自己背后有共谋者存在，就得到了精神上的支援，因此，共谋者之间由于存在相互利用、相互补充的关系，应视为有共同实行的事实。根据间接正犯类似说，担当实行行为的人，既是正犯，也是所有共谋者的工具。这一观点将共谋共同正犯的成立范围限定在必须存在支配与被支配关系的场合，目的在于防止扩大处罚范围；而且这一学说立足于个人责任的原理，符合现代刑法责任主义的要求。① 日本最高裁判所针对“练马事件”的判决②被认为采取了间接正犯类似说。

间接正犯类似说也受到学者的批判，批判的焦点主要在于以下几点：第一，具有故意的实行者属于规范的障碍，难言共谋者支配着该行为人。③ 第二，如果共谋者真正支配着实行者的话，实行者就成为工具而不是正犯，甚至应该说共谋者是单独正犯（间接正犯——引者注）而不是共同正犯。第三，即使可以肯定支配型的共谋共同正犯，也难以为参与者在对等的立场参与犯罪的实现、分担各自角色的分担型共谋共同正犯提供基础。④

---

① 参见张明楷编著：《外国刑法纲要》（第 2 版），清华大学出版社 2007 年版，第 319 页。

② 练马事件的基本案情为：在练马区所在的某造纸公司发生劳动争议之际，被告人 X 以及 Y 分别在第一组合和第二组合，并反目对立，X 在第一组合的成员之间，利用对第二组合的委员长 A 以及在处理纷争之际练马警察署巡查人 B 日益高涨的反感情绪，对 A 施加了暴行，压制了第二组合的行动。与此同时，作为权力斗争的一环，计划对 B 也施加暴行，X 与 Y 谋划并决定将具体实行的指导以及联络任务交给 Y。基于 Y 的联络与指导，被告人 Z 等数名人员赶赴现场，将 B 诱骗到马路上，用铁棍及木棒对 B 的后头部一阵乱打，不久 B 即因脑挫伤死于现场。对于该案件，日本最高裁判所作出了以下判示：“要成立共谋共同正犯，两个以上的人必须为了实行特定的犯罪之下成为一个整体，从而相互利用他人的行为，形成以将各自的意思付诸实行行为内容的谋议，并存在据此而实行犯罪的事实。因此，既然在如上的关系中可以认定参加共谋的事实，即使没有直接参与实行行为者，在将他人的行为作为所谓的自己的手段从而实施犯罪这一意义上，并不具有应当认为其间产生刑责成立之差异的理由。这样的话，在该关系中，是否直接参与了实行行为，其分担或作用如何并不左右以上共犯之刑责本身的成立，这样的理解是妥当的。”参见［日］高桥则夫：《刑法总论》，李世阳译，中国政法大学出版社 2020 年版，第 402 页。

③ 参见［日］松原芳博：《刑法总论重要问题》，王昭武译，中国政法大学出版社 2014 年版，第 299 页。

④ 参见［日］西田典之：《共犯理论的展开》，江溯、李世阳译，中国法制出版社 2017 年版，第 64 ~65 页。

③行为支配说

在日本，行为支配说的主张者基于各自不同的立场，又有不同的理论表现，归纳起来，主要由目的的行为支配说、优越支配的共同正犯说与功能的行为支配说三种代表性观点。

第一，目的的行为支配说。该说的代表学者是平场安治教授。该学说认为，要成立正犯，只要对构成要件的行为具有目的的支配就足够，没有必要亲自实施实行行为。因此，在共同正犯的场合，只要对全体构成要件的实行行为有共同的行为支配，就可以肯定具备了共同实行的要件。所以，共谋共同正犯即使自己不亲自实施，也能通过支配他人的行为而完成犯罪。该学说虽然为共谋共同正犯提供了理论上的依据，但也遭到学界的激烈批判，批判的焦点主要在于，行为支配的概念不明确，是一个开放性的概念，具有非常多的含义；在参与者关系对等的场合，判断谋议者及望风行为的行为支配极其困难等。[①]

第二，优越支配的共同正犯说。该学说的提倡者是大塚仁教授。大塚仁教授基于其形式的实行共同正犯论立场，一方面否定共谋共同正犯的观念，另一方面却不否认其旨趣，进而主张优越支配的共同正犯观念。他指出："承认共谋共同正犯的立场，本来所企图的是，在所谓共谋者中，可能存在着与实际上担当了实行行为的人相比却潜在于其背后的更大人物，要对其赋予作为正犯者的可罚性。其旨趣是适当的，但是，只要这种人物也仅仅停留于单纯的共谋者，就不能认为是'共同实行了犯罪'的人。否则，就明显违反了刑法第60条的文理。……这样，我不能赞成承认共谋共同正犯这种观念的立场。""相反，没有担当实行的共谋者，当其在社会观念上对实行担当者而言处于压倒性的优越地位，对实行担当者给予了强烈的心理约束，使其实行时，从规范的观点就可以说存在共同实行，可以肯定为共同正犯。但是，这不是'共谋'

① 参见陈家林：《外国刑法通论》，中国人民公安大学出版社2009年版，第547～548页。

共同正犯，毋宁说是应该称为优越支配共同正犯的另一观念。”①

从大塚仁教授的论述来看，虽然其认为优越支配共同正犯观念是有别于共谋共同正犯观念的另一观念，但所谓的优越支配共同正犯与支配型的共谋共同正犯之间，看不出有任何差别。另外，优越支配共同正犯观念本身，意味着否定了对等型共谋共同正犯存在的可能性，根据当前学界普遍认可的共谋共同正犯的类型，即支配型的共谋共同正犯与对等型的共谋共同正犯来看，也明显不当。

第三，功能的行为支配说。功能的行为支配说是德国的通说或主流学说，在日本，虽然也有部分学者基于对德国学界的主流学说，即犯罪事实支配理论的肯定，主张根据功能的行为支配说来说明共谋共同正犯的理论依据，但该学说并非日本学界的通说。赞同功能的行为支配说的井田良教授指出：“在德国的学说中，各行为者通过作业分担，关注为实现犯罪起本质性机能效果的机能性行为支配说更为有利。共同者通过各自的参与行为企图实现整体犯罪，或者在通过停止参与行为得以受挫的意义上，因为亲手掌握了犯罪的整体而获得‘支配’，得以各个不同的共同者为中心存在进行评价。如此，以对犯罪实现的本质机能（或者重要的期望）为理由肯定共同正犯者的各个人的正犯性见解，基本上可以认为是妥当的。”另外，关于机能性行为支配的判断，应该通过事前判断来决定，并且也不限于实行阶段的行为贡献，预备阶段的行为贡献也能对共同正犯的成立具有机能性行为支配。②

针对功能的行为支配说，日本学界有学者提出质疑。针对功能的行为支配说的代表性学者罗克辛教授举例论证，在甲持枪威胁、乙夺取现金这一形态的抢劫银行的场合下，缺少甲、乙任何一人的作用，犯罪的实现都是不可能的，在此意义上，甲、乙的部分行为就同时功能性地支配了整体的事态，因此，应当承认全部的责任。西田典之教授指出，以

---

① ［日］大塚仁：《刑法概说（总论）》（第3版），冯军译，中国人民大学出版社2003年版，第261～262页。

② 参见［日］井田良：《刑法总论的理论构造》，秦一禾译，中国政法大学出版社2021年版，第291～292页。

上说明确实可以说具有相当的说服力。但是，首先，真的可以说甲、乙各自都支配着整体的事态吗？即使能够承认在甲、乙撤销各自作用的情况下就可挫败整体的计划，但这一点不正好反过来，仅意味着只有甲依存于乙的作用、乙依存于甲的作用才能实现犯罪吗？如果是这样的话，就应该说甲、乙只是部分地支配犯罪的实现。其次，根据这个见解，在甲、乙共谋杀人而同时向丙开枪，但只有甲的子弹命中而导致丙死亡这一典型的共同正犯的事例上，就应该否定乙的共同正犯性。这是因为，即使乙撤销其作用，甲杀害丙这一事实依然能够存在。[①]

在笔者看来，西田典之教授针对功能的行为支配说提出的质疑未必符合该学说的旨趣，相关质疑也不具有说服力。具体来说，西田典之教授针对上述抢劫银行事例提出的第一点质疑，表明他关于功能的行为支配的理解，实际上是从抢劫事例中甲、乙双方之间的关系的角度来把握甲、乙各自的作用，所以看到的只是甲依存于乙的作用、乙依存于甲的作用的所谓部分地支配犯罪实现的图景，而功能的行为支配说，则是从抢劫事例中甲、乙双方之间的关系的角度来把握甲、乙各自的作用对整体犯罪事态的意义，所以自然得出的是甲、乙各自的作用都对整体犯罪事态具有支配的结论。如此说来，西田典之教授关于功能的行为支配说的理解视角并不符合该学说的旨趣。西田典之教授关于功能的行为支配说提出的第二点质疑，表明其关于功能的行为支配的理解实际上是从事后的角度进行判断，这也明显不符合功能的行为支配说事前判断的立场，相关的质疑因而也缺乏说服力。

④重要作用说

重要作用说，即根据共谋者是否在犯罪过程中发挥重要作用来判断是否成立共同正犯的学说，与实质的正犯论、准实行共同正犯论本质上都属于同一立场，日本著名刑法学者山口厚教授、前田雅英教授、西田典之教授是该学说的代表性学者。

---

① 参见［日］西田典之：《共犯理论的展开》，江溯、李世阳译，中国法制出版社 2017 年版，第 52～53 页。

山口厚教授指出："共同正犯的范围，换言之，共同正犯与教唆犯、帮助犯的区别，应该从共同正犯是共同惹起了构成要件该当事实这一理解出发加以划定。'形式的正犯概念'试图仅在实行行为（构成要件行为）的分担这一形式框架的范围内才肯定这一共同惹起。但是，即使是在这样的理解之下，自己分担实行实现的事实之外的构成要件该当事实，只不过是通过其他共同者的行为来实现的。……虽未伴有实行行为（构成要件行为）的分担，但在其他共同参与者的意思联络之下，对于惹起构成要件该当事实发挥了重要的事实的作用，能够看作是实质上共同惹起构成要件该当事实。可认为将这样的场合也纳入共同正犯的范围之内是妥当的。在这一意义上，可以认为，通过着眼于实质的共同惹起的'实质的正犯概念'而划定共同正犯与教唆犯、帮助犯的界限是妥当的。……学说上为了将共谋共同正犯予以正当化而主张的见解中……基于与其他的共同者共同的意思，通过对构成要件该当事实引起的重要事实的实现，可认为以构成要件该当事实全体的共同惹起为基准是妥当的。为了严谨起见可以说，最终的基准是'共同惹起说'，也就是是否属于共同引起了构成要件结果的共同者中一员。'重要的作用'不过是判断共同惹起的重要的判断基准而已。"①

前田雅英教授指出："为了认定共谋共同正犯，必须以客观上参加共谋的某人着手实行了犯罪为前提，认定存在谋议与在共谋者内的地位达到了能够评价为分担了实行行为的程度。是否起到了重要的作用以达到能够认定'共同实行性'的程度，需考虑谋议的内容、参与人之间实力对比、其后的行为等来客观地进行判断。"②

西田典之教授指出："在共谋者通过对实行者施加强烈的心理支配力，发挥了相当于实行行为的重要作用之时，即肯定共谋者具有共同正犯性。……在分担型共谋共同正犯的场合，虽然没有分担实行行为，但

① ［日］山口厚：《刑法总论》（第3版），付立庆译，中国人民大学出版社2018年版，第338～339页。

② ［日］前田雅英：《刑法总论讲义》（第6版），曾文科译，北京大学出版社2017年版，第313页。

共谋者对于犯罪的实现实际发挥了相当于实行行为的重要作用这一点，仍可为其共同正犯性奠定理论基础。如此看来，分担实行行为这一标准并不合适。倒不如说，虽然没有分担实行行为，但如果能够认定，在犯罪的共谋、准备或实行阶段，共谋者的行为对于犯罪的实现发挥了可与实行行为的分担相匹敌，或者相当于此的作用，就应当肯定其具有共同正犯性。本书称之为‘准实行共同正犯论’。”“这一问题（批判重要作用说不能明确地区别共同正犯与教唆犯、帮助犯——引者注）可以通过共谋者与实行者之间的主从关系、共谋者在谋议中实际发挥的作用、共谋者在犯罪的准备或实行等阶段所发挥的作用的重要程度等下位概念来解决。”①

通过重要作用说的代表性学者所持的观点可以看出，该学说坚持从实质的规范的角度来把握实行行为或共同实行的含义，对共同正犯的成立或范围的把握，并不拘泥于实行行为的形式的明确性，而十分注重共犯处罚的具体妥当性。而且，该说的主张者意识到对重要作用的判断缺乏明确性的问题，对此，一般会在坚持重要作用的标准基础上，通过进一步确立更为详细具体的下位判断规则来解决以上问题。基于重要作用说的合理性和妥当性，该学说被多数学者接受，并成为日本学界当前的通说。

（3）判例立场

共谋共同正犯的概念是经过判例逐渐发展而来的，关于判例对共谋共同正犯概念所持的立场，如前所述，日本最高裁判所针对“大森银行团伙事件”的判决被认为反映了“共同意思主体说”，日本最高裁判所针对“练马事件”的判决则被认为采取了间接正犯类似说。除此之外，关于是否成立共谋共同正犯，判例还常常要求共谋者具有自己的犯罪实现意思、共同实行的意思或者正犯意思这些主观性要素。换言之，司法实务中，自己的犯罪实现意思、共同实行的意思或者正犯意思这种主观

---

① ［日］西田典之：《日本刑法总论》（第2版），王昭武、刘明祥译，法律出版社2013年版，第313～314页。

要素，被认为是区分共犯形式的本质性要素。而判例的此种立场又该如何理解，学者之间存在不同的观点。

有学者认为，判例是根据实施自己的犯罪的意思还是加功于他人犯罪的意思来区分是否成立共谋共同正犯，据此认为判例采取的是一种主观的正犯论。作为主观的正犯论的自然归结，判例不仅肯定未分担实行行为者成立共谋共同正犯，也试图承认"实施实行行为的从犯"。[①]

另有学者认为，判例虽然经常以"实施自己的犯罪的意思"作为共谋共同正犯的正犯性指标，但并非意味着判例采取了主观说。对于判例所谓的"自己的犯罪"，应该理解为，是在力求与《日本刑法典》第60条的用词保持协调，也属于用于推测是否存在行为支配性的事实情况。在共谋者意识到犯罪行为是"自己的犯罪"的场合，通常情况下，实行者也会意识到犯罪行为（也）是"共谋者的犯罪"，进而由此受到心理上的约束，不可以完全按照己意放弃犯意。这样一来，共谋者的"自己的犯罪"这种意识，就属于表征针对实行者的（缓和的）意识支配，以及作为故意内容的、对意识支配之认识的间接事实。并且，在同对于犯罪之实现的贡献的关系上，"自己的犯罪"也发挥着这样的作用：对于将数个行为贡献结为一体这一点，口号式地予以体现。"实施自己的犯罪的意思"不过是"表面的待举证事实（要证事实）"，作为间接事实的"对于犯罪之实现的种种贡献"才是"真正的待举证事实"。之所以出现这种待举证事实与间接事实之间的逆转，主要是因为以下几个方面：犯罪之实现的"重要的贡献"，是带有程度之分的概念，缺少作为法律要件的"张弛"；"重要的贡献"具有多样性，难以通过客观事实的形式予以要件化；要将行为人的数个贡献结合为一个，关注其主观方面更为清楚易懂；将"自己的犯罪"这种表述诉诸感觉，能给判决增加说服力；等等。总之，对于"自己的犯罪"或者"正犯意思"，应该作为上述功能性概念来理解，而不应该完全按照字面含义，

---

① 参见［日］西田典之：《共犯理论的展开》，江溯、李世阳译，中国法制出版社2017年版，第70页以下。

将其作为以行为人的心理状态为内容的实体概念来理解。①

（二）德国的学说及判例状况

在数人共同实施犯罪的场合，为了解决未分担构成要件但又有必要按照共同正犯处罚的实行行为的问题，德国刑法并未像日本刑法那样发展出共谋共同正犯的概念。换言之，德国刑法中仍坚持单一的共同正犯概念。与此相适应，对于共谋共同正犯概念据以解决的问题，德国刑法则是根据功能的行为支配说，通过实质的正犯概念以及扩张共同正犯的范围加以解决。

传统上，关于正犯与共犯的区分，立基于限制的正犯概念，形式的客观说曾经是德国刑法理论上的通说，根据该学说，只有亲自实施构成要件部分或全部行为的人才是正犯，其他的参与者都是共犯。尽管形式的客观说因其具有显著的明确性仍然被坚持，但现如今，囿于该学说存在的不足，已经没有学者再完全主张该学说。

耶赛克教授指出："限制的正犯概念被作为出发点而得到承认，因为它是以法定构成要件对行为的描述为依据的，且符合立法者的愿望，立法者就是想通过具体的犯罪类型让人们懂得正犯的含义。形式—客观理论在第25条第1款在一定程度上有一定的反映，因为不管怎么说，自己实施犯罪之人是正犯。除此之外，该理论是站不住脚的。它虽然有其无可争辩的明确性之优点，但这一优点因与法条的僵硬的联系的形式主义而付出太高的代价。对该理论的一个有影响的异议主要在于这样的事实：它完全不想将间接正犯包括在内，对于共同正犯，也只是将那些至少实现一部分构成要件的共犯包括在内。"②

当前，德国刑法理论普遍认为，为共同正犯奠定理论基础的，是功能的行为支配说，但关于功能的行为支配说的理解，则存在不同观点。一种观点认为，根据功能的行为支配说，在数人共同实施犯罪的场合，

---

① 参见［日］松原芳博：《刑法总论重要问题》，王昭武译，中国政法大学出版社2014年版，第301～302页。

② ［德］汉斯·海因里希·耶赛克、托马斯·魏根特：《德国刑法教科书（总论）》，徐久生译，中国法制出版社2001年版，第783页。

没有分担构成要件行为的行为人，即使仅仅是参与预备阶段，也可能对整体犯罪的实现形成功能的行为支配，进而成立共同正犯。另一种观点认为，在数人共同实施犯罪的场合，没有分担构成要件行为的行为人，只有参与犯罪实行阶段，才能对整体犯罪的实现形成功能的行为支配，进而成立共同正犯。预备阶段参与的行为人，如果具有组织支配，则可以根据间接正犯进行处罚。为了区分以上两种观点的基本立场，笔者将前一种观点中主张的功能的行为支配说概括为“广义的功能的行为支配说”，将后一种观点中主张的功能的行为支配说概括为“狭义的功能的行为支配说”。与此相对，德国判例的立场，则是按照主观说，即是否具有正犯意思，来认定是否成立共同正犯。以下对此详细展开讨论。

1. 立基于广义的功能的行为支配说的共同正犯论

立基于广义的功能的行为支配说来理解共同正犯概念的代表性学者，是德国著名刑法学者耶赛克教授。

关于广义的功能的行为支配说，耶赛克教授指出，在共同正犯的场合，由于行为是由数人共同实施的，行为必须有共同的行为支配。每一个共同正犯均与一个或数个其他共同正犯一起，共同控制着整个事件。因此，共同正犯有其分工，这种分工要么使得行为最终成为可能，要么使得行为变得容易，要么明显地降低行为风险。在主观方面，共同正犯要求共同参与人通过一个共同的行为决意彼此联系在一起，每一个参与人必须在整个犯罪范围内承担一份重要任务，这一任务使其作为共同正犯对实施整个犯罪的行为负责。共同的犯罪决意是将单个的行为组合成完整的行为的基础。在客观方面，每个共同正犯的行为必须具有一定程度的功能上的意义，因此，每个人的行为构成了实现整个计划的重要的一部分。共同正犯的归责，贯彻的不是从属性归责的原则，而是在共同犯罪决意范围内实施的所有犯罪行为直接的彼此归责原则。①

关于未分担构成要件行为，甚至预备阶段参与的行为人是否成立共

---

① 参见［德］汉斯·海因里希·耶赛克、托马斯·魏根特：《德国刑法教科书（总论）》，徐久生译，中国法制出版社 2001 年版，第 815～817 页。

同正犯，耶赛克教授旗帜鲜明地给予肯定。针对共同正犯的客观方面“共同的行为实施”要件，耶赛克教授指出，根据《德国刑法典》第25条第2款的规定，共同正犯要求数人共同实施犯罪行为。因此，每个应视为共同正犯的参与人均必须实施了一个客观的共同犯罪行为。根据行为支配理论，所有共同正犯均必须参与行为支配的实施。只有当每一个参与人依据共同的犯罪决意，以亲自实施和负完全责任的方式实现构成要件要素时，这一先决条件才会实现。不要求每一个参与人实现所有的构成要件要素，因为基于共同犯罪决意和在共同的犯罪决意范围内，他人的共同犯罪行为，被视为每个参与人自己的行为。在多行为犯的情况下，对认定共同正犯而言，实施一部分行为即足矣。行为支配不局限于亲自实施构成要件该当行为的情形。因为整体计划的实施使角色分工成为必要或者符合目的，此等角色分工还给具体的参与人分配法定构成要件以外的行为，使得行为的实施依赖于以这种方式确定的合作。但至少要求有一个对犯罪行为有促进作用的行为。并不一定要求犯罪人出现在犯罪现场。根据共同的行为决意进行行为支配的人，是共同正犯。①

就学界存在争议的共同正犯的行为至少具有何等的重要性才能认定为共同正犯的问题，耶赛克教授认为，作为行为支配的先决条件，要求对整个犯罪行为起到促进作用。单纯的典型的支持行为，如运送武器或盗窃工具，还不足以认定是共同正犯行为，因为这种支持行为并不能确定是否和如何实施行为，甚至还不能构成犯罪预备时的共同参与行为。参与人通过发展行为计划和组织行为的过程，即使是在本来的犯罪行为的前沿阵地积极参与的，也可能产生行为支配。因此，共同正犯不能仅局限于犯罪行为的未遂或既遂阶段。②

另外，针对罗克辛教授所提倡的根据组织支配的原理，将发布犯罪指令的命令者不认定为共同正犯，而认定为间接正犯（正犯后正犯）

---

① 参见［德］汉斯·海因里希·耶赛克、托马斯·魏根特：《德国刑法教科书（总论）》，徐久生译，中国法制出版社2001年版，第824～825页。

② 参见［德］汉斯·海因里希·耶赛克、托马斯·魏根特：《德国刑法教科书（总论）》，徐久生译，中国法制出版社2001年版，第825～826页。

的观点，耶赛克教授则表示拒绝，其拒绝的理由在于，间接正犯的法律角色并不是无限制地被适用的。在被作为犯罪工具的行为人本身是完全负责任的正犯的情况下，间接正犯的可能性消失，因为刑法认为，直接行为之人在此等情况下应当作为正犯对行为承担后果，因此，他不可能成为他人手中的“犯罪工具”；对其他共同参与人而言，只可能成立共同正犯、教唆犯或帮助犯。①

根据以上所征引的耶赛克教授关于共同正犯的理解，可以看出，其虽不像日本刑法那样在实行共同正犯概念之外另外发展出共谋共同正犯的概念，但通过对立基于广义的功能的行为支配说的共同正犯实质的解释，也能够轻松地处理共谋共同正犯概念所试图解决的问题，即在数人共同实施犯罪的场合，对于未分担构成要件行为，甚至只参与预备阶段的行为人，如果对整体犯罪的实现具有功能的行为支配，也完全能够按照共同正犯来处罚。

2. 立基于狭义的功能的行为支配说的共同正犯论

罗克辛教授是德国犯罪事实支配理论的集大成者，根据其主张的犯罪事实支配理论，共同正犯是基于功能的行为支配所形成的与直接正犯、间接正犯相并列的正犯类型之一。

罗克辛教授指出，共同正犯在结构上就与直接正犯（行为支配）和间接正犯（意志支配）有着根本区别：共同正犯是通过分工实施来实现构成要件的。共同正犯的行为支配产生于其在实施中的功能；其接受了一项对实现这个行为计划非常重要的任务，并且通过其所实施的构成行为部分而使其对整个事件的支配成为可能。从这个结构中，产生了共同正犯的三个核心条件：一是必须存在一个共同的行为计划；二是必须确认一个共同的实施行为，或一种在实施阶段的共同作用；三是在实施阶段必须作出实质性贡献。②

① 参见［德］汉斯·海因里希·耶赛克、托马斯·魏根特：《德国刑法教科书（总论）》，徐久生译，中国法制出版社 2001 年版，第 802、811 页。

② 参见［德］克劳斯·罗克辛：《德国刑法学总论》（第 2 卷），王世洲等译，法律出版社 2013 年版，第 59 页。

从罗克辛教授关于共同正犯的核心条件的界定中可以看出，其关于功能的行为支配说显然是在狭义上进行理解的，突出表现为，共同正犯的成立，要求共同的实施行为必须限定在实施（实行）阶段，这与上述耶赛克教授所主张的功能的行为支配说明显不同。当然，根据罗克辛教授的观点，虽然要求共同的实施行为必须限定在实施阶段，但并不意味着行为人必须出现在犯罪现场。

罗克辛教授指出，作为成立共同正犯的前提，在实施阶段分工共同作用的必要性，来自功能的行为支配的基本原理。如果一个人既没有处身其中也不符合间接正犯的要求，就不能支配构成要件的实现。只有在实施过程中发挥共同塑造作用的人，才能共同支配构成要件的实现。如果一个人在预备阶段提供了一种很重要的行为贡献之后，但把实施交由其他人去做，那么他在构成行为实现之前就已经对这个构成行为放手了，并且，由此放弃了——除间接正犯的案件之外——对构成行为的支配。在实施阶段，一种重要作用的条件并不意味着各个共同正犯者必须同时提供共同发挥作用的贡献。更准确地说，实施阶段从未遂开始到构成行为结束，在这个时间范围之内，各个共同实行人的实施行为完全能够前后衔接。对于共同正犯来说，并不要求出现在造成结果的现场。例如一个人，在远方的位置上，通过无线电与“在现场”起作用的共同正犯作出的贡献相互配合，或者，在实施过程中通过电话给予指示，那么他本身也是共同正犯。一个人在实施过程中完全不再对事件发挥作用的，其有可能是间接正犯，但绝不可能是共同正犯。①

关于共同正犯的第三个核心条件，即在实施阶段的行为贡献的重大性，罗克辛教授并未要求共同正犯必须分担构成要件的实行行为，换言之，在实施阶段，即使分担构成要件的实行行为之外的其他行为，也能构成共同正犯。另外，关于在实施阶段的行为贡献重大性的判断，应坚持事前判断的立场。

---

① 参见［德］克劳斯·罗克辛：《德国刑法学总论》（第2卷），王世洲等译，法律出版社2013年版，第62~63页。

罗克辛教授指出，在实施阶段对构成行为的贡献若要作为一个共同正犯的基础时，就必须是重大的。这也是功能性行为支配的共同正犯的结构：只有一个人在实施中发挥了一种能够决定这个计划成功的功能，他才对这个事件具有共同支配。一种重大的、导致共同正犯的共同作用，由此首先存在于在与犯罪有重要关系的实施行动被分配给了多个人时。如一个人抓住被害人，另一人实施强奸行为或取走财物。但是，在不符合构成要件的实施行为也对构成要件的满足具有重要作用时，这种实施行为也能是共同正犯的基础。如抓住被害人使另一人能够不受阻碍地打其耳光的人，是身体伤害的共同正犯；通过站岗而确保入户盗窃安全的人，是盗窃的共同正犯。重要的是，对构成行为贡献的重大性必须在事前而不是事后加以判断。也就是说，一种重要的作用应在事前就已经发挥，只要其贡献是关键性的，即使在后来表现出此种共同作用并不具有必要性。在一次盗窃中，甲带着拳击手乙，以便在被物主发现时保护自己，然而，甲并没有被发现，乙实际上仅仅提供了从属性的帮助，尽管如此，乙仍是共同正犯；对于这个计划及其实施经过而言，乙所占据的位置是重要的。①

罗克辛教授将共同正犯的成立限定在实施阶段，因此该种理论构成具有一个显著的优势，即最大限度地满足了共同正犯认定上的明确性，符合法治国家的内在要求。但是，这样一来，对于居于犯罪幕后组织操纵犯罪实施，但并未在犯罪实施阶段参与共同实施的行为人，自然就无法根据共同正犯对其进行处罚；对于这样的犯罪人，如果不以正犯论处，显然也不符合区分制共犯体系中，将正犯视为犯罪的核心人物的立法宗旨，这不可避免地会造成处罚的缺陷。对此，罗克辛教授则根据组织支配的原理，通过诉诸间接正犯的概念，对该问题加以解决。

所谓“组织支配”，即幕后者（具有“命令指挥权限者”）借其组织之权力结构，下令执行某项“犯罪行为”，执行者在非受强制与不发

① 参见［德］克劳斯·罗克辛：《德国刑法学总论》（第2卷），王世洲等译，法律出版社2013年版，第66页。

生错误情况下，完成其组织成员之工作任务。此等团体组织结构，虽各有不同，但在下令者与执行者互不认识，且执行成员可随时对换交替的情况下，下令者可借其组织之支配力成为所谓的“正犯后正犯”，亦即论以“间接正犯”。①

经由组织支配的原理和间接正犯的理论构成，罗克辛教授巧妙地化解了因将共同正犯的成立限定在实行阶段而引发的处罚缺陷。综合罗克辛教授关于共同正犯与间接正犯的理论构成，未分担构成要件行为的行为人，如果属于犯罪事实的核心人物，不管是按照共同正犯还是间接正犯进行处罚，终究都是以正犯论处。如此说来，关于正犯的处罚范围，罗克辛教授的主张与单一的共同正犯概念之间，实际上并不存在多大的差别。尽管如此，罗克辛教授基于组织支配的原理建构的间接正犯概念，还是受到了激烈的批判，对此，罗克辛教授也给予了有力的回应。

针对组织支配的第一条质疑理由，即通过组织支配对行为人发布犯罪指令的幕后人对行为人的控制未必一定会比教唆行为人去实施犯罪的教唆者更有把握。罗克辛教授回应指出，通过组织支配对行为人控制的幕后人比教唆者更有把握一事已经通过历史事实得到了证明，幕后人控制也显示，那些从一开始就拒绝执行幕后人命令的人们，在任何情况下都能被愿意执行命令的人替代，而这在单纯的教唆犯中正好是不可能的。②

针对组织支配的第二条质疑理由，即在通过更换直接行为人来保证命令的执行时，被更换的直接执行人所实施的行为构成与幕后人最初命令实施的构成要件，不再是同一个构成要件。罗克辛教授对此回应指出，对幕后人而言，不管其使用的构成行为中介人的数量有多少，也不管其最终完成这个构成行为借助的是哪个工具，杀死被害人就仅仅是这

① 参见黄常仁：《间接正犯与正犯后正犯》，台北，汉兴书局有限公司1988年版，第118～119页。

② 参见［德］克劳斯·罗克辛：《德国刑法学总论》（第2卷），王世洲等译，法律出版社2013年版，第40页。

个杀人的唯一构成行为。[1]

针对组织支配的第三条质疑理由，即在使用不可替换的即无法代替的，对一个犯罪计划的成功至关重要的专家时，组织支配就不起作用了。罗克辛教授对此回应指出，组织支配不是为了这类单独的现象安排的，而是为了这种构成行为，它可以在重复类似的情况中出现。这种法律角色，因而只是在通常情况下，才排除共同正犯与教唆犯的可能性，而不是在每一个案件中都排除这种可能性。[2]

罗克辛教授关于共同正犯与基于组织支配的间接正犯的观点在德国学界得到了广泛的支持，但我们也应看到，支持者的观点与罗克辛教授的观点在具体问题的理解上也呈现出一定的差异。

例如，关于共同正犯的成立，与罗克辛教授一样，施特拉腾韦特教授也主张，行为人的参与，根据整个犯罪计划，“在实行阶段对于实现所追求的结果而言是必要前提”，即非常重要，“整个行为与它一块儿成功或者失败”（功能性的犯罪支配），才是如此。他指出，当讨论某一参与行为对“实行阶段”是否重要的问题时，不允许以参与时间为标准，而只应考虑，参与者通过哪种方式，在实施犯罪中继续发挥了作用。在计划和组织多人实施犯罪的过程中，如果组织者在行为实施阶段还有通信联系，肯定构成共同正犯；但若只是运送工具、武器，或者有指示犯罪的机会，并不意味着其对是否以及如何实施犯罪作出了临时决定，因而是纯粹的帮助犯。如果在行为实行阶段提供了帮助（如在为逃跑而备用的汽车里等候、望风等），需要根据具体情况判断这些帮助是否必要。比如，抢劫银行时，只有帮助实行人迅速逃离才能成立共同正犯，但若是夜间入室盗窃的情形，则并非如此（不成立共同正犯——引者注）；如果提供的是精神上的帮助，那么不可能有不同的处理，在教唆或者帮助的情况下，如果妻子的男朋友唆使她杀害其丈夫或者增强了

---

① 参见［德］克劳斯·罗克辛：《德国刑法学总论》（第2卷），王世洲等译，法律出版社2013年版，第40页。

② 参见［德］克劳斯·罗克辛：《德国刑法学总论》（第2卷），王世洲等译，法律出版社2013年版，第41页。

她的这种信念，正如两人都知道的那样，只因为而且正是因为男友与她团结一致，妻子才会这样做，即使她可能单独实施了行为，其男友也成立共同正犯。①

从以上施特拉腾韦特教授关于某一参与行为对“实行阶段”是否重要的分析来看，他并未像罗克辛教授那样，要求行为人的参与行为必须限定在实行阶段。

又如，对于基于组织支配的间接正犯，施特拉腾韦特教授则给予肯定。他指出，如果犯罪由国家机关所组织实施，这时，不用考虑前列者也应作为正犯承担责任，幕后之人肯定构成间接正犯。这就是凭借组织操控而成立的间接正犯。在这种组织操控中，“办公桌后的行为人”虽然没有亲自参与犯罪，但作为事件的真正主人，他利用组织结构，通过任意一个可替换的“工具”将其命令付诸实践。②

再如，韦塞尔斯教授对罗克辛教授提出的基于组织支配的间接正犯概念予以肯定。他指出，如果直接行为者自己就是对该犯罪完全负责的故意正犯人，那么幕后人通常不构成间接正犯，只有对于严格受到限制的情况，比如对国家权力的滥用，或者是在类似于黑社会组织结构的框架中，才有例外。在这种情况中，决定性是命令发布人作为幕后人利用他们的“组织支配”，可以把整个事件无条件地推向他们所希望的方向。③

但关于共同正犯的成立，韦塞尔斯并不赞同罗克辛提出的“每个共同行为人要在行为实行阶段里发生了对于行为结果重要的共同作用”的观点。他指出，这个观点没有说服力，因为进行策划和组织的团伙头目，是在本质性地共同安排行为过程，以至行为结果在任何情况下都由他的目标明确操纵和共同意志造就。组织者让第三者干的，对他而言不是“他人”行为，而是有意识地和自己的同伙共同实施的行为，这个

① 参见［德］冈特·施特拉腾韦特、洛塔尔·库伦：《刑法总论Ⅰ——犯罪论》，杨萌译，法律出版社2006年版，第314~316页。

② 参见［德］冈特·施特拉腾韦特、洛塔尔·库伦：《刑法总论Ⅰ——犯罪论》，杨萌译，法律出版社2006年版，第306~307页。

③ 参见［德］约翰内斯·韦塞尔斯：《德国刑法总论》，李昌珂译，法律出版社2008年版，第304~305页。

行为（至少也）是他自己所为。鉴于组织者的指挥角色和他的行为贡献上的突出功能，假如把他认定是整个行为的边缘人物，仅仅是作为教唆犯论处，是不符合事实要求的。从行为支配说的角度而论，也没有理由将《德国刑法典》第 25 条第 2 款意义上的共同实施，限制在行为实行阶段的共同作用上，而应强调在共同的行为决意框架内，先前作出的行为贡献在随后的行为发生过程中继续发挥着作用。①

从韦塞尔斯教授关于共同正犯的成立条件及功能的行为支配说的分析来看，他所主张的功能的行为支配说应该属于广义上的功能的行为支配说，这一点与罗克辛教授的主张也明显不同。

3. 立基于主观说的共同正犯论

在德国，判例的立场是主观说，该学说一方面将判断标准放在支配性意志定位（故意说）上，另一方面也将针对行为结果的利益（利益说）作为判断的标准。若谁以行为人意志对实现构成要件作出客观的贡献，且（根据对于结果的利益）想将行为视为自己的行为，则是正犯；若谁以参与者意志行事，且将行为视为他人的行为，并加以操纵、促进，则是参与者。主观说将自己视为因果关系的等价理论的自然结果，如果所有导致结果的条件在客观上皆等价，那么就只能在主观领域区分正犯与参与行为了。②

根据主观说，一方面，判例中出现了将直接实施构成要件行为的行为人，并不认定为正犯，而认定为帮助犯的情形。如在著名的“浴缸案”和“斯塔辛斯基案”中，法院并未将两被告人认定为谋杀罪的正犯，而是分别将两被告人认定为杀婴罪的帮助犯和谋杀罪的帮助犯。③

① 参见［德］约翰内斯·韦塞尔斯：《德国刑法总论》，李昌珂译，法律出版社 2008 年版，第 296 ~ 297 页。

② 参见［德］乌尔斯·金德霍伊泽尔：《刑法总论教科书》（第 6 版），蔡桂生译，北京大学出版社 2015 年版，第 398 ~ 399 页。

③ “浴缸案”的基本案情为：行为人应其姐姐的要求，将其姐姐刚出生的非婚生子直接溺死在浴缸里。“斯塔辛斯基案”的基本案情为：一名苏联间谍按照上级命令，暗杀了两名生活在西德的流亡政治家。参见［德］冈特·施特拉腾韦特、洛塔尔·库伦：《刑法总论 Ⅰ——犯罪论》，杨萌译，法律出版社 2006 年版，第 290 页。

另一方面，判例中也存在将预备阶段的精神性共同作用的行为人认定为共同正犯的情形，如德国联邦最高法院关于“远足案”的判决即是如此。①

根据德国判例采取的主观说立场，虽然能轻易地将未分担构成要件实行行为的行为人认定为正犯，甚至将直接实施构成要件行为的行为人认定为共犯，但其遭到了学界的激烈批判。批判的核心要点在于，主观说在其最为重要的结论上，即亲自实施和负完全责任的行为人也可能成为帮助犯，如果他不想将行为视为“自己的行为”，是与现行法律相矛盾的，因为《德国刑法典》第25条第1款（“自己实施犯罪”）将这一情况明确规定为正犯。② 主观说允许这种操作，以至不是参与者的角色决定可能判处的刑罚，而是希望判处的刑罚决定参与者的角色。③

尽管判例采取的主观说立场受到激烈批判，但其并未改变立场，最近的发展也只是对主观说进行了些许的修正。基于判例中案件事实的复杂性，有些案件中出现了一些基本上没法普遍化的、特殊的行为情状，因而在司法判决中，有人放弃犯罪行为支配的任何要素，从而得出了极

---

① “远足案”的基本案情为：被告人K和被告人St一样，因为以下共同盗窃的案情而被认定为有罪。1960年8月6日21时整，两人与共同被告人S决定，一起进行一次较远的汽车旅行，并且决定，为了实现该旅行偷一辆汽车；他们希望，在用完之后就把车扔在路途中的什么地方，以便不被人发现。K和St将偷车的行为委托给共同被告人S。S就去物色汽车，而K和St两人则等着他。大约22时到22时30分，S看中了商务代表V的欧宝汽车，就把车偷过来开走了，然后接上K和St。S和K没有钱，St就在路过自己的住所时取了50马克，花钱为车加了20升油。在O地，两位被告人和S将半途出了故障的车扔在了路旁。刑事法庭的判决理由为：尽管K和St在S偷走汽车的当时，并未对违法的占有意图起到共同作用，但是他们也是希望其发生的，并且是他们将盗窃行为委托给S的，“因为他们没有什么经验，而且也不会开车”。盗窃结果给他们带来的重大利益说明了他们的正犯意志，因为他们一开始就计划好了要开车去第三地。在他们共同计划范围内的行为是他们自己的行为这就够了。通过他们的精神作用，他们促进了S的正犯意志。如果不是有他们在，S一个人是不会实施犯罪行为的；这一点他们自己也清楚。而S的正犯意志也受到了下述认识的强化，即他也知道被告人St有钱，他们可以完成这一次汽车之旅。参见［德］克劳斯·罗克辛：《德国最高法院判例：刑法总论》，何庆仁、蔡桂生译，中国人民大学出版社2012年版，第208页。

② 参见［德］汉斯·海因里希·耶赛克、托马斯·魏根特：《德国刑法教科书（总论）》，徐久生译，中国法制出版社2001年版，第787页。

③ 参见［德］冈特·施特拉腾韦特、洛塔尔·库伦：《刑法总论Ⅰ——犯罪论》，杨萌译，法律出版社2006年版，第290页。

端主观的见解；有人只强调犯罪行为支配的客观方面。也有人试图将主观的标准建立在客观基础上，即对于正犯而言，“本质性依据”是：参加者在多大程度上共同操纵着事实发生的流程，从而使得该行为的进行、结果根本上取决于其意志。新近的判例采取的是最后一种办法（所谓的“限制主观说”）：在考虑行为人自己对于结果的利益的同时，再对行为人参加的范围、犯罪行为支配程度（至少需要的）、对犯罪行为支配的意志加以考虑，从而进行整体的评判。①

（三）基于我国刑法规定的立场选择

以上通过对德、日刑法中关于共同正犯的基本类型的分析，可以看出，在数人共同实施犯罪的场合，围绕未分担构成要件实行行为的行为人能否认定为共同正犯这一焦点问题，日本刑法在实行共同正犯的基础上发展出了共谋共同正犯概念，德国刑法在功能的行为支配说或主观说的基础上，虽然仍坚持单一的共同正犯概念，但通过实质的正犯概念及扩展共同正犯的范围，也能妥当地解决上述问题。据此，虽然德、日刑法中都存在共同正犯的概念，但其关于共同正犯范围的把握并不一致。

在我国，关于共同正犯的概念及基本类型，学界也存在激烈争议，争论的焦点在于是否承认共谋共同正犯概念，归纳起来，主要有否定说与肯定说两种观点，以下对此展开讨论。

1. 否定说

（1）否定说中的第一说

该否定观点以分工分类法和作用分类法为视角，认为根据分工分类法划分的正犯、共犯概念与根据作用分类法划分的主犯、从犯概念，在功能上是分开的，即正犯与共犯概念承担定罪的功能，主犯与从犯概念则承担量刑的功能。据此，正犯与共犯的区分应采取形式的客观说或规范的形式客观说，进而反对共谋共同正犯的概念。陈家林教授、钱叶六

---

①　参见［德］乌尔斯·金德霍伊泽尔：《刑法总论教科书》（第6版），蔡桂生译，北京大学出版社2015年版，第399～400页。

教授、阎二鹏教授是主张该观点的代表性学者。

例如，陈家林教授指出，在我国，正犯与主犯的概念与功能是分开的。正犯与主犯的分离使正犯概念简单化、正犯功能单一化，这就充分确保了实行行为的定型性，也充分保证了对起主要作用的犯罪人的严惩。这样，在我国引入日本学者所认为的“扩张的正犯概念”其实是错误的共谋共同正犯的概念，完全没有必要。①

又如，钱叶六教授指出，我国刑法采取的是对参与人类型与参与程度实行双层次操作的区分制，即双层区分制，第一层次，根据分工分类法，在构成要件层次将共犯人划分为正犯、组织犯、教唆犯和帮助犯，用以解决共犯人的定性及其间的关系；第二层次，根据作用分类法，将共犯人划分为主犯、从犯，并规定其处罚原则，用以解决共犯人的量刑问题。共谋共同正犯概念之所以能够得到日本学界和实务界的广泛承认，就是为了解决其单层次区分制下，形式的客观说难以合理处理未参与犯罪的实行但在共同犯罪中发挥重要作用的人的处罚问题。但在我国，对于未参与构成要件实行行为的共谋者，不管是以什么方式参与共同犯罪，只要发挥了重要作用，都可以按照主犯加以严惩。因此，日本刑法实务界为了符合刑事处罚合理的需要，而不得已创设的共谋共同正犯概念，在我国没有实际的借鉴价值。②

再如，阎二鹏教授指出，在我国引入共谋共同正犯的概念面临两方面的障碍，即形式障碍和实质障碍。从形式看，我国共犯立法中既没有明文规定的正犯概念，也没有明确采取正犯与共犯相区分的二元区分体系，这构成了引入日本区分制下所创设的共谋共同正犯概念的形式障碍。从实质看，在我国主、从犯的立法现实之下，所谓的共谋共同正犯概念完全可以归结为主犯。换言之，在正犯与主犯重叠的前提下，共谋共同正犯概念完全没有存在的必要，这构成了引入共谋共同正犯概念的

---

① 参见陈家林：《共同正犯研究》，武汉大学出版社 2004 年版，第 148 页。

② 参见钱叶六：《双层区分制下正犯与共犯的区分》，载《法学研究》2012 年第 1 期。

实质障碍。[①]

另有学者认为共谋共同正犯的概念是日本刑法中独有的课题，进而反对我国引入该概念，如李洁教授基于对中日共犯问题比较研究之后指出，共谋共同正犯概念是日本刑法中独有的课题，其是为了解决某些在共同犯罪中起重大作用的指挥者、策划者的责任问题，而在我国刑法中，起重大作用的指挥者、策划者本来就是主犯，若将一般的参与谋划者，或事前通谋者以共谋共同正犯论处，则是对概念的误用。因此，我国刑法中没有共谋共同正犯概念发挥作用的余地，没有必要引进该概念。[②]

（2）否定说中的第二说

该否定观点基于单一制正犯体系的立场，不仅反对共同正犯概念，而且反对共谋共同正犯概念，刘明祥教授是该观点的代表性学者。

关于反对共同正犯的理由，刘明祥教授指出，第一，我国刑法中没有明确规定共同正犯。第二，共同正犯的概念是区分制为了弥补处罚不足的产物，而我国刑法采取的是单一制正犯体系，因此不需要共同正犯的概念。第三，共同正犯概念本身，在法律性质的界定、法律规定的解释、共同正犯与狭义共犯的区分、部分行为全部责任的归责依据等方面存在一系列难题。第四，单一制正犯理论处理共同正犯案件具有明显的优势。[③]

关于反对共谋共同正犯概念的理由，刘明祥教授指出，第一，共谋共同正犯概念在提出该概念的日本存在如下弊端，如承认共谋共同正犯概念，则超越了《日本刑法典》第 60 条规定的文义范围，违反罪刑法定原则；将参与共谋而未实施实行行为者认定为共同正犯，会淹没正犯与共犯的区别，最终走向统一的正犯论；共谋共同正犯实质上是让个人承担团体责任。第二，我国刑法是根据在共同犯罪中所起的作用大小，

---

① 参见阎二鹏：《共谋共同正犯理论中国化的障碍及其解释对策》，载《中外法学》2014 年第 4 期。

② 参见李洁：《刑法的目的理性批判》，法律出版社 2014 年版，第 292 页。

③ 参见刘明祥：《单一正犯视角下的共同正犯问题》，载《中外法学》2019 年第 1 期。

将共犯人区分为主犯、从犯与胁从犯，不论何种参与形式，只要在共同犯罪中发挥了重要作用，都可以作为主犯加以严惩，完全不需要日本刑法实务基于刑罚处罚的合理性考虑而不得已创设的共谋共同正犯概念。第三，根据我国刑法采取的单一制正犯体系处理共谋共同正犯案件，不仅具有明显的优势，而且能够有效避免共谋共同正犯论留下的多种后遗症。①

（3）否定说中的第三说

该否定观点虽然反对共谋共同正犯的概念，但对于正犯与共犯的区分，并不固守形式的客观说，相反主张根据犯罪事实支配理论对正犯概念予以实质化，进而类型化地处理参与共谋但未分担构成要件实行行为的共犯人的刑事责任问题。如方军博士指出，借由犯罪事实支配理论，可以妥当处理共谋共同正犯所欲解决的问题。具体方案为，第一，预备阶段的参与由于不具有功能支配，不成立共同正犯；第二，对于有组织的犯罪或者集团犯罪，首领通过组织性权力支配，构成组织支配型的间接正犯，即正犯后正犯；第三，对于实行阶段的参与，亲自参与了构成要件行为的行为人，成立共同正犯，参与构成要件行为之外行为的行为人，如果具有功能的支配，也成立共同正犯；第四，对于既不能认定为间接正犯，也不能认定为共同正犯的共谋者，只能作为教唆犯或帮助犯处理。② 陈毅坚教授也持该种观点。③

2. 肯定说

对共谋共同正犯概念持肯定态度的学者，大都采取我国的共同犯罪立法体例属于区分制的立场；关于正犯与共犯的区分，反对形式的客观说，赞同客观实质的正犯概念，进而肯定共谋共同正犯概念。张明楷教授、黎宏教授、周光权教授、刘艳红教授是该观点的代表性学者。

---

① 参见刘明祥：《从单一正犯视角看共谋共同正犯论》，载《法学评论》2018 年第 1 期。

② 参见方军：《共谋共同正犯否定论》，载《政治与法律》2015 年第 5 期。

③ 参见陈毅坚：《“共谋共同正犯”——一个多余的法范畴》，载《北大法律评论》2010 年第 1 期。

张明楷教授基于对单一制的正犯概念固有缺陷的分析而明确反对该概念，进而主张限制的正犯概念，[①] 这表明其关于我国的共犯体系实际上采取了区分制的立场。关于共谋共同正犯的概念，张明楷教授指出，不论是否承认我国刑法中规定了共同正犯，共同正犯都是不可否认的现象，同时也是不可缺少的概念。只要肯定共同正犯概念，就必须承认共谋共同正犯这一类型。共同正犯分为实行共同正犯与共谋共同正犯，共谋共同正犯又分为支配型共谋共同正犯与分担型共谋共同正犯（对等型共谋共同正犯）。[②]

黎宏教授基于以下三点理由认为我国的共犯制度更加接近于“参与犯体系”或基本上采取了“参与犯体系”：第一，我国的共犯制度中，大体上还是贯彻了根据分工和参与程度的不同，将参与共同犯罪的人进行区分的宗旨；第二，从犯、胁从犯以及教唆犯的犯罪是从属于主犯的；第三，在刑事责任上，对从犯、胁从犯以及教唆犯的处罚也大体上是依附主犯的。关于共谋共同正犯的概念，黎宏教授指出，我国《刑法》第 26 条关于主犯的规定中，“组织、领导”当中包含策划、指挥、谋议等并不直接参与犯罪实行的意思在内，因此，可以说，我国刑法的相关规定中，也包含共谋共同正犯的内容。[③]

周光权教授基于以下理由也采取了区分制体系的立场。他指出，不能根据仅从字面上解释我国《刑法》规定所得出的结论，就断言我国刑法采取了单一制正犯概念。一方面，我国《刑法》总则规定根据分工区分犯罪人，明显采取了区分制。我国《刑法》的相关规定中虽然没有明确使用正犯的概念，但是在第 27 条、第 29 条第 1 款中明确规定了帮助犯、教唆犯这两种狭义共犯，正犯的概念就可以从其与狭义共犯的区分、比较中清晰地界定出来。由此可以认为，我国刑法所规定的主犯，就是正犯。另一方面，我国《刑法》分则的某些规定具有特殊性，

---

① 参见张明楷：《刑法学》（上）（第 6 版），法律出版社 2021 年版，第 508 ~ 509 页。

② 参见张明楷：《共同正犯的基本问题　兼与刘明祥教授商榷》，载《中外法学》2019 年第 5 期。

③ 参见黎宏：《刑法学总论》（第 2 版），法律出版社 2016 年版，第 255、283 页。

表明我国采取共犯区分制的立场，决定了将总则共犯规定解释为单一制正犯概念和分则相关规定不协调。我国《刑法》分则大量规定的只有特殊主体才能构成的身份犯中，不具有特殊资格的人，不可能成为正犯。《刑法》第382条第3款规定，伙同前两款所列人员贪污的“以共犯论处”，特别指明没有特定身份者，只能构成狭义共犯，不能以正犯论处。在这个意义上，正犯、共犯概念的对立就是存在的。在区分制中，采取共犯从属性说可能将处罚限制在一个较小的范围内，为此，立法上在分则中从刑事政策的角度把个别共犯作为独立的正犯加以处罚，从而出现“拟制的正犯”或共犯行为的正犯化。在此，明确存在正犯、共犯概念的相对区分问题，否则这样的规定就是多余的。而这样的规定在我国《刑法》分则中则普遍存在。关于共谋共同正犯概念，周光权教授一方面指出，承认共谋共同正犯这一事实并对其进行理论阐释，是共犯论无法绕开的问题。另一方面，基于对我国司法实践总体上对共谋共同正犯概念持肯定态度的赞同，进而对共谋共同正犯的概念也给予了肯定。①

刘艳红教授基于以下三点理由主张引入共谋共同正犯的概念：第一，有利于明确单纯共谋者的法律性质与责任，并发展出精细化的正犯、共犯区别理论；第二，有利于通过共谋共同正犯之问题点实现对主犯核心共犯体系整体合理性之探讨；第三，有利于进一步推动我国以构成要件为核心的成立条件的阶层化犯罪论体系之探讨。②

3. 笔者的观点

笔者认为，否定说的观点存在诸多疑问，肯定说的观点较为妥当，值得赞同，具体理由如下。

（1）否定说中的第一说存在的疑问

第一，该观点据以立论的根据，即“根据分工分类法划分的正犯、共犯概念与根据作用分类法划分的主犯、从犯概念，在功能上是分开

---

① 参见周光权：《刑法总论》（第3版），中国人民大学出版社2016年版，第320、335页。

② 参见刘艳红：《共谋共同正犯论》，载《中国法学》2012年第6期。

的，即正犯与共犯概念承担定罪的功能，主犯与从犯概念承担量刑的功能”既缺乏明确的法律依据，也不符合共犯人分类的实际状况。

在单一制正犯体系中，之所以认为各正犯者具有同等的价值，是因为单一制正犯体系中，明确存在对各正犯者适用同一的法定刑，即采取同等对待原则的法律规定。基于上述法律规定，单一制正犯体系中的各正犯者，具有以下两方面的功能，一方面，关于各正犯者的定罪，即对各正犯者的犯罪成立的判断，均应该分别地、独立地进行判断，其间无所谓从属性的问题（但实际上并非如此）。另一方面，关于各正犯者的量刑，即首先对各正犯者都适用同一的法定刑，然后在刑罚裁量阶段，决定各正犯者的具体刑罚。换言之，各正犯者的刑罚的个别化，只是刑罚裁量阶段的个别化。

在区分制体系中，之所以认为正犯与共犯具有不同的价值，也是因为区分制体系中，法律通过对正犯与共犯规定不同的处罚原则，适用分离且分层级的法定刑。基于上述法律规定，区分制体系中的各共犯人，具有以下两方面的功能，一方面，关于各共犯人的定罪，对共同正犯采取直接的相互性归责，其间无所谓从属性问题，对共犯则采取从属性归责的原则。另一方面，关于各共犯人的量刑，对共同正犯，均视为正犯，并直接按照《刑法》分则为相应犯罪予以规定的法定刑处罚，对教唆犯判处正犯的刑罚，对帮助犯则适用减轻处罚原则。换言之，对各共犯人的刑罚的个别化，先要在解释论层面予以个别化。

反观我国共同犯罪的法律规定，一方面，其恰恰缺乏对各共犯人适用同一的法定刑的明文规定，这显然不符合单一制正犯体系的法律规定的状况。相反，从通说观点认为内含了正犯、帮助犯的主犯、从犯等共犯人并规定了不同的处罚原则，适用分离且分层级的法定刑的状况来看，其与区分制的共犯体系的法律规定更为契合。另一方面，不论基于何种立场对共犯人进行分类，各共犯人均具有定罪和量刑两方面的功能，不可能仅仅具有其中一个功能。这在根本上是由共同犯罪的法律规制存在的基本问题决定的，即共同犯罪的法律规制，就是为了解决共同犯罪的定罪问题与量刑问题。如此说来，认为正犯、共犯与主犯、从犯的功能是分离的观点，显然也不符合共犯人分类的旨趣与实际状况。

第二，根据该观点主张的形式客观说，即将正犯限定在亲自实施构成要件实行行为的行为人，以及主犯、从犯承担量刑的功能的观点，固然能保证正犯认定上的明确性，也能轻松地将未分担构成要件的实行行为的共谋者认定为主犯，进而实现对起重要作用的共谋者的严惩。问题是，对于未分担构成要件的实行行为的共谋者是否发挥重要作用又该如何判断，该观点的主张者却没有提出任何具有可操作性的明确标准，有关的讨论，也仅仅是对共谋共同正犯概念就此所发展的具体认定规则简单表明立场而已。此亦表明，该观点对共同犯罪的法律规制存在的基本问题的解决，其意义相当有限。

第三，对于该观点的主张者所指出的，在我国引入共谋共同正犯概念，面临形式上缺乏明文规定，实质上会与我国刑法规定的主犯概念重合的质疑，也缺乏说服力。从形式来说，我国刑法中确实没有明文规定正犯的概念，但这并不足以构成引入正犯概念的真正障碍，通过对刑法有关规定进行实质解释完全能够轻松予以解决。要说法律的障碍，综上所述，认为我国刑法中正犯、共犯与主犯、从犯的功能分离的观点，不仅缺乏法律依据，而且也不可能通过法律的解释予以解决。换言之，否定说的观点才存在因缺乏法律规定而难以避免的合法性障碍问题。从实质上说，如果通过引入正犯以及共谋共同正犯的概念，能够有利解决共同犯罪的定罪与量刑问题，正犯与主犯概念的重叠又有何妨？因此，所谓的实质障碍也无从谈起。

另外，认为共谋共同正犯的概念是日本刑法中的独有课题，我国《刑法》第26条关于组织、领导犯罪集团的首要分子的主犯规定，已经能够解决共谋共同正犯概念据以解决的问题的说法，也不符合共谋共同正犯概念的现实状况。如否定论者所言，共谋共同正犯的创设，起初的确是为了解决某些在共同犯罪中起重大作用的指挥者、策划者的责任问题，但从共谋共同正犯概念后来的发展来看，其已经不仅仅局限于解决此问题，还可以解决其他虽未分担构成要件实行行为但在共同犯罪起重要作用的共谋者的责任问题，正因如此，当前日本刑法中的共谋共同正犯概念，既包括支配型的共谋共同正犯，也包括对等型的共谋共同正犯；对于后一种共谋共同正犯，仍然具有借鉴意义。

（2）否定说中的第二说存在的疑问

第一，该观点据以立论的单一制正犯体系立场，如前所述，不仅在理论上不具有合理性，而且在解释论上也存在根本的疑问，缺乏充分的法律依据。①

第二，关于该观点对共同正犯概念质疑的理由，也都不具有说服力。首先，我国刑法中虽然没有明文规定共同正犯的概念，但这只是对我国刑法规定的一种非常形式化的解读，从实质解释的视角来看，如前所述，完全可以认为，我国《刑法》第26条的规定，其实就是对共同正犯的规定。其次，如前所述，不论是区分制共犯体系，还是单一制正犯体系，其实都需要共同正犯的法律规定及共同正犯的概念，共同正犯并非仅仅是区分制为了弥补处罚不足的产物。② 再次，关于共同正犯概念存在的难题，否定论者的描述显然过于夸张，也根本不符合共同正犯概念的现实状况。③ 最后，所谓单一制正犯理论处理共同正犯案件的优势，实际上也是借助共同正犯的概念达致的，这也反映出否定论者在共同正犯概念问题上，所持的观点之间存在自相矛盾或逻辑悖论的嫌疑，即一方面否定共同正犯的概念，另一方面，又无时无刻不在用共同正犯的概念来描述共同犯罪案件和解决共同犯罪问题。④

第三，关于否定说中的第二说观点反对共谋共同正犯概念的理由，如前所述，基本上未超出日本学界质疑共谋共同正犯概念所提出的理由的范围，相应地，日本学界针对质疑给出的有力回应，同样适用于我国否定论者的观点。至于单一制正犯体系处理共谋共同正犯案件具有的优

---

① 对此的详尽讨论，参见第一章第四部分“共犯论基本立场的合理性评估”与第五部分“单一制正犯体系的解释论疑问”中的论述。

② 对此的详尽讨论，参见第二章第一部分“共同正犯的法律依据”中的论述。

③ 参见张明楷：《共同正犯的基本问题　兼与刘明祥教授商榷》，载《中外法学》2019年第5期。

④ 参见张明楷：《共同正犯的基本问题　兼与刘明祥教授商榷》，载《中外法学》2019年第5期。

势，与上述否定论者用单一制正犯体系理论解决共同正犯案件一样，存在同样的逻辑悖论。

（3）否定说中的第三说存在的疑问

从该否定观点的基本主张来看，该否定观点实质上采取了前述德国刑法中立基于狭义的功能说的共同正犯概念，仅从理论上来说，该否定观点无疑具有相当的合理性。

一方面，根据立基于狭义的功能支配说的共同正犯概念，共同正犯的成立，不仅要求共犯人的参与限定在犯罪的实行阶段，而且要求从事前判断的立场判断在实行阶段的行为贡献的重大性。由此看出，该观点虽然也对正犯予以实质化，但由于其将共犯人的参与限定在犯罪的实行阶段，这不仅能够最大限度地使共同正犯的成立受到构成要件的限制，以及确保犯罪认定上的明确性，进而符合罪刑法定原则的要求，而且据此确定的共同正犯的范围也比较适中，不至于在正犯概念实质化的道路上走得太远。

另一方面，基于对共同正犯的限定所带来的处罚难题，即对虽未在犯罪实行阶段参与，但居于幕后又发挥重大作用的幕后者如何按照正犯处罚，又创造性提出基于组织支配的原理的间接正犯，即正犯后正犯概念，对幕后者也能够按照正犯处罚，从而有效地化解基于共同正犯的限定所带来的处罚难题。

通过以上分析可以看出，立基于狭义的功能支配说的共同正犯概念的合理性，只有同时运用基于组织支配的间接正犯，即正犯后正犯概念，才能得到保证。而这一点恰恰在我国《刑法》规定中存在难以克服的障碍。其中的理由在于，一如我们所知，间接正犯的概念明显属于单独犯的概念范畴，这在明确将共犯人区分为正犯与共犯的德国刑法规定中固无问题，但与我国刑法明确将类似的幕后人，如犯罪集团的首要分子，规定为共犯人的法律规定相抵触。换言之，在我国，将犯罪集团的首要分子认定为间接正犯，即正犯后正犯，明显不符合我国刑法规定的含义。

（4）肯定说的合理性论证

关于共谋共同正犯的概念，笔者之所以反对否定说，赞同肯定说，并非仅仅基于否定说存在诸多疑问，而是认为肯定说具有相当的合理性，值得赞同。当然，共谋共同正犯概念是在实行共同正犯概念的基础上发展出来的概念，并非对实行共同正犯概念的否定性概念，它属于共同正犯概念的基本类型所包括的范围。因此，应当认为，共同正犯的类型，具体包含实行共同正犯与共谋共同正犯两种基本类型，其中，共谋共同正犯又可进一步分为支配型的共谋共同正犯与对等型（分担型）的共谋共同正犯。具体论证如下。

第一，通过引入共谋共同正犯概念，进而将我国刑法中所规定的以主要作用为核心的主犯概念彻底转换为以构成要件为核心的正犯概念，并将我国的共犯体系重构为理论上更为妥当的区分制共犯体系，这样才能有效避免单一制正犯体系所面临的诸多弊端。①

第二，引入共谋共同正犯的概念，并将我国的共犯体系重构为区分制共犯体系，具有充分的法律依据，或者说并不存在实质的法律障碍。如果仅从法律规定的形式来看，我国《刑法》关于共同犯罪的规定，既不同于单一制正犯体系，如没有明确规定作为单一制正犯体系本质特征的“同等对待”原则，也与区分制共犯区分存在差别，如没有明确规定作为区分制共犯体系核心概念的“正犯”概念，这反而给理论讨论留下极大的解释空间。而从对法律规定的实质解释来看，由于我国刑法中没有任何体现单一制正犯体系本质特征的“同等对待”法律规定的线索，无论如何对法律进行解释，也不可能将我国的共犯体系重构为单一制正犯体系。与此相对，我国刑法关于主犯与从犯的规定，与区分制共犯体系中正犯与共犯的规定具有高度的内在契合性，这样一来，如前所述，将我国《刑法》第 26 条的规定解释为关于共同正犯的规定，第 27 条与第 28 条的规定解释为关于帮助犯的规定，就不存在实质的法律障碍。②

第三，通过引入共谋共同正犯概念，并将我国刑法中所规定的主犯

① 对此的详尽讨论，参见第一章第四部分“共犯论基本立场的合理性评估”中的论述。

② 对此的详尽讨论，参见第一章第六部分“区分制共犯体系下共犯人规定的解释论重构”与第二章第一部分“共同正犯的法律依据”中的论述。

解释为共同正犯，才能使主犯的刑事责任的处理既符合刑事司法的逻辑，又能切实贯彻罪刑法定原则，同时规范化主犯认定的情节范围，避免主犯认定情节的随意性。

在将我国刑法中规定的主犯解释为共同正犯之后，关于主犯的刑事责任的解决，首先必须确定共犯人的行为性质，即是否构成共同正犯，其次才能根据共同正犯的归责原理，即部分行为全部责任的归责原则，妥当处理其刑事责任问题，这也符合共同犯罪定罪与量刑的刑事司法逻辑。任何一个主犯或者从犯都必须是与刑法分则规定的正犯有关联的主犯或从犯。脱离刑法分则的构成要件，单纯刑法总则主犯或从犯的规定毫无适用的可能性，对共犯的准确量刑有时也难以实现。正所谓“皮之不存，毛将焉附”！事实上，对于任何一个共犯案件的处理，都必须是定罪在前、量刑在后。不根据分工分类法解决定罪问题（确定谁的行为符合分则具体罪名和构成要件的规定，谁的行为依附于正犯），要准确界定共犯的作用大小，解决量刑问题，就是无源之水、无本之木。①

当然，我们也清楚地知道，学界反对共谋共同正犯概念的一个非常关键的理由在于，共谋正犯概念是出于处罚的妥当性考虑，对正犯概念客观实质化的结果，不符合形式客观说所主张的实行行为的定型性或明确性，因而有违反罪刑法定原则的嫌疑。但是，如果仔细比较形式客观说与实质的正犯概念问题解决逻辑，就会发现事实并非如此。根据形式客观说，其虽然没有将未分担构成要件实行行为的共谋者认定为共同正犯，但可以在未提供任何具体认定规则的前提下，仅凭直观的法感觉或模糊不清的主要作用标准，就能轻易地将该共谋者认定为主犯，这符合罪刑法定原则的要求吗？与此相对，客观实质化的正犯概念，虽然对构成要件的实行行为的判断突破了形式上的限制，但是，“无论采取形式或实质客观说或其他学说来定义构成要件中的实行行为，在根底上，分工分类的标准终究要求围绕‘是否实施了构成要件中的实行行为’这一定型公式来讨论不同共犯人究竟何者为正犯、何者为共犯的问题；即

① 参见周光权：《论正犯的观念》，载《人民检察》2010 年第 7 期。

或共谋而未实行者也被作为共同正犯对待，但这也是建立在必须客观实质上具有实行行为分担性的基础之上的。换言之，其作为正犯的可罚性终究是以构成要件的定型性为核心来说明的”[①]。因此，客观实质化的正犯概念，虽然对正犯的认定突破形式上的限制，但在正犯的认定过程中经受着罪刑法定原则的拷问。经由上述对比，否定说与肯定说哪种观点更符合罪刑法定原则一目了然。

另外，客观实质的正犯概念论者，虽然也会将共犯人的参与是否具有“重要作用”或“犯罪事实支配”作为界定正犯的标准，但是，如前所述，其只是将该标准作为界定正犯的一个指导原理，并在此基础上，以构成要件为中心，发展出了相当详细、明确规范的具体认定规则。反观我国主张形式客观说的论者，围绕主犯的认定或“主要作用”的判断，或者未就具体的认定规则给予明确的说明，或者其所确定的具体认定规则，明显超出构成要件的范围，背离了共同犯罪的立法宗旨。例如，将是否组织、指挥逃跑，是否布置反侦查活动等犯罪后的情节作为主犯认定的情节。[②] 又如，将是否具有犯罪未遂或者中止情节作为认定主犯的情节。[③]

三、共同正犯共同的本质

共同正犯究竟在哪些方面“共同”才能成立共同正犯，被认为是共同正犯共同的本质问题或共同正犯的本质问题。该问题在德国刑法理论中并未引起讨论，在日本刑法理论中则存在“犯罪共同说与行为共同说”的激烈争议。

由于《日本刑法典》将共同正犯规定在共犯一章，因此关于共犯的概念存在狭义共犯与广义共犯之说，前者仅指教唆犯与帮助犯，后者则在教唆犯与帮助犯的基础上，又加上了共同正犯。加之学者对共同正

① 刘艳红：《共谋共同正犯论》，载《中国法学》2012 年第 6 期。

② 参见《刑法学》编写组：《刑法学》（上册・总论），高等教育出版社 2019 年版，第 245 页。

③ 参见张开骏：《共谋共同正犯理论的反思》，载《中国法学》2018 年第 6 期。

犯本质有不同理解，关于共同正犯的本质的体系性地位，学者的处理方式也并不完全一致。

有的学者将共同正犯的本质放在“共犯的本质”标题下讨论，不仅讨论了围绕共同正犯本质的“犯罪共同说与行为共同说”，还讨论了围绕狭义共犯的“共犯从属性说与共犯独立性说”，大塚仁教授和大谷实教授的教科书均如此安排。①

有的学者将共同正犯的本质作为“共犯的基础理论”或“共同正犯的基础理论”进行讨论。如高桥则夫教授的教科书在“共犯的基础理论”一节，讨论了“犯罪共同说与行为共同说、共犯独立性说与共犯从属性说、共犯的处罚根据论”。② 山口厚教授的教科书在“共犯的基础理论”一节，讨论了“概说、共犯的处罚根据、从属性——惹起说的诸相、共同实行的含义——共同性”，并在“共同实行的含义——共同性”下讨论了“犯罪共同说与行为共同说”。③ 井田良教授的专著在“共同正犯的基础理论”一章，分别讨论了“共同正犯的本质、犯罪共同说与行为共同说、作为构成要件问题的共同正犯、关于共谋共同正犯”。④

有的学者将共同正犯的本质直接放在“共同正犯”部分讨论。如松原芳博教授的专著在“共同正犯”之“共同的对象”中讨论了“行为共同说与犯罪共同说”。⑤ 松宫孝明教授的教科书在“共同正犯”之“共同正犯的本质”中讨论了“犯罪共同说与行为共同说”。⑥

---

① 参见［日］大塚仁：《刑法概说（总论）》（第3版），冯军译，中国人民大学出版社2003年版，第240～247页；［日］大谷实：《刑法讲义总论》（新版第2版），黎宏译，中国人民大学出版社2008年版，第365～368页。

② 参见［日］高桥则夫：《刑法总论》，李世阳译，中国政法大学出版社2020年版，第387～399页。

③ 参见［日］山口厚：《刑法总论》（第3版），付立庆译，中国人民大学出版社2018年版，第303～317页。

④ 参见［日］井田良：《刑法总论的理论构造》，秦一禾译，中国政法大学出版社2021年版，第289～299页。

⑤ 参见［日］松原芳博：《刑法总论重要问题》，王昭武译，中国政法大学出版社2014年版，第292～294页。

⑥ 参见［日］松宫孝明：《刑法总论讲义》（第4版补正版），钱叶六译，中国人民大学出版社2013年版，第199～201页。

我国学者受日本刑法理论的影响，围绕共同正犯的本质问题，亦存在犯罪共同说与行为共同说的激烈争议。

（一）犯罪共同说

犯罪共同说认为，共同正犯就是指二人以上共同实施特定的犯罪，或者说，只有二人以上共同实施同一个犯罪，才是共同正犯。因此，各共同正犯者成立的罪名，必须具有同一性（罪名同一性），该学说又被称为“数人一罪”，这也是犯罪共同说最为核心的思想。基于该核心思想，共同正犯的成立，不仅要求二人以上就实施特定犯罪客观上具有共同的行为，还要求主观上具有共同的犯罪故意（共同的行为决意）。基于该种要求，二人以上共同过失犯罪，或者故意犯与过失犯，不可能成立共同正犯。[①] 基于犯罪共同说的基本立场，根据主张者具体观点的不同，犯罪共同说又被进一步分为完全犯罪共同说、非缓和的部分犯罪共同说与缓和的部分犯罪共同说。

1. 完全犯罪共同说

该学说认为，共同正犯的成立，不仅要求二人以上就实施特定的犯罪，客观上具有共同行为与主观上具有共同的故意，还要求各共同正犯者具有共同的罪责，即都具备有责性。如在甲、乙二人以共同杀人的故意，共同对丙开枪射击，导致丙死亡的场合，根据完全犯罪共同说，甲、乙均成立故意杀人罪的共同正犯。完全犯罪共同说最早追溯到德国学者恩斯特·贝林对1871年《德意志帝国刑法典》第47条共同正犯规定的解释，在日本主张该观点的学者有泉二新熊、大场茂马、胜本勘三郎、小野清一郎和泷川幸辰等。[②] 从我国刑法理论通说关于共同犯罪成立条件的论述来看，第一，共同犯罪的主体，要求各共犯人都必须达到刑事责任年龄、具有刑事责任能力；第二，共同犯罪的主观要件，要求

---

① 当然，犯罪共同说的论者也可能基于其他理由肯定过失共同正犯，如大塚仁教授一方面肯定犯罪共同说，另一方面基于共同义务共同违反的原理肯定过失共同正犯。参见［日］大塚仁：《刑法概说（总论）》（第3版），冯军译，中国人民大学出版社2003年版，第253页。

② 参见姚培培：《共犯本质论重述　行为共同说的本土化证成》，载《中外法学》2022年第6期。

各共犯人必须具有共同故意；第三，共同犯罪的客观要件，要求各共犯人必须具有共同行为。[①] 通说实际上主张完全犯罪共同说，最近我国也有个别学者明确支持该观点。[②]

完全犯罪共同说看似严格贯彻了共同犯罪的概念，但该观点既不符合共同犯罪的立法宗旨，也不能妥当地解决具体的案件纠纷。就共同犯罪的立法宗旨而言，共同犯罪的法律规制，只是为了解决共犯人的不法问题，并不涉及共犯人的责任判断，正因为此，《德国刑法典》第 29 条才明确规定，数人共同犯罪的，各依自己的罪责受处罚，不考虑他人的罪责。就具体案件来说，例如，13 周岁的甲邀约 16 周岁的乙为其盗窃望风，根据完全犯罪共同说，甲因没有达到刑事责任年龄，不具有刑事责任能力，甲、乙二人不成立共同犯罪，所以，乙不构成盗窃罪。甲因不具有刑事责任能力，也不构成盗窃罪。上述场合，甲、乙二人均不对盗窃罪负责，这显然不妥当。

另外，完全犯罪共同说还会造成处罚不均衡的现象。例如，在 A 和 B 分别出于杀人和伤害的故意，一起朝着 X 用手枪向其开枪射击的场合，当 A 的子弹打中导致 X 死亡，B 的子弹没有打中时，根据该学说，A 和 B 不成立共同正犯，结果是 A 成立杀人罪，B 充其量成立暴行罪。该种场合，如果 A 不是基于杀人故意，而是基于伤害故意时，A 和 B 成立故意伤害罪或故意伤害致死罪的共同正犯。如此一来，就会出现“当 A 具有更重的犯罪故意时，B 的责任反而变轻了”这一明显不均衡的结论。[③]

2. 非缓和的部分犯罪共同说

该学说认为，当具有不同故意的数人共同实施犯罪时，所有的共同正犯者均在重罪的范围内成立共同正犯，在此基础上，对仅具有较轻犯

---

① 参见《刑法学》编写组：《刑法学》（上册·总论），高等教育出版社 2019 年版，第 229～232 页。

② 参见王俊：《完全犯罪共同说的本土化证成》，载《环球法律评论》2020 年第 5 期。

③ 参见［日］山口厚：《刑法总论》（第 3 版），付立庆译，中国人民大学出版社 2018 年版，第 314 页。

罪故意的共同正犯者，再根据《日本刑法典》第 38 条第 2 款的规定，[①]判处较轻故意犯罪的刑罚。[②] 如在甲以杀人的故意，乙以伤害的故意，共同对丙实施暴力并导致丙死亡的场合，根据非缓和的部分犯罪共同说，甲、乙成立故意杀人罪的共同正犯，但由于乙缺乏杀人的故意，对乙则按照故意伤害致死罪的法定刑判处刑罚。

非缓和的部分犯罪共同说虽然在日本曾经被判例采纳，但现在已被日本最高裁判所明确否定，之所以如此，是因为该学说明显不具有妥当性。第一，该学说违反了责任主义。责任主义要求，没有责任就没有犯罪。根据非缓和的部分犯罪共同说，在前述场合，将不具有杀人故意的乙，认定为故意杀人罪的共同正犯，这明显违反了责任主义的要求。第二，该学说违背了罪刑关系的基本原理。根据罪刑关系的基本原理，定罪是处罚的前提，处罚是定罪的逻辑结果。而根据非缓和的部分犯罪共同说，在前述场合，对乙虽然认定为故意杀人罪的共同正犯，但又对其按照故意伤害致死的法定刑进行处罚，明显违背了罪刑关系的基本原理。第三，该说也曲解了《日本刑法典》第 38 条第 2 款的意义。根据日本通说的理解，第 38 条第 2 款规定的是对抽象的事实错误的处理方法，如在行为人以杀狗的故意，向目标（狗）开枪射击时，没有打中，但打中了人并将人杀死的场合，根据该款规定，不得将行为人认定为故意杀人罪，在行为人对人的死亡具有过失的情形下，只能对其以过失致人死亡罪进行处罚。而非缓和的部分犯罪共同说，在前述场合，却将该

---

① 《日本刑法典》第 38 条第 2 款规定，实施了本应属于重罪的行为，但行为时不知属于重罪的事实的，不得以重罪处断。参见《日本刑法典》，张明楷译，法律出版社 1998 年版，第 20 页。

② 张明楷教授和周光权教授将该学说称为“完全犯罪共同说”，参见张明楷：《刑法学》（上）（第 6 版），法律出版社 2021 年版，第 537 页；周光权：《刑法总论》（第 4 版），中国人民大学出版社 2021 年版，第 332 页。我国亦有学者将该学说概括为“强硬的部分犯罪共同说”，参见姚培培：《共犯本质论重述　行为共同说的本土化证成》，载《中外法学》2022 年第 6 期。日本则有学者将该学说称为“非缓和的部分犯罪共同说”，参见［日］十河太郎：《论共同正犯的抽象的事实错误》，王昭武译，载《江海学刊》2014 年第 5 期。非缓和的部分犯罪共同说与强硬的部分犯罪共同说，只是表述不同，没有实质差别，笔者采纳日本学者的概括。

款理解为决定处断刑的规则，显然不合适。[1]

3. 缓和的部分犯罪共同说

正是因为完全犯罪共同说和非缓和的部分犯罪共同说均存在缺陷，后来学者开始对犯罪共同说进行缓和，主张当具有不同故意的数人共同实施犯罪时，在构成要件重合的限度内成立共同正犯，对于具有重罪故意的共同正犯者，最终认定为重罪的单独犯。如在甲以杀人的故意，乙以伤害的故意，共同向丙开枪射击并导致丙死亡的场合，根据缓和的部分犯罪共同说，由于故意杀人罪和故意伤害罪在故意伤害罪或故意伤害致死的范围内重合，所以，甲、乙成立故意伤害罪或故意伤害致死罪的共同正犯，鉴于甲具有杀人的故意，最终对甲认定为故意杀人罪。缓和的部分犯罪共同说是当前日本的通说，[2] 在我国也有不少主张者。[3] 尽管如此，该说还是遭到行为共同说的激烈批判，但在笔者看来，批判大都似是而非，以下择其要者进行展开讨论。

第一，缓和的部分犯罪共同说与个人责任原则相悖。有学者批判指出，在甲、乙基于抢劫的故意，由甲对被害人丙实施暴力，乙则夺取丙的财物的场合，抢劫罪的实行行为是由甲、乙二人的行为一起完成的，甲、乙只是分担了其中的部分行为，最终却要对一起实施的抢劫罪承担责任，如此一来，行为主体（甲、乙二人）与责任主体（甲或乙）之间发生分离，违背了每个人只对自己的行为而不对他人的行为承担责任的个人责任原则。[4]

---

① 参见姚培培：《共犯本质论重述　行为共同说的本土化证成》，载《中外法学》2022年第6期。

② 参见［日］高桥则夫：《刑法总论》，李世阳译，中国政法大学出版社2020年版，第388页。由于在现阶段日本，已基本没有学者主张强硬的非缓和的部分犯罪共同说，因此日本学者就直接将该学说称为“部分犯罪共同说”。参见姚培培：《共犯本质论重述　行为共同说的本土化证成》，载《中外法学》2022年第6期。国内学者也基本上是直接采取“部分犯罪共同说”的表述。

③ 参见陈家林：《共同正犯研究》，武汉大学出版社2004年版，第73页；王光明：《共同实行犯研究》，法律出版社2012年版，第97页；陆诗忠：《我国〈刑法〉中的“共同犯罪”：“犯罪共同说”抑或“行为共同说”》，载《华东政法大学学报》2016年第1期。

④ 参见阎二鹏：《共犯本质论之我见——兼议行为共同说之提倡》，载《中国刑事法杂志》2010年第1期。

笔者认为，上述批判显然不当。根据缓和的部分犯罪共同说，虽然在批判者的设例中，甲、乙基于抢劫罪的故意，只是分担了其中的部分行为，但是他们每个人所分担的部分行为都是其他行为人所分担的行为的一部分（部分行为全部责任的原理）。换言之，甲的暴力行为是乙取财行为的一部分，乙的取财行为也是甲的暴力行为的一部分。既然如此，甲、乙都完整实施了抢劫罪的实行行为，让二人都对抢劫罪承担责任，完全符合个人责任的原则，怎么能说行为主体与责任主体之间发生分离，进而违背个人责任原则呢？退一步来说，如果批判者的观点成立，根据批判者所主张的行为共同说，同样也会存在行为主体与责任主体分离进而违背个人责任原则的情况，因为，根据行为共同说的基本主张，共同正犯的场合，每个共同正犯者也都是基于利用集合体的力量（行为主体——所有人）实现各自的犯罪并为此承担责任（责任主体——每个人）。

第二，缓和的部分犯罪共同说关于“故意伤害（致死）罪的共同正犯”的归责方案存在诸多疑问。由于该批判关涉的情况比较复杂，下面结合“甲以杀人的故意，乙以伤害的故意，共同向被害人丙开枪射击并致其死亡”的设例进行分析。

首先，上述设例中，针对不能查明甲、乙二人中究竟是谁的子弹导致丙死亡的场合，批判观点指出，根据缓和的部分犯罪共同说，如果将甲、乙认定为故意伤害罪的共同正犯，就无法对丙的死亡结果归责，只能对甲、乙分别以故意杀人罪未遂和故意伤害罪论处，这与将甲、乙作为同时犯的处理方案几乎没有区别，因而明显不当。[①]

在笔者看来，根据缓和的部分犯罪共同说，即使将甲、乙认定为故意伤害罪的共同正犯，也并不一定只能得出批判者所给出的结论来。因为，在将甲、乙认定为故意伤害罪的共同正犯的情形下，根据“部分行为全部责任”的归责原理，意味着整个故意伤害行为都被视为甲、乙两

---

① 参见张明楷：《共犯的本质——“共同”的含义》，载《政治与法律》2017 年第 4 期。

人的行为，而丙的死亡结果又是整个故意伤害行为的加重结果，只要甲、乙对丙的死亡结果具有过失（根据结果加重犯的基本构造，对加重结果具有过失基本可以认定），就完全可以就丙的死亡结果对甲、乙归责，不可能存在甲、乙两人对丙的死亡结果均不承担责任的局面。换言之，在将甲、乙认定为故意伤害罪的共同正犯的前提下，通过“共同正犯的结果加重犯”的原理，完全可以对甲、乙的责任妥当处理。

其次，上述设例中，针对不能查明甲、乙二人中究竟是谁的子弹导致丙死亡的场合，批判观点进一步指出，根据缓和的部分犯罪共同说，如果将甲、乙认定为故意伤害（致死）罪的共同正犯，[①] 固然能够解决死亡结果的归属问题，但将甲、乙认定为故意伤害（致死）罪的共同正犯，意味着承认了过失的共同正犯，与缓和的部分犯罪共同说所主张的共同正犯只限于故意犯罪的立场相矛盾，[②] 或者说在逻辑上无法自洽。[③]

在笔者看来，日本的缓和的部分犯罪共同说论者，通过主张甲、乙构成故意伤害（致死）罪的共同正犯，来解决丙的死亡结果的归属问题，这在日本刑法中并不存在法律上的障碍，因为日本刑法并未将共同正犯仅限于故意犯罪，因而完全可以肯定“结果加重犯的共同正犯”。但在我国，由于刑法明确否定了过失的共同正犯，所以难以肯定“结果加重犯的共同正犯”，换言之，将甲、乙认定为故意伤害（致死）罪的共同正犯，面临难以逾越的法律障碍。另外，承认“结果加重犯的共同正犯”，确实会面临与缓和的部分犯罪共同说的基本立场相矛盾的问题。因此，通过将甲、乙认定为故意伤害（致死）罪的共同正犯，来解决丙的死亡结果归属的方案，并不值得赞同。尽管如此，综上所述，根

---

① 缓和的部分犯罪共同说的部分学者主张该种解决方案，参见陆诗忠：《我国〈刑法〉中的“共同犯罪”：“犯罪共同说”抑或“行为共同说”》，载《华东政法大学学报》2016 年第 1 期。

② 参见张明楷：《共犯的本质——“共同”的含义》，载《政治与法律》2017 年第 4 期。

③ 参见姚培培：《共犯本质论重述　行为共同说的本土化证成》，载《中外法学》2022 年第 6 期。

据笔者的观点，完全可以通过“共同正犯的结果加重犯”的原理来解决该问题，该种方案，既不会与缓和的部分犯罪共同说的立场相矛盾，在我国也不存在法律上的障碍。在此需要特别指出的是，“结果加重犯的共同正犯”与“共同正犯的结果加重犯”概念虽然非常相似，但是具有本质区别，前者意味着肯定了过失犯的共同正犯，后者则并非如此。

再次，上述设例中，针对甲没有打中，而乙打中并导致丙死亡的场合，批判观点指出，从缓和的部分犯罪共同说的立场来看，不能肯定甲成立故意杀人罪的共同正犯，另外，由于也不能肯定甲成立故意杀人罪既遂的单独犯，最终只能认定甲成立故意杀人未遂的单独犯。① 换言之，根据缓和的部分犯罪共同说，从结论上说，具有杀人故意的甲仅成立故意杀人未遂，没有杀人故意的乙则成立故意伤害（致死）罪，在故意杀人罪的基本法定刑与故意伤害（致死）罪的法定刑相同的情况下，对甲的处罚反而会轻于对乙的处罚，这明显不当。②

在笔者看来，上述所谓根据缓和的部分犯罪共同说所得出的不合理结论的情况，显然只能根据批判者所理解的缓和的部分犯罪共同说才会出现，这并不是缓和的部分犯罪共同说论者的基本主张。正如缓和的部分犯罪共同说论者井田良教授所正确指出的那样，缓和的部分犯罪共同说如果是像批判者所理解的那样的学说，的确是不值得支持的。③ 其实，根据缓和的部分犯罪共同说，无论是甲、乙哪一人的行为导致丙死亡的结果，还是无法查明丙的死亡究竟是谁的行为所导致的，结论并不会不同。因为，不管是将甲、乙认定为故意伤害罪的共同正犯，通过“共同正犯的结果加重犯”的原理，还是将甲、乙认定故意伤害（致死）罪的共同正犯，即“结果加重犯的共同正犯”，均能解决对丙的死

① 参见［日］山口厚：《刑法总论》（第3版），付立庆译，中国人民大学出版社2018年版，第314页。

② 参见张明楷：《共犯的本质——“共同”的含义》，载《政治与法律》2017年第4期。

③ 参见［日］井田良：《刑法总论的理论构造》，秦一禾译，中国政法大学出版社2021年版，第294页。

亡结果的归属问题，不可能出现批判者所批判的处罚不当的情况。

从次，上述设例中，对于甲超出故意伤害致死部分的罪行（过剩部分）应当如何处理？批判观点指出，缓和的部分犯罪共同说论者主张按故意杀人罪的单独犯处理，但问题是，是过剩部分独立构成故意杀人罪，还是过剩部分与故意伤害（致死）罪的共同正犯部分综合起来构成故意杀人罪的单独犯呢？如果持前一种回答，则存在三个缺陷：其一，可能存在主观归罪的嫌疑；其二，对客观事实进行了重复评价；其三，对同一主观内容分别进行了不同评价。如果持后一种回答，则认定甲、乙构成故意伤害（致死）罪的中间阶段的解答并不具有实际意义。①

在笔者看来，对于批判者提出的上述问题，不少缓和的部分犯罪共同说的论者并未就此给出详细的理论论证，确实容易引起误解，但是，根据笔者所主张的缓和的部分犯罪共同说的基本观点，批判者的上述批判并不妥当。具体而言，根据笔者的观点，肯定故意杀人罪与故意伤害罪在故意伤害罪的范围内重合，并认定成立故意伤害罪的共同正犯，然后根据“部分行为全部责任”的归责原理，即可将甲、乙两人的共同行为分别视为甲、乙各自的行为，在此基础上，只要能够认定甲、乙对死亡结果具有过失，就能将丙死亡的结果分别归属甲、乙（共同正犯的结果加重犯），最终结合甲、乙各自的罪责情况，分别认定为故意杀人罪既遂与故意伤害（致死）罪。如此说来，缓和的部分犯罪共同说对中间阶段的共同正犯的认定，与行为共同说一样，也是为了解决结果归属问题，怎么能说没有实际意义呢？正因如此，缓和的部分犯罪共同说关于中间阶段的共同正犯的认定，只是为了明确结果归属的理论依据，并非实际成立犯罪的司法认定，何来主观归罪、对客观事实进行了重复

① 参见张明楷：《共犯的本质——“共同”的含义》，载《政治与法律》2017 年第 4 期。

评价以及对同一主观内容分别进行了不同评价之说。[①]

最后，与上一点相联系，批判者指出，对于甲，如何处理故意杀人罪与故意伤害致死罪之间的罪数关系，缓和的部分犯罪共同说所提出的解决方案，即认为两者之间属于想象竞合、法条竞合、吸收关系，均存在疑问。[②]

在笔者看来，针对上述问题，一旦缓和的部分犯罪共同说论者就甲的罪数问题进行回答，就会不自觉地掉进行为共同说所设定的理论陷阱。综上所述，缓和的部分犯罪共同说关于中间阶段的共同正犯的认定，只是为了解决结果归属的理论根据，并不是将其作为实在的犯罪，其间并不存在所谓的罪数问题。对此，缓和的部分犯罪共同说的主张者高桥则夫教授正确地指出："必须注意甲并不当然成立实在意义上的伤害致死罪。为了将死亡结果归属于甲，仅仅是在观念上可以在多大范围内考虑'共同正犯关系'的成立，因此，并不会产生罪数关系的问题。"[③]

第三，缓和的部分犯罪共同说不能解决部分行为并不独立构成犯罪的情形。对此，行为共同说的主张者批判指出，在 A 以使 B 强奸 C 女的意思对 C 实施胁迫行为，B 则利用该胁迫劫取了 C 的财物的场合，在日本，根据缓和的部分犯罪共同说，A 和 B 成立胁迫罪的共同正犯，A 负强奸未遂的罪责，B 负抢劫罪的罪责。但在我国，由于刑法没有规定胁迫罪，根据缓和的部分犯罪共同说，无法将 A 和 B 认定为共同正犯，进而对 B 认定为抢劫罪，因此，只能将 B 认定为盗窃罪或抢夺罪，该结论显然不当。[④]

在笔者看来，针对上述场合，即使根据批判者所主张的构成要件的行为共同说，在我国，也不可能得出与缓和的部分犯罪共同说不同的结

---

① 缓和的部分犯罪共同说关于中间阶段共同正犯认定意义的同旨见解，参见［日］高桥则夫：《刑法总论》，李世阳译，中国政法大学出版社 2020 年版，第 390 页；王光明：《共同实行犯研究》，法律出版社 2012 年版，第 87～88 页。

② 参见姚培培：《共犯本质论重述　行为共同说的本土化证成》，载《中外法学》2022 年第 6 期。

③ ［日］高桥则夫：《刑法总论》，李世阳译，中国政法大学出版社 2020 年版，第 390 页。

④ 参见张明楷：《共犯的本质——"共同"的含义》，载《政治与法律》2017 年第 4 期。

论来。因为，批判者所主张的构成要件的行为共同说中的行为共同，并不是指自然意义上的行为共同，而是指构成要件的行为共同。[1] 但在我国刑法并未将单纯的胁迫规定为胁迫罪的前提下，难以认为 A 与 B 的行为存在构成要件的行为共同，同样无法认定 B 为抢劫罪的共同正犯，进而对 B 认定为抢劫罪，所以只能将 B 认定为盗窃罪或抢夺罪。如此说来，批判者对缓和的部分犯罪共同说的上述批判，也同样适用于批判者本身。[2]

第四，缓和的部分犯罪共同说不能妥当处理故意犯与过失犯共同侵害的案件。对此，行为共同说的主张者批判指出，在"甲、乙二人上山打猎，甲从望远镜中发现其共同仇人丙正在草丛中休息，于是告诉乙抓住机会开枪。乙误以为草丛中之人为猎物，于是开枪射击，导致丙死亡的场合（打猎案）"以及"甲偷偷地将乙的丈夫与人通奸的不雅照片和手枪放在乙的家门口，乙看见之后怒火中烧，后举枪将丈夫伤害的场合（不雅照片案）"中，根据缓和的部分犯罪共同说，由于不能肯定甲、乙存在共同犯罪故意，所以均不能认定两人构成共同犯罪，这一结论明显不当。[3]

在笔者看来，打猎案中，根据缓和的部分犯罪共同说，即使不能认定甲、乙构成共同犯罪，也完全可以基于错误的意志支配，对甲认定为杀人罪的间接正犯，对乙则认定为过失致人死亡罪，从而对甲、乙的责任予以妥当处理。不雅照片案中，即使通过承认片面的教唆来追究甲的刑事责任，这也只是涉及把握教唆犯的性质及其构成要件的问题，其与据以解决共同正犯的本质问题的犯罪共同说无关，并不能据此否定缓和的部分犯罪共同说。[4]

---

① 参见张明楷：《共犯的本质——"共同"的含义》，载《政治与法律》2017 年第 4 期。

② 参见陈洪兵：《共犯论思考》，人民法院出版社 2009 年版，第 51 页。

③ 参见黎宏：《共同犯罪行为共同说的合理性及其应用》，载《法学》2012 年第 11 期。

④ 缓和的部分犯罪共同说的主张者也可能主张片面的教唆，从而也能对不雅照片案中行为人的刑事责任提供依据。参见［日］大塚仁：《刑法概说（总论）》（第 3 版），冯军译，中国人民大学出版社 2003 年版，第 269 页。

（二）行为共同说

行为共同说认为，所谓共犯，是指数人根据共同的行为来实现各自的犯罪，是实施犯罪的一个方法类型，是数人为了实现自己的犯罪利用他人行为，而扩大自己行为的因果影响范围的一种形式，完全属于共犯人相互之间的“个别利用关系”。在行为共同说看来，共同犯罪，实际上就是“数人数罪”。①

例如，在甲以杀人的故意，乙以伤害的故意，共同对丙实施暴力并造成丙死亡的场合，根据行为共同说，对于具有杀人故意的甲而言，甲是利用乙的伤害行为来实现自己的杀人目的，乙的伤害行为是其杀人行为的一部分，因此，甲成立故意杀人罪的共同正犯；对于具有伤害故意的乙而言，乙是利用甲的杀人行为来实现自己的伤害目的，甲的杀人行为是其伤害行为的一部分，因此，乙成立故意伤害致死罪的共同正犯。

行为共同说的具体观点，主要包括以下几点：其一，二人以上可以就不同的犯罪成立共同正犯；其二，成立共同正犯不要求罪名相同，即不承认罪名的从属性；其三，不仅承认片面的教唆犯与片面的帮助犯，而且承认片面的共同正犯；其四，既承认过失犯的共同正犯，也承认过失犯与故意犯的共同正犯。②

行为共同说包括非缓和的行为共同说与缓和的行为共同说，③ 前者认为，即使完全不同的构成要件之间，如杀人罪与放火罪，也可以成立共同正犯；后者认为，共同正犯，仍然必须是共同实现了构成要件，只有在构成要件的重要部分共同，或者构成要件的全部或部分共同的场

---

① 参见黎宏：《刑法总论问题思考》，中国人民大学出版社 2007 年版，第 468 页。

② 张明楷教授所归纳概括的关于行为共同说的主要具体观点，只是就基于该说的基本立场的一般情形而言的，并不意味着所有的行为共同说的主张都会完全坚持这四个方面的观点，如主张行为共同说的前田雅英教授就反对片面的共同正犯概念。参见张明楷：《共犯的本质——“共同”的含义》，载《政治与法律》2017 年第 4 期；［日］前田雅英：《刑法总论讲义》（第 6 版），曾文科译，北京大学出版社 2017 年版，第 305 页。

③ 非缓和的行为共同说也被称为主观主义的行为共同说或传统的行为共同说，缓和的行为共同说也被称为构成要件的行为共同说或现代的行为共同说。参见王光明：《共同实行犯研究》，法律出版社 2012 年版，第 89 ~ 93 页；陈家林：《外国刑法通论》，中国人民公安大学出版社 2009 年版，第 507 页。

合，才能成立共同正犯。[①] 非缓和的行为共同说最早为牧野英一教授所提倡，并得到宫本英修等个别学者的支持，[②] 但基于该说立论的主观主义立场和共同关系的认定缺乏构成要件的限制等明显缺陷，现在已经没有学者主张该学说。相应地，现在的行为共同说，均是缓和的行为共同说。在日本，缓和的行为共同学说得到众多著名学者的支持，是非常有力的学说。如佐伯千仞、平野龙一、内藤谦、金泽文雄、川端博、前田雅英、西田典之、山口厚等教授均是该学说的代表性学者。[③] 在我国，最早主张缓和的行为共同说的学者是黎宏教授，[④] 张明楷教授曾经主张缓和的部分犯罪共同说，[⑤] 后来改弦更张，转而主张缓和的行为共同说。[⑥] 该学说也得到一批中青年学者的支持，[⑦] 是非常有力的学说。

在我国，缓和的行为共同说，也受到犯罪共同说的主张者的激烈批判。综观批判者的既有批判观点，大多对缓和的行为共同说存在误解，对此，缓和的行为共同说的主张者也都给予了有力回应，[⑧] 在此不再赘

---

① 参见［日］十河太郎：《论共同正犯的抽象的事实错误》，王昭武译，载《江海学刊》2014 年第 5 期。

② 参见陈子平：《刑法总论》（下）（第 4 版），台北，元照出版有限公司 2017 年版，第 503 页。

③ 参见陈子平：《刑法总论》（下）（第 4 版），台北，元照出版有限公司 2017 年版，第 503 页；［日］前田雅英：《刑法总论讲义》（第 6 版），曾文科译，北京大学出版社 2017 年版，第 305～307 页；［日］西田典之：《日本刑法总论》（第 2 版），王昭武、刘明祥译，法律出版社 2013 年版，第 359 页；［日］山口厚：《刑法总论》（第 3 版），付立庆译，中国人民大学出版社 2018 年版，第 315～317 页。

④ 参见黎宏：《刑法总论问题思考》，中国人民大学出版社 2007 年版，第 477 页。

⑤ 参见张明楷：《部分犯罪共同说之提倡》，载《清华大学学报（哲学社会科学版）》2001 年第 1 期。

⑥ 参见张明楷：《共同犯罪是违法形态》，载《人民检察》2010 年第 13 期。

⑦ 参见钱叶六：《共犯论的基础及其展开》，中国政法大学出版社 2014 年版，第 82 页；陈洪兵：《共犯论思考》，人民法院出版社 2009 年版，第 40 页；阎二鹏：《共犯本质论之我见——兼议行为共同说之提倡》，载《中国刑事法杂志》2010 年第 1 期；张开骏：《共犯限制从属性说之提倡——以共犯处罚根据和共犯本质为切入点》，载《法律科学（西北政法大学学报）》2015 年第 5 期；秦雪娜：《共犯从属性研究》，中国法制出版社 2020 年版，第 225 页；王昭武：《论共谋的射程》，载《中外法学》2013 年第 1 期；姚培培：《共犯本质论重述 行为共同说的本土化证成》，载《中外法学》2022 年第 6 期。

⑧ 参见张明楷：《共犯的本质——“共同”的含义》，载《政治与法律》2017 年第 4 期；姚培培：《共犯本质论重述 行为共同说的本土化证成》，载《中外法学》2022 年第 6 期。

述。笔者关于缓和的行为共同说的基本立场，将在以下有关共同正犯共同的本质的讨论中展开。

（三）共同正犯共同本质旨趣的讨论及学说选择

在笔者看来，关于共同正犯共同本质的讨论，首先需要搞清楚其中讨论的旨趣何在？众所周知，本质，是指事物本身固有的根本属性，作为事物本身固有的根本属性，显然只能相对于事物本身之外的其他事物才有可能明确。因此，关于共同正犯共同本质的讨论旨趣，也只有找出相对于作为狭义共犯的教唆犯与帮助犯而言，共同正犯究竟具有何种根本属性才能得以明确。

一如我们所知，在区分制共犯体系中，共同正犯与作为狭义共犯的教唆犯与帮助犯是三种法定的参与类型。在这三种参与类型中，刑法明显采取了不同的归责原则，其中，对共同正犯采取的是“部分行为全部责任”或“直接的彼此归责”的归责原则，对狭义共犯采取的是“从属性归责”的归责原则。如后所述，从作为共同正犯的“部分行为全部责任”的归责原则所包括的两层含义来看，其不仅具有扩张因果性的一面，而且具有扩张正犯性的一面，正是后一点，使“部分行为全部责任”的归责原则，既不同于狭义共犯的归责原则，也不同于单独正犯的归责原则，而成为共同正犯本身固有的归责原则。如此说来，对共同正犯共同本质的讨论旨趣，就是要解决共同正犯究竟是基于何种“行为构造”，才能对其采取明显具有扩张正犯性的“部分行为全部责任”的归责原则这一前提性问题。令人颇为遗憾的是，当前关于共同正犯共同本质的既有讨论，并未将上述前提性问题作为问题，而是直接围绕“部分行为全部责任”的归责原则的具体适用展开讨论，这明显偏离了讨论共同正犯共同本质的旨趣。

第一，基于共同正犯共同本质的讨论旨趣，既有学说中，缓和的部分犯罪共同说具有妥当性，缓和的行为共同说则完全偏离这一旨趣，并不妥当。具体来说，在共同正犯的行为构造中，主观上的共同犯罪故意[①]和客观上的共同行为实施均必须存在，其中，共同的犯罪故意发挥着关键性的基础作用。因为，在共同正犯中，只有基于共同的犯罪故意，才能将各个共同正犯者紧密地凝聚在一起，并对其产生心理上的强烈约束力，然后通过共同的行为实施，激发出单个行为人难以企及的更大的犯罪能量，造成更为严重的危害结果。正因如此，才需要对共同正犯采取比狭义共犯以及单独正犯的处罚原则更为严厉的具有扩张正犯责任意义的“部分行为全部责任”的归责原则。

如此说来，缓和的部分犯罪共同说主张，共同正犯是指数人共同实施特定的犯罪，要求各共同正犯者具有共同的犯罪故意，完全符合共同正犯共同本质的讨论旨趣，值得肯定。反观缓和的行为共同说，其仅仅将讨论共同正犯共同本质的旨趣，限定于解决共同正犯的结果归属问题，[②] 并未将共同正犯扩张正犯责任的内在根据作为问题，显然偏离了讨论共同正犯共同本质的旨趣，因而明显不当。基于讨论共同正犯共同本质的旨趣，缓和的行为共同说所主张并将其视为该学说优势而给予肯定的片面的共同正犯、故意犯与过失的共同正犯等观念均不具有妥当性。[③]

值得一提的是，德国学者关于共同正犯的行为构造的讨论，实际上就是在探究，究竟是基于什么样的理论构造，才会对共同正犯采用明显具有扩张正犯性的“部分行为全部责任”的归责原则的问题。从德国通说基于共同正犯的行为构造所设定的共同正犯的成立条件来看，其实际上采取了缓和的部分犯罪共同说的立场。这也能解释，关于共同正犯

---

① 德国学者惯于将共同正犯中的共同的犯罪故意表述为共同的行为决意或共同的行为计划，不同的表述并不意味着不同的含义；相反，这些概念之间的基本含义完全一致。参见姚培培：《共犯本质论重述 行为共同说的本土化证成》，载《中外法学》2022 年第 6 期。

② 参见张明楷：《共犯的本质——“共同”的含义》，载《政治与法律》2017 年第 4 期。

③ 值得注意的是，关于过失的共同正犯，虽说基于共同正犯共同的本质的旨趣以及共同正犯的行为构造，难以从支配犯的角度肯定过失的共同正犯概念，但从义务犯的角度，基于共同义务的共同违反，也可能肯定过失的共同正犯概念。参见［德］克劳斯·罗克辛：《德国刑法学总论》（第 2 卷），王世洲等译，法律出版社 2013 年版，第 81 页；［日］大塚仁：《刑法概说（总论）》（第 3 版），冯军译，中国人民大学出版社 2003 年版，第 253 页。或者虽然否定过失共同正犯的概念，但通过同时犯解消说，依然能妥当解决过失的共同正犯概念据以解决的问题。参见王光明：《共同实行犯研究》，法律出版社 2012 年版，第 169 页。

共同的本质，为什么在德国没有出现日本刑法理论上围绕犯罪共同说与行为共同说的激烈争议，同时也能理解，关于共同正犯共同的本质，为何我国学者会认为德国学界的支配性观点是缓和的部分犯罪共同说。[①] 由此也可以说明，缓和的部分犯罪共同说，才是符合共同正犯共同的本质的学说。

第二，基于共同正犯共同的本质的讨论旨趣，关于共同正犯共同的本质的争论只能是共同正犯的固有问题，[②] 不可能将其延伸到狭义共犯的讨论上来。日本通说之所以认为关于共同正犯共同的本质的争论，同时适用于狭义共犯，[③] 是因为，一方面，通说误解了讨论共同正犯共同的本质的旨趣；另一方面，通说不当的学说整理方式进一步遮蔽了讨论共同正犯共同的本质的旨趣。在日本，关于犯罪共同说与行为共同说的争论，被学说整理为关于共同正犯的成立是否限于同一罪名的问题，或共同正犯的成立是否要求具有罪名从属性的问题，进而认为关于共同正犯的成立，犯罪共同说主张具有罪名从属性，行为共同说反对罪名从属性，主张罪名独立性。该种学说整理方式，不仅遮蔽了讨论共同正犯共同的本质的旨趣，而且存在明显的局限。正如前田雅英教授正确指出的那样，过去的“从属性说 = 犯罪共同说 = 旧派”“独立性说 = 行为共同说 = 新派”这一图示，从很久之前就已经开始动摇了，有相当多被认为采取从属性说的学者采用了行为共同说。这在表面上表现为，一方面承认实行从属性，另一方面又不得不针对不同的犯罪承认共犯或共同正犯。但在这一表面现象的深层显现出，“是从属还是独立”等二选一式的讨论问题的方法均存在局限。[④]

---

① 参见姚培培：《共犯本质论重述　行为共同说的本土化证成》，载《中外法学》2022年第6期。

② 参见［日］高桥则夫：《刑法总论》，李世阳译，中国政法大学出版社2020年版，第390页。

③ 参见［日］西田典之：《日本刑法总论》（第2版），王昭武、刘明祥译，法律出版社2013年版，第358页。

④ 参见［日］前田雅英：《刑法总论讲义》（第6版），曾文科译，北京大学出版社2017年版，第293页。

第三，基于我国现行《刑法》第 25 条的法律规定，主张缓和的部分犯罪共同说具有充分的法律依据；相反，主张缓和的行为共同说则面临难以逾越的法律障碍。我国《刑法》第 25 条第 1 款明确规定：“共同犯罪是指二人以上共同故意犯罪。”缓和的部分犯罪共同说将共同正犯的成立，限定于具有共同故意的同一罪名上，显然具有充分的法律依据。相反，缓和的行为共同说主张共同正犯的成立不局限于同一罪名，与我国《刑法》第 25 条第 1 款的规定并不协调。如何将该说的主张与我国《刑法》第 25 条第 1 款的规定相协调，该说的主张者对《刑法》第 25 条第 1 款的解释可谓煞费苦心。

例如，张明楷教授指出，我国《刑法》第 25 条第 1 款的规定，表面上要求故意相同，实际上只是意味着将部分共犯参与形态限定在故意犯罪之内。倘若要在上述规定中加一个“在”字，就应当说“共同犯罪是指二人以上共同在故意犯罪”，而不是说“共同犯罪是指二人以上共同故意在犯罪”。[①]

又如，黎宏教授指出，对我国《刑法》第 25 条第 1 款的规定，完全可以从另一个角度来解读，即两人以上客观上行为共同的话，就可以成立共犯，但是，最终受到处罚的，只限于两个以上的主体都出于故意的场合。[②]

尽管行为共同说的主张者对我国《刑法》第 25 条第 1 款进行了煞费苦心的解释，但在《刑法》规定明确用“共同”限定“故意”的前提下，却认为共同犯罪的成立，可以不具有共同的犯罪故意，无论如何都是不自然的，也难言妥当。

退一步来说，即使在德日关于共同正犯的规定没有明确要求共同故意的前提下，德国学者罗克辛教授仍然认为，共同正犯的共同的行为计划要件来自《德国刑法典》第 25 条第 2 款的规定，[③] 日本学者西田典

---

① 参见张明楷：《刑法学》（上）（第 6 版），法律出版社 2021 年版，第 496 页。

② 参见黎宏：《刑法总论问题思考》，中国人民大学出版社 2007 年版，第 480 页。

③ 参见［德］克劳斯·罗克辛：《德国刑法学总论》（第 2 卷），王世洲等译，法律出版社 2013 年版，第 59 页

之教授认为，共犯就是所谓的“故意的共同”，也是对《日本刑法典》第 60 条规定的忠实解读。[①]

四、共同正犯的处罚原则

在二人以上共同实施犯罪的场合，如果成立共同正犯，就要适用共同正犯的处罚原则对其进行处罚。关于共同正犯的处罚原则，虽然刑法理论的表述形式并不完全一致，但其基本含义并无实质差别，关键是如何从理论上阐明其实质根据。

（一）共同正犯处罚原则的理论表述

德国刑法理论通常将共同正犯的处罚原则表述为“直接的彼此归责”或“针对互相协作的同等答责”。例如，德国著名刑法学者耶赛克教授指出：“不是从属性归责的原则，而是在共同犯罪决意范围内实施的所有犯罪行为的直接的彼此归责，适用于共同正犯。”[②] 又如，德国著名刑法学者金德霍伊泽尔教授指出：“在实现构成要件之时，针对互相协作的行为需要进行同等的答责，这便是共同正犯的归属原则：将各个具体的行为贡献综合成为一个完整的整体（一个共同犯罪）。且每个共同正犯均须将该整体完全作为自己的行为，而为之承担责任。每个共同正犯采取这种行为时，就像他自己实施了实现构成要件的所有动作一样。”[③]

日本刑法理论惯于将共同正犯处罚原则概括为“部分行为全部责任”或“部分实行全部责任”的原则。例如，日本著名刑法学者前田雅英教授指出：“如果被认为是共同正犯，那么对他人的实行行为及结

---

① 参见［日］西田典之：《日本刑法总论》（第 2 版），王昭武、刘明祥译，法律出版社 2013 年版，第 358 页。

② ［德］汉斯·海因里希·耶赛克、托马斯·魏根特：《德国刑法教科书（总论）》，徐久生译，中国法制出版社 2001 年版，第 817 页。

③ ［德］乌尔斯·金德霍伊泽尔：《刑法总论教科书》（第 6 版），蔡桂生译，北京大学出版社 2015 年版，第 429 页。

果也要归责（部分行为全部责任的原则）。”[①] 又如，日本著名刑法学者高桥则夫教授指出：“共同正犯的法效果是‘部分实行全部责任’，例如，两人计划实施强盗，一方实施暴行，另一方实施夺取财物，在该情形中，作为各个行为人的单独犯特征就是暴行罪与盗窃罪。但是，各个行为人都相互为另一方的行为与结果承担责任，两人成为强盗罪的共同正犯。”[②]

我国《刑法》第26条针对主犯的处罚规定，即“对组织、领导犯罪集团的首要分子，按照集团所犯的全部罪行处罚”与“在共同犯罪中起主要作用的”犯罪分子，“应当按照其所参与的或者组织、指挥的全部犯罪处罚”，也明显贯彻了“部分行为全部责任”的原理。[③]

综合比较以上关于共同正犯的处罚原则的各种表述，“部分行为全部责任”的表述更为简洁明快，也为多数学者所采用，笔者也赞同该表述，但关于“部分行为全部责任”的基本含义、法理依据以及对共同正犯成立要件的意义，理论上还存在争论，需要予以进一步讨论。

（二）“部分行为全部责任”的基本含义

1. 是部分“实行”全部责任，还是部分“行为”全部责任

关于共同正犯的处罚原则，日本有的学者将其表述为“部分‘实行’全部责任”，有的学者则将其表述为“部分‘行为’全部责任”，这些表述上的差异与学者理解的共同正犯的基本类型有关。众所周知，关于共同正犯的基本类型，起初学说只承认实行共同正犯，而实行共同正犯的成立，又要求行为人必须分担实施构成要件的实行行为，所以，才会将共同正犯的处罚原则表述为“部分‘实行’全部责任”。当前，由于共谋共同正犯的概念受到普遍肯定，而共谋共同正犯的成立，并不要求行为人必须分担构成要件的实行行为，所以，为了更准确地描述共

---

① ［日］前田雅英：《刑法总论讲义》（第6版），曾文科译，北京大学出版社2017年版，第303页。

② ［日］高桥则夫：《刑法总论》，李世阳译，中国政法大学出版社2020年版，第394页。

③ 参见张明楷：《共犯人关系的再思考》，载《法学研究》2020年第1期。

同正犯的处罚原则，就出现了“部分‘行为’全部责任”的表述。在共谋共同正犯得到普遍肯定的当下，关于共同正犯的处罚原则，虽然仍有学者将其表述为“部分‘实行’全部责任”，但并不意味着学者认为共谋共同正犯所分担的行为也是实行行为，而只是基于约定俗成的缘故。换言之，将共同正犯的处罚原则表述为“部分行为全部责任”，或表述为“部分实行全部责任”，只是语言使用习惯不同，两者之间并没有实质差别。

2. “部分行为全部责任”中“部分行为”的含义

关于“部分行为全部责任”中“部分行为”的含义，从共同正犯与正犯的区别来看，部分行为表现为三种情形：第一，共同正犯者没有实施构成要件的全部行为，仅实施了部分构成要件行为。例如，甲、乙共谋实施抢劫，甲实施暴力压制被害人反抗，乙夺取被害人的财物，甲、乙虽然只实施了部分行为，但均构成抢劫罪的共同正犯。第二，共同正犯者虽然表面实施了构成要件的全部行为，但其行为没有直接造成危害结果。例如，甲、乙共谋实施杀人，但甲没有打中，仅乙打中丙导致被害人死亡，在造成被害人死亡的行为中，甲仅实施了部分行为，但构成杀人罪的共同正犯。第三，共同正犯者仅实施了构成要件之外的行为，其中又包括两种情形，一是仅实施了共谋行为，二是基于共谋实施了构成要件之外的其他行为。①

3. “部分行为全部责任”中“全部责任”的含义

关于“部分行为全部责任”中的“全部责任”究竟应该如何理解，具体来说，其客观上包含两层意思：

其一，在共同正犯的场合，即使各共同正犯者仅仅实施了部分行为，也要对整个实行行为造成的“全部结果”承担责任。例如，甲、乙共谋实施杀人，共同向被害人开枪射击，甲打中并导致被害人死亡，乙没有打中。该案中，如果分别来看，甲应承担故意杀人罪既遂的刑事

① 参见张明楷：《共同正犯的基本问题　兼与刘明祥教授商榷》，载《中外法学》2019年第5期。

责任，乙则只能承担故意杀人罪未遂的刑事责任，但由于乙成立故意杀人罪的共同正犯，根据部分行为全部责任的归责原则，乙仍需就故意杀人罪既遂承担刑事责任。之所以如此，是因为乙与甲是共谋实施杀人，乙虽然没有打中，与被害人的死亡没有物理的因果性，但乙与甲是基于共谋实施杀人，主观就故意杀人存在共同的行为决意，与被害人的死亡则具有心理上的因果性。如此说来，乙仍然是就自己的行为而对故意杀人罪的既遂承担刑事责任，并非对甲的行为承担刑事责任。在此意义上，日本刑法学者佐伯仁志指出，"部分行为全部责任"的正确说法是"全部行为全部责任"。[①] 换言之，"部分行为全部责任"的处罚原则，并不违背个人责任的原理。[②]

其二，在共同正犯的场合，即使各共同正犯者实施了部分行为，也要对整个实行行为造成的全部结果承担"正犯责任"，即直接按照《刑法》分则为该犯罪规定的法定刑进行处罚。例如，甲、乙共谋实施杀人，共同对被害人开枪射击，甲打中并导致被害人死亡，乙未打中的案例中，没打中的乙，与甲一样，都要对被害人的死亡承担故意杀人罪的"正犯责任"，即直接按照刑法分则关于故意杀人罪的法定刑进行处罚。又如，甲、乙共谋实施抢劫，甲以暴力压制被害人反抗，乙夺取被害人的财物，该案中，如果分别来看，甲只能就暴行罪（暴行在日本构成暴行罪，在我国一般情况下并不构成犯罪）承担刑事责任，乙则就盗窃罪承担刑事责任，但甲、乙构成抢劫罪的共同正犯，甲、乙均应就抢劫罪承担"正犯责任"，即直接按刑法关于抢劫罪的法定刑进行处罚。如此说来，作为共同正犯的"部分行为全部责任"的处罚原则，与共犯的处罚

---

① 参见张明楷：《共同正犯的基本问题 兼与刘明祥教授商榷》，载《中外法学》2019年第5期。

② 刘明祥教授指出，"部分行为全部责任"的说法本身就存在问题。因为行为人仅实施了"部分行为"，却要使其承担"全部责任"，这隐含着对他人的行为造成的结果也要负责的意思，似乎违背了刑事归责的基本原理，与个人责任原则不符。况且，数人共同犯一罪而成为共同正犯，对这同一个犯罪案件若有一个共同正犯人承担了"全部责任"，逻辑的结论是其他共同正犯人就没有责任可承担了，哪有几个共同正犯人都对同一犯罪案件分别承担"全部责任"的余地呢？刘明祥教授关于"部分行为全部责任"的理解，显然存在误解或曲解。参见张明楷：《共同正犯的基本问题 兼与刘明祥教授商榷》，载《中外法学》2019年第5期。

原则，就教唆犯的处罚而言，是在从属性归责的前提下判处正犯的刑罚；就帮助犯的处罚而言，是在从属性归责的前提下减轻处罚，存在显著不同。换言之，“部分行为全部责任”的处罚原则，是关于共同正犯的特有处罚原则，而不是对所有共犯者共通适用的处罚原则。①

从以上关于“部分行为全部责任”的基本含义的分析可以看出，共同正犯虽然也是正犯，但亦属处罚的扩张形态，即相较于单独正犯的正犯性而言也是被扩张了的，问题是，扩张的理论依据何在。这就是关于共同正犯的实质的处罚依据问题。

（三）“部分行为全部责任”的理论根据

“部分行为全部责任”的理论根据，包括形式上的根据与实质上的根据两个方面。

就形式上的根据而言，当然是基于各国的法律规定，例如《德国刑法典》第 25 条第 2 款“数人共同实施犯罪的，均以正犯论处”的法律规定；又如《日本刑法典》第 60 条“二人以上共同实行犯罪的，都是正犯”的法律规定；再如我国《刑法》第 26 条“对组织、领导犯罪集团的首要分子，按照集团所犯的全部罪行处罚”与“在共同犯罪中起主要作用的”犯罪分子，“应当按照其所参与的或者组织、指挥的全部犯罪处罚”的法律规定。

就实质上的根据来说，最早为“部分行为全部责任”奠定理论根基的是“共同意思主体说”。鉴于该学说已经完全被淘汰，已不再有学者据此来说明其实质根据，笔者也不对此展开讨论。也有学者从共同正犯中共同的本质的角度，运用犯罪共同说与行为共同说的原理对“部分

---

① 对此，单一制正犯体系论者的观点同样存在误解，如刘明祥教授指出，既然如此（采取因果共犯论），那就不能认为“部分行为全部责任”是共同正犯特有的处罚原则（或归责原理），相反，应认为是所有犯罪参与者（含教唆犯、帮助犯）共同的处罚规则。况且，所有参与者的行为与结果之间有因果关系，都应对结果负责，与某个参与者是否对犯罪案件的整体负全部责任，是两个不同的问题。众所周知，帮助犯也应对与其帮助行为有因果关系而由实行犯的行为直接引起的结果负责，但不对犯罪案件的整体承担责任，即并不是承担作为法律后果的“全部责任”，按德、日刑法的规定，对帮助犯还应按正犯的刑罚予以减轻。参见张明楷：《共同正犯的基本问题　兼与刘明祥教授商榷》，载《中外法学》2019 年第 5 期。

行为全部责任”的理论根据进行说明,[①] 但如前所述，讨论共同正犯共同的本质的旨趣，是解决共同正犯究竟基于什么样的行为构造，才会对共同正犯采用明显具有扩张正犯性的“部分行为全部责任”的处罚原则这一前提性问题，并不是回答“部分行为全部责任”的处罚原则如何具体适用的问题。换言之，围绕共同正犯共同的本质的犯罪共同说与行为共同说，混淆了“部分行为全部责任”的处罚原则的适用前提与具体适用问题之间的关系，因此，基于犯罪共同说与行为共同说的理论说明其理论根据也不合适。关于“部分行为全部责任”的实质根据，当前比较流行的是分别从共同正犯的正犯性、共犯性、兼具正犯性与共犯性的角度展开的理论学说，以下对此展开讨论。

1. 基于共同正犯的“正犯性”的理论学说

在德国，由于其刑法明确将共同正犯定位于“正犯”，德国学者一般基于共同正犯的“正犯性”对“部分行为全部责任”的实质根据进行说明，其中，最具代表性的学说是“功能的行为支配说”，罗克辛教授是该学说的代表性学者。我国也有学者对此表示赞同。[②]

根据罗克辛教授主张的犯罪事实支配理论，他将刑法中的正犯区分为三种形式，即支配犯、义务犯与亲手犯，认为犯罪事实支配理论只适用于支配犯，并不适用于义务犯与亲手犯。支配犯，则包括基于行为支配的直接正犯与基于意志支配的间接正犯，以及基于功能性支配的共同正犯。[③] 关于功能性行为支配，罗克辛指出，共同正犯是通过分工实施来实现构成要件的。共同正犯的行为支配产生于其在实施中的功能；其接受了一项对实现这个行为计划非常重要的任务，并且通过其所实施构成行为部分而使其对整个事件的控制成为可能。以甲拿枪对着银行职员，乙清空保险箱为例，在这两个人中，每个人都通过自己的那一部分

---

① 参见［日］松宫孝明:《刑法总论讲义》(第4版补正版)，钱叶六译，中国人民大学出版社2013年版，第200～201页。

② 参见罗世龙:《论“部分实行，全部责任”的实质根据》，载《中国刑事法杂志》2020年第1期。

③ 参见［德］克劳斯·罗克辛:《德国刑法学总论》(第2卷)，王世洲等译，法律出版社2013年版，第11、15页。

贡献而控制了整个事件。两个人中的任何一人都能通过拒绝实施自己的那部分而使这个犯罪计划归于失败。这种功能使两人都成为共同正犯。[①]

坦率来讲，功能的行为支配说关于共同正犯的正犯性的说明具有相当的说服力，也因此被大多数学者接受，但尽管如此，仅仅根据该学说来说明“部分行为全部责任”的理论根据，仍在以下两个方面存在不足。

一方面，功能的行为支配说关于共同正犯的正犯性的说明，其实质的出发点在于，试图说明共同正犯具有与单独正犯在同一意义上的正犯性，[②] 如果该出发点成立，则意味着刑法关于共同正犯的规定，就成了单纯的注意规定，这未必符合共同正犯的立法旨趣。如山口厚教授针对日本刑法关于共同正犯的规定正确指出的那样，A 和 B 经过沟通，想要射杀被害人而朝其开枪，但 A 的子弹命中了而 B 的子弹打偏了，在此场合，B 的行为并未满足杀人既遂的（单独正犯）的构成要件，但作为杀人既遂的共同正犯而成为处罚对象，像这样即便是共同正犯，而自己的行为并未满足犯罪构成要件却成为处罚对象这一点上和教唆、帮助是相通的。在此意义上，共同正犯亦属处罚的扩张形态，《日本刑法典》第 60 条并非仅仅是个单纯的注意规定。换言之，假如不存在该规定，在解释上就不能得出同样的结论，而所谓注意规定仅是对所得出的此种结论予以确认而设置的。共同正犯的正犯性较之单独正犯的正犯性也是被扩张了的。[③]

另一方面，综上所述，根据“部分行为全部责任”的归责原理，在共同正犯的场合，即使仅仅实施了部分行为，也要对整个实行行为所造成的全部结果承担责任，其之所以不违背个人责任的原则，是因为每

① 参见［德］克劳斯·罗克辛：《德国刑法学总论》（第 2 卷），王世洲等译，法律出版社 2013 年版，第 59 页。

② 参见［日］西田典之：《共犯理论的展开》，江溯、李世阳译，中国法制出版社 2017 年版，第 52 页。

③ 参见［日］山口厚：《刑法总论》（第 3 版），付立庆译，中国人民大学出版社 2018 年版，第 306 页。

个共同正犯者都与整个实行行为所造成的全部结果具有因果关系，而功能的行为支配说对此却并未予以说明，在此意义上，可以说功能的行为支配说关于“部分行为全部责任”的归责原理的说明是不充分的。正如山口厚教授所指出的那样，通过强调共同正犯的“正犯性”，认为对教唆犯、帮助犯来说妥当的因果共犯论（惹起说）不适用于共同正犯，并认为共同正犯行为与构成要件该当结果、法益侵害之间不需要存在因果关系，若是这样理解，该观点无论如何都是不妥当的。①

2. 基于共同正犯的“共犯性”的理论学说

基于共同正犯的“共犯性”对“部分行为全部责任”的实质根据进行说明的观点在日本学界是非常有力的观点，日本的西田典之教授、山口厚教授是该观点的代表性学者。我国也有学者赞同该观点。②

例如，西田典之教授指出，共同正犯的刑事责任的结构，原则上与以他人的行为媒介而扩张自己行为的因果性范围的教唆犯、帮助犯并无不同。从这一意义上看，应该说，共同正犯是有别于单独正犯的“共犯”的一种。作为共同正犯的要件，是否以实际分担部分实行行为为必要，还是也可以承认共谋共同正犯，这种对立仅仅只是在确定犯罪参与者至少作为“共犯”具有可罚性之后，如何处罚该参与者的问题而已。这并不是共同正犯为何要作为“共犯”承担全部责任这一事关处罚根据的问题，而只是其为何应作为共同“正犯”受到处罚这一共同正犯性的标准问题。关于共同正犯的正犯性标准，形式的实行共同正犯，在于共犯者分担了构成要件的实行行为；支配型的共谋共同正犯，在于共谋者通过对实行者施加强烈的心理支配力，发挥了相当于实行行为的重要作用；分担型共谋共同正犯，在于共谋者对于犯罪的实现实际发挥了相当于实行行为的重要作用。③

---

① 参见［日］山口厚：《刑法总论》（第3版），付立庆译，中国人民大学出版社2018年版，第307页。

② 参见陈洪兵：《共同正犯“部分实行全部责任”的法理及适用》，载《北方法学》2015年第3期。

③ 参见［日］西田典之：《日本刑法总论》（第2版），王昭武、刘明祥译，法律出版社2013年版，第310～315页。

从基于共同正犯的“共犯性”对“部分行为全部责任”的实质根据进行说明的基本主张可以看出，其一方面将共同正犯的性质定位于“共犯”，另一方面又将“部分行为全部责任”的含义限缩解释为共同正犯为何要作为“共犯”承担全部责任的问题，据此根据共通适用于教唆犯、帮助犯的因果共犯论对之进行说明，这种理论处理方式固然能够保证其理论上的一贯性，但也存在疑问。首先，如上所述，该观点所界定的“部分行为全部责任”的含义明显不符合学界的通行理解，如果基于通说所界定的“部分行为全部责任”的两层含义来看，该观点对其实质根据的说明显然并不全面。其次，在对“部分行为全部责任”的基本含义限缩以后，将该原则所包含的“虽然仅分担部分行为但也对整个实行行为造成的全部结果承担正犯责任”的内容，理解为共犯者为何应作为共同“正犯”受到处罚这一共同正犯性的标准问题，该种理解与通说观点之间只是表述上不同，没有实质性差异。如此说来，在刑法明确将共同正犯均作为正犯处罚的前提下，无论如何都难以否定共同正犯的“正犯性”，而该观点仅仅将共同正犯定位于“共犯”，显然不合适。

3. 基于共同正犯“兼具正犯性与共犯性”的理论学说

基于共同正犯“兼具正犯性与共犯性”对“部分行为全部责任”的实质根据进行说明的观点在日本是多数说，高桥则大教授、松原芳博教授即主张该观点。我国也有学者赞同该观点。①

高桥则夫教授指出，由于共同正犯兼具正犯性与共犯性，因此，如果以因果性（共犯性）为前提来考虑共同正犯之构造（正犯性），那么共同正犯的处罚根据应该被求诸以下这一点上，即基于共谋而形成的相互利用、相互补充的行为归属这一点（相互的行为归属）。具体而言，对于他人的行为与结果，自己的行为作为“共同正犯”而被归属的根据，并不仅仅在于自己的行为与整体犯罪结果之间具有因果关系这一点上（可以将仅仅以此为根据的观点称为“因果的结果归属论”），还在

① 参见陈家林：《共同正犯研究》，武汉大学出版社2004年版，第60页。

于将他人的行为作为自己的行为而被归属这一点上。这种相互的行为归属是通过共谋来发挥其功能的，只有通过共谋的存在，才能将个别行为与整体的事项相结合。通过共谋，就能够认识从此之后所实施的行为的含义并具有由该行为而可能产生结果的预期，正因如此，才能确认在整体行为中自己的地位与作用。如果不能肯定这种意义上的共谋的形成，就无法肯定共谋共同正犯的成立。因此，共谋应该被理解为“共同犯行的意思形成”。①

松原芳博教授指出，行为主义要求，应以行为对外界的作用作为处罚行为人的根据，因而因果性契机是担责的最低限度的要求。因此，《日本刑法典》第60条的归责扩张机能（将其他共同者的行为也纳入归责范围之内）的理论应在于（心理上的）因果性。可以说，第60条体现了这样一点：在共同正犯中，归责根据还包括，由相互之间形成合意而起到的心理上的强化、促进作用。然而，存在（心理上的）因果性，也是成立教唆犯以及从犯的共通前提，仅此尚不足以说明第60条的结合机能与正犯性赋予机能。对于通说所谓相互利用、相互补充的关系，可以视为为第60条的这种结合机能奠定基础的情况。《日本刑法典》第60条的正犯性赋予机能，是由（较单独正犯更为缓和的）行为支配来为之奠定基础的。这种行为支配的内容有二：一是所谓“功能性行为支配”，也就是通过分担为实现犯罪所必要、不可或缺的贡献，而将整个犯罪事实的成立与否掌控在自己手中；二是合意的约束力所形成的“（缓和的）意思支配”。由此可见，在共同正犯中，因（心理上的）因果性而得以扩张归责范围（归责扩张机能），因相互利用、相互补充的关系而使得个人的贡献被一个犯罪事实统合（统合机能），因（缓和的）行为支配而赋予了正犯性（正犯性赋予机能），这三者重叠地为“部分行为全部责任”的效果奠定基础。②

---

① 参见［日］高桥则夫：《刑法总论》，李世阳译，中国政法大学出版社2020年版，第395、404页。

② 参见［日］松原芳博：《刑法总论重要问题》，王昭武译，中国政法大学出版社2014年版，第299～300页。

从以上所征引的高桥则夫和松原芳博两位教授关于“部分行为全部责任”的实质根据的说明，可以看出，两位学者均从共同正犯“兼具正犯性与共犯性”的立场出发，一方面，通过因果共犯论为“部分行为全部责任”包含的第一层含义奠定理论根据；另一方面，通过对共同正犯的正犯性的说明为“部分行为全部责任”包含的第二层含义奠定理论根据。两位教授的观点既准确把握了共同正犯的性质，又全面说明了“部分行为全部责任”的实质根据，因此是最妥当的观点。

尽管如此，两位教授的观点也存在不明确之处。高桥则夫教授将为共同正犯的“正犯性”奠定基础的“共谋”理解为“共同犯行的意思”，似乎表明他采取了根据行为人的“正犯意思”认定正犯的主观的正犯论的立场，是否确实如此，尚不明确。松原芳博教授的观点中，第一，将为“部分行为全部责任”奠定基础的因果性仅仅限定于心理上的因果关系，似乎并不准确。在甲、乙共谋实施盗窃，甲窃取财物 5 万元，乙窃取财物 10 万元，甲、乙均应为共同盗窃的 15 万元归责的情形中，甲、乙的行为均与整个 15 万元财产损失的结果，既具有物理上的因果性，又具有心理上的因果性。第二，作为“缓和”行为支配中的“功能性支配”与“合意的约束力所形成的‘（缓和的）’意思支配”两者之间是何关系，尚不清楚。第三，为“部分行为全部责任”奠定理论基础的“统合机能”究竟具有何种意义，也不明确。

4. 笔者的观点

在笔者看来，共同正犯的性质应定位于兼具正犯性与共犯性的双重性质，因此，对共同正犯的“部分行为全部责任”的实质根据，应分别从共犯性与正犯性两个方面进行说明。

从共犯性的角度来看，“部分行为全部责任”的实质根据在于，在共同正犯中，各共同正犯者的行为与其他共同正犯者的行为以及整个实行行为所造成的全部结果具有物理的或心理的因果性（因果共犯论）。从正犯性的角度来看，“部分行为全部责任”的实质根据在于，在共同正犯中，各共同正犯者的行为之间存在功能的行为支配，具体表现在以下两个方面：一是主观上各共同正犯者之间必须存在共同的行为决意；

二是客观上各共同正犯者之间必须存在共同的行为实施。以下对此略作展开分析。

（1）共同的行为决意

共同的行为决意，首先，要求各参与者就犯罪的实施达成一致，并对每个参与者就未来的犯罪实施产生心理上强烈的拘束力。其次，就未来的犯罪实施明确各参与者角色上的分工，通过角色分工，以共同的努力实现共同追求的犯罪结果。最后，在共同的行为决意具体认定中，基于各参与者相互之间关系的密切程度，以及在此基础上形成的默契程度，共同的行为决意，没有必要必须以明示的方式进行，默示的方式即足够。共同行为决意，也不要求都采用对话的方式进行，以命令的方式也可以。在参与共同实施的人数较多的场合，共同行为决意的形成过程，并不要求所有的参与者同时进行，即使数人顺次以互相联络的方式进行亦可。但不管怎样，在一个为共同目标共同努力的场合，如果相互不知道对方的存在，或者仅仅只是在单方面存在，无论如何是不符合共同的行为决意的要求的。

（2）共同的行为实施

共同的行为实施，要求各参与者参与共同犯罪的实施，并通过自己所参与的行为，对共同犯罪的实现作出必要的或不可或缺的贡献，从而将整个犯罪的实现掌握在自己手中。共同的行为实施，在不同的共同正犯类型中，具体的参与形式也有所不同。

就我国《刑法》第26条第1款前段所规定的“组织、领导犯罪集团进行犯罪活动的”首要分子而言，其属于支配型的共谋共同正犯。鉴于犯罪集团的首要分子在犯罪集团中的地位与作用，其对犯罪集团中的其他参与者的行为虽然没有达到完全支配的程度，但也不是简单的对等关系，而是介于两者之间的一种缓和的支配关系，即基于对犯罪集团的实际控制以及对犯罪集团成员的缓和的意志支配，可以通过随时替换实际执行人的方式，来确保犯罪的成功实现。如此说来，对于支配型的共谋共同正犯的成立，犯罪集团的首要分子只需就共同的行为实施进行共谋即可。除此之外，不以实施任何其他的参与行为为必要。

就我国《刑法》第26条第1款所规定的“在共同犯罪中起主要作用的”犯罪分子而言，具体又包括两种类型的共同正犯，即实行共同正犯与对等型的共谋共同正犯。关于实行共同正犯，各参与者通过分担实施构成要件的实行行为的全部或一部分，已经足以具备与单独正犯同等程度的可罚性，或共同正犯的正犯性，当然成立共同正犯。关于对等型的共谋共同正犯，单纯预备阶段的参与尚不足以达到功能支配的程度，而是必须在犯罪的实行阶段，通过分担构成要件的实行行为之外的其他行为，并对犯罪的实现作出必要的或不可或缺的贡献，才能达到功能的行为支配的要求。例如，在犯罪的实施过程中，或者通过电话或视频方式对实行犯罪人进行指导，或者通过抓住被害人以便其他参与者对其实施攻击，或者在犯罪的现场或附近为了顺利逃跑而在用于逃跑的汽车里等候，或者为了不被发现而在犯罪现场附近望风，等等。在此需要特别指出的是，对犯罪的实现是否作出必要的或不可或缺的贡献，必须基于事前的立场进行事前判断，而不能站在事后的角度进行事后判断。

第三章 共犯的法律性质

一、实行从属性

在区分制共犯体系的体系架构中，根据通说支持的限制的正犯概念和犯罪事实支配理论，只有对构成要件的实现起支配作用的人才被视为正犯（单独正犯、间接正犯与共同正犯）；而对构成要件的实现未起支配作用，但通过加功于正犯的行为进而为构成要件的实现提供条件的人，则被视为共犯（教唆犯与帮助犯），应将对共犯的处罚视为刑罚的扩张事由。据此，围绕共犯的法律性质问题，即共犯的成立（尤其是共犯未遂的可罚性）是否应该结合正犯的实行行为进行判断，也即共犯的实行从属性问题，学界展开了激烈的理论争论，主要表现为共犯从属性说与共犯独立性说的观点对立，鉴于该种争论主要围绕教唆犯的法律性质展开，以下以教唆犯为中心进行讨论。

（一）共犯从属性说之考察

在德国与日本，占据绝对通说地位的共犯理论是以共犯从属性说为主线而展开的。[①] 共犯从属性说认为，共犯的成立以及对共犯未遂进行处罚，必须以正犯着手实行犯罪为前提。[②] 基于此，我国学者何庆仁博士以教唆犯为对象，首先提出了教唆犯从属性说。[③] 之后，一度认为在我国讨论教唆犯的法律性质没有实际意义[④]的张明楷教授，在批判何庆

① 参见陈家林：《外国刑法通论》，中国人民公安大学出版社 2009 年版，第 509 页。

② 参见［日］西田典之：《日本刑法总论》，刘明祥、王昭武译，中国人民大学出版社 2007 年版，第 318 页。

③ 参见何庆仁：《我国刑法中教唆犯的两种涵义》，载《法学研究》2004 年第 5 期。

④ 参见张明楷：《刑法的基本立场》，中国法制出版社 2002 年版，第 329 页以下。

仁博士解决方案后，转而提倡教唆犯从属性说[①]，并得到了黎宏教授、杨金彪博士、钱叶六教授、周光权教授的大力支持[②]。鉴于以上学者在刑法学界的影响力，教唆犯从属性说在我国变得异常有影响力。但结合我国共同犯罪的立法规定及共犯从属性说背后的理论根基，完全主张共犯从属性说并非没有问题。

第一，彻底贯彻共犯从属性说，必然会突破《刑法》第29条第2款规定的文理解释底线，使法律条文的含义丧失最基本的预测可能性，从而违背罪刑法定原则。根据共犯从属性说，共犯的成立及对共犯未遂进行处罚必须以正犯着手实行犯罪为前提，而我国《刑法》第29条第2款规定，在"被教唆的人没有犯被教唆的罪"的情况下，对教唆犯仍应予以处罚。为了解决两者之间的冲突，何庆仁博士认为，《刑法》第29条第2款并不是关于教唆未遂的处罚规定，而是关于"以教唆方式实施的间接正犯的未遂"的处罚规定，据此，在被教唆者没有着手实行犯罪的前提下，对教唆者的处罚应仅限于对间接正犯的未遂的处罚，与教唆犯从属性说并不矛盾。[③] 何庆仁博士的解释固然缓和了教唆犯从属性说与《刑法》第29条第2款之间的紧张关系，但其忽略了《刑法》第29条第2款的明文规定，将教唆犯视为与之具有本质差别的间接正犯，解释具有一定的随意性。同样为解决共犯从属性说与《刑法》第29条第2款规定的冲突，张明楷教授认为，《刑法》第29条第2款"被教唆的人没有犯被教唆的罪"规定的是未遂犯的教唆犯，即该款仅适用于被教唆者已经着手实行犯罪，但没有既遂的情形。即使教唆者已经进行了教唆，但在被教唆者没有着手实行犯罪的前提下，对教唆者仍

---

① 参见张明楷：《论教唆犯的性质》，载陈兴良主编：《刑事法评论》第21卷，北京大学出版社2007年版。

② 参见黎宏：《刑法总论问题思考》，中国人民大学出版社2007年版，第514页；杨金彪：《共犯的处罚根据》，中国人民公安大学出版社2008年版，第148页；钱叶六：《共犯的实行从属性说之提倡》，载《法学》2012年第11期；周光权：《"被教唆的人没有犯被教唆的罪"之理解——兼与刘明祥教授商榷》，载《法学研究》2013年第4期。

③ 参见何庆仁：《我国刑法中教唆犯的两种涵义》，载《法学研究》2004年第5期。

然不能予以处罚，这与共犯从属性说是不矛盾的。① 应当说，张明楷教授的观点解决了《刑法》第 29 条第 2 款与教唆犯从属性说之间的冲突。但是，未遂犯的教唆犯完全符合犯罪未遂的构成，对之完全可以适用《刑法》第 23 条有关犯罪未遂的规定进行处罚，《刑法》又为何偏偏在第 29 条第 2 款重申第 23 条所规定的内容？其重申的实质根据是什么？解释者对此语焉不详，可见做此解释的理由并不明晰。再者，根据张明楷教授的观点，《刑法》第 29 条第 1 款中的“犯罪”并不限于未遂罪，而第 29 条第 2 款中的“罪”却仅限于未遂罪，这样，本来处于同一语境中的法律概念，却被赋予完全不同的含义，超越了普通国民的预测可能性，进而违背罪刑法定原则。②

第二，彻底贯彻共犯从属性说，不利于充分实现刑法的法益保护机能。根据共犯从属性说，对共犯的处罚必须以正犯着手实行犯罪为前提。如此主张的考虑在于：共犯本身并未实施构成要件行为，其仅仅是通过加功于正犯从而为构成要件的实现提供了条件。为了从结果上阻止凡是为构成要件的实现提供了条件的人都成为共犯，共犯的成立就应受到构成要件的约束，即其成立必须以正犯着手实行犯罪为前提，由此发挥构成要件限定国家权力发动的机能，从而最终划定共犯行为的法治国轮廓。③ 也就是说，共犯的成立之所以必须以正犯着手实行犯罪为前提，就是为了限制对共犯的处罚范围，在惩罚共犯的过程中彰显刑法的人权保障机能，这也是共犯从属性说能够得到普遍支持的根本原因。但是，如果将该说贯彻到底，则不论共犯所实施的犯罪性质有多严重，也不论共犯行为本身对法益所造成的危害性有多大，只要正犯没有着手实行犯罪，对所有的共犯都不得进行处罚，这显然限缩了刑法的处罚范围。刑法不仅要发挥其人权保障机能，还要发挥其法益保护机能，并努

---

① 参见张明楷：《论教唆犯的性质》，载陈兴良主编：《刑事法评论》第 21 卷，北京大学出版社 2007 年版。

② 参见刘明祥：《“被教唆的人没有犯被教唆的罪”之解释》，载《法学研究》2011 年第 1 期。

③ 参见［日］高桥则夫：《共犯体系和共犯理论》，冯军、毛乃纯译，中国人民大学出版社 2010 年版，第 159 页。

力实现两种机能之间的平衡。而共犯从属性说的彻底贯彻不仅有碍刑法法益保护机能的实现，还使人权保障机能与法益保护机能之间出现失衡，这也是共犯从属性说最大的不足。

第三，事实上，共犯从属性说也从未被彻底贯彻。综上所述，共犯从属性说会导致人权保障机能与法益保护机能的失衡，因此，无论是在共犯从属性说居于绝对支配地位的德国与日本，还是我国，都没有将该主张贯彻到底。例如，《德国刑法典》第30条第1款前段明确规定，力图劝他人去实施重罪或者教唆重罪者，根据有关重罪的力图的规定予以处罚。根据该规定，对于重罪的教唆者而言，即使被教唆者没有着手实行犯罪，对教唆者也要予以处罚。这样的立法规定显然与共犯从属性说不符。① 又如，根据共犯从属性说，在教唆或者帮助他人实施犯罪的场合，即使被教唆者或被帮助者已经实施了预备行为，但只要没有着手实行犯罪，对教唆者或帮助者也不应进行处罚，即预备犯的共犯不可罚。② 但是，日本主流的刑法理论③与我国共犯从属性说的论者④却普遍赞同对预备犯的共犯进行处罚。据此，在预备犯共犯的处罚问题上，共犯从属性说的论者并未将该说贯彻到底。⑤

（二）共犯独立性说之省思

在日本，以牧野英一教授为代表的学者基于犯罪征表说，提出了与

---

① 参见黄荣坚：《基础刑法学》（下），台北，元照出版有限公司2012年版，第839页。

② 参见［日］大塚仁：《刑法概说（总论）》（第3版），冯军译，中国人民大学出版社2003年版，第270、276页。

③ 参见［日］山口厚：《刑法总论》（第2版），付立庆译，中国人民大学出版社2011年版，第312页。

④ 参见张明楷：《刑法学》（第4版），法律出版社2011年版，第378页；钱叶六：《共犯的实行从属性说之提倡》，载《法学》2012年第11期；周光权：《“被教唆的人没有犯被教唆的罪”之理解——兼与刘明祥教授商榷》，载《法学研究》2013年第4期。

⑤ 在日本，由于是在刑法分则中以独立预备罪或从属预备罪的模式处罚预备行为，部分日本学者据此认为预备罪亦存在“实行行为”，并据此认为，即使肯定预备罪的共犯，与共犯从属性说亦不冲突。但在本书看来，在日本处罚预备行为的立法模式下，即使能够肯定所谓预备罪的“实行行为”，但其毕竟缺乏真正的实行行为应有的定型性或明确性，因此，肯定预备罪的共犯，尽管形式上符合共犯从属性说的基本要求，但实质上已经偏离了该说的本旨。在我国，由于是在《刑法》总则中规定对预备行为的处罚，在形式上亦缺乏将预备犯解释为实行行为的可能性，因此，肯定预备犯的共犯，更加偏离共犯从属性说的本旨。

共犯从属性说相对立的共犯独立性说。共犯独立性说认为，实行行为是能确定地征表出犯意的外部行为，教唆行为也是法益侵害意欲（犯意）的征表，所以也是实行行为。[①] 据此，当教唆者已经着手实施了教唆行为，即使被教唆者没有着手实行犯罪，亦应认为教唆者已经着手实行了犯罪，对教唆者不仅应当予以处罚，还要按照犯罪的未遂进行处罚，是谓教唆未遂。

在我国，余淦才教授以教唆犯为对象，首倡教唆犯独立性说。首先，针对后文所述的教唆犯二重性说，余淦才教授开宗明义地指出，在一部刑法里，要么采取独立性说，要么采取从属性说，不可能将其合二为一，采取所谓的二重性说。其次，余淦才教授结合我国《刑法》对教唆犯的规定进一步指出，根据 1979 年《刑法》第 26 条（现行《刑法》第 29 条，下同）第 2 款的规定，被教唆的人没有犯被教唆的罪，对教唆犯仍应进行处罚，此处的教唆犯显然不具有从属性。根据 1979 年《刑法》第 26 条第 1 款，教唆他人犯罪的，应当按照他在共同犯罪中所起的作用处罚。也就是说，在教唆者与被教唆者构成共同犯罪的情况下，对教唆者的处罚仍然应该根据其在共同犯罪中所起作用的大小，即其提供的犯罪意图对被教唆者究竟发生了多大的影响力来决定，此处的教唆犯亦不具有从属性。所以，无论是 1979 年《刑法》第 26 条第 2 款还是第 1 款，都体现了教唆犯的独立性而非从属性。[②] 晚近以来，刘明祥教授站在单一制正犯体系的立场，也主张共犯独立性说。[③] 陈兴良教授基于其一贯的区分体系的立场，在解释论上一改之前支持的教唆犯二重性说，现亦支持教唆犯独立性说。[④]

---

① 参见张明楷：《论教唆犯的性质》，载陈兴良主编：《刑事法评论》第 21 卷，北京大学出版社 2007 年版。

② 参见余淦才：《试论教唆犯的刑事责任》，载《安徽大学学报》1983 年第 2 期。

③ 参见刘明祥：《“被教唆的人没有犯被教唆的罪”之解释》，载《法学研究》2011 年第 1 期。

④ 参见陈兴良：《教义刑法学》，中国人民大学出版社 2010 年版，第 652 页。

就日本学者所谓的共犯独立性说而言，其基于理论根基的缺陷①以及与实定法相抵牾②等原因现已被淘汰。但是，如果合理转换其理论根基，并适当修正其基本主张，共犯独立性说也并非完全缺乏实质根据。③ 具体而言，一方面，摈弃早已被淘汰的犯罪征表说，将共犯独立性说的理论根基奠定在法益保护的立场上；另一方面，因应区分体系的体系架构，依然承认教唆行为与实行行为存在区别。在教唆未遂的场合，教唆者的教唆行为终究给法益造成了威胁，基于法益保护的立场，当然值得处罚。但是，作为被教唆者的正犯毕竟还没有着手实行犯罪，而未遂犯的“未遂”显然又要以着手实行犯罪为前提。因此，教唆未遂虽然被冠以“未遂”的称谓，但也只是意味着教唆行为本身没有成功，并不意味着真正将教唆者作为未遂犯处理，其在本质上属于犯罪预备行为，只能按照犯罪预备来处罚。可见，在教唆未遂的可罚性问题上坚持共犯独立性说，不仅有利于充分实现法益保护机能，还不会出现与区分体系的架构相冲突的问题。经过根基转换与适当修正的共犯独立性说在法益保护机能的实现方面具有其独到的优势，但是，无须正犯实行行为的限制而只需根据共犯行为本身的情况来判断共犯成立与否的共犯独立性说仍存在扩大处罚范围，不利于彰显人权保障机能的痼疾。

至于我国学者所主张的教唆犯独立性说：首先，就余淦才教授的观点而言：一方面，余教授所谓“在一部刑法里，教唆犯不可能既具有从属性，又具有独立性，即所谓的二重性”的观点，如后文所述，并不准确；另一方面，余教授对教唆犯“独立性”含义的理解，即教唆犯只应就自己的行为危害性来承担刑事责任，完全是其个人的独创，并不符合共犯独立性说的本旨。其实，不管是共犯从属性说，还是共犯独立性说，都不否认共犯只能就自己所实施的行为来承担刑事责任，否则就有

---

① 共犯独立性说的理论根基是犯罪征表说，其是主观主义刑法思想的具体体现，与当前处于绝对支配地位的客观主义刑法思想格格不入。

② 传统的共犯独立性说将教唆行为视为实行行为，与正犯和共犯区分体系的体系架构相矛盾，因为区分体系就是基于共犯的教唆行为或帮助行为与正犯的实行行为在行为类型上存在根本的差异而建构起来的。

③ 参见张明楷：《刑法的基本立场》，中国法制出版社 2002 年版，第 319 页以下。

违个人责任原则。[①] 其次，就刘明祥教授基于单一制正犯体系的立场而主张的教唆犯独立性说而言，鉴于将我国现行的共犯体系定位为单一制正犯体系所存在的诸多问题[②]，刘明祥教授的观点在理论前提上存在问题；另外，即便退一步认为我国采取的是单一制正犯体系，根据该体系的架构，所有给构成要件的实现提供条件的人都被视为正犯，那么，在教唆者已经实施了教唆行为而被教唆者没有犯被教唆罪的场合，对教唆者按照未遂犯进行处罚才是其合理的逻辑归结，但刘明祥教授又认为应构成犯罪预备[③]，这不能不说是与其主张的单一制正犯体系及共犯独立性说相冲突的。最后，就陈兴良教授所主张的教唆犯独立性说而言，虽然符合关于教唆犯法律规定的文理，但却缺乏对共犯独立性说所存缺失的洞察及相应的补救措施，也难言妥当。

（三）教唆犯二重性说之检讨

在我国，以伍柳村教授、马克昌教授为代表的学者，提出了颇具特色的教唆犯二重性说。随后得到了陈兴良教授与赵秉志教授的大力支持[④]，并一度成为在我国刑法界极具影响力的学说。

伍柳村教授指出，在教唆他人实施犯罪的场合，教唆者的犯罪意图只有通过被教唆者进一步的犯罪行为才能实现，即教唆者犯罪意图的实现有赖于被教唆者的犯罪行为，在该种意义上而言，教唆犯具有从属性。接下来，伍柳村教授进一步指出，单独实施犯罪与教唆他人实施犯罪的危害性并不相同。在单独实施犯罪的场合，行为人单纯的犯意表示当然不具有社会危害性，因而不能被认为是犯罪；但在教唆他人实施犯

① 参见［日］大塚仁：《刑法概说（总论）》（第3版），冯军译，中国人民大学出版社2003年版，第243页。

② 参见王光明、毛海利：《两大共同犯罪体系的根本对立及合理性评估——以“共动二重性”为基点》，载《烟台大学学报（哲学社会科学版）》2013年第1期；王光明、房惠颖：《我国共同犯罪的体系归属及解释论建构》，载《甘肃政法学院学报》2013年第5期。

③ 参见刘明祥：《“被教唆的人没有犯被教唆的罪”之解释》，载《法学研究》2011年第1期。

④ 参见陈兴良：《共同犯罪论》（第2版），中国人民大学出版社2006年版，第364～365页；赵秉志：《犯罪未遂形态研究》（第2版），中国人民大学出版社2008年版，第237～238页。

罪的场合，不管被教唆者是否进一步实施了犯罪行为，单纯的教唆就已经与被教唆者发生了社会关系，并表明了教唆行为本身的社会危害性，应当作为犯罪来处罚，在该种意义上而言，教唆犯又具有相对的独立性。所以，教唆犯既具有从属性又具有独立性，即具有二重性。①

与伍柳村教授抽象地讨论教唆犯二重性不同，马克昌教授首先界定了教唆犯从属性与教唆犯独立性的内涵，认为教唆犯的从属性包括犯罪的从属性与处罚的从属性，前者是指教唆犯的成立与停止形态取决于被教唆者犯罪的实施及其停止的形态，后者是指对教唆犯要按照实行犯的刑罚来处罚。如果教唆犯的规定完全符合上述情况，就具有从属性，反之就具有独立性。据此，马克昌教授认为我国 1979 年《刑法》第 26 条第 1 款规定的是教唆者与被教唆者构成共同犯罪的处罚，根据该款规定，只有在被教唆者已经实施犯罪的情况下才能成立教唆犯，所以第 1 款的教唆犯具有犯罪的从属性。但第 1 款同时又规定，教唆犯应该根据其在共同犯罪中所起的作用进行处罚，而非按照实行犯的刑罚进行处罚，又表明其具有处罚上的独立性。1979 年《刑法》第 26 条第 2 款规定的则是教唆者与被教唆者并未构成共同犯罪的处罚规定，即即使被教唆者没有实施犯罪，对教唆者依然给予刑罚处罚，此时的教唆犯既没有犯罪的从属性，又没有处罚的从属性，而只有独立性。据此，马克昌教授认为，我国刑法规定的教唆犯既具有从属性又具有独立性，且主要具有独立性。②

但伍柳村教授与马克昌教授所主张的教唆犯二重性说需要进一步的检讨。首先，伍柳村教授所谓教唆犯的从属性，即教唆者的犯罪意图或犯罪目的只有通过被教唆者进一步的犯罪行为才能实现，实际上是指在教唆他人实施犯罪的场合，若没有被教唆者的犯罪行为，教唆者所教唆的罪就根本无法既遂。然而，共犯从属性说从来没有把犯罪既遂作为问题，恰恰相反，其关注的是在被教唆的人没有着手实行犯罪的场合，是

① 参见伍柳村：《试论教唆犯的二重性》，载《法学研究》1982 年第 1 期。

② 参见马克昌：《论教唆犯》，载《法律学习与研究》1987 年第 5 期。

否需要对教唆者进行处罚的问题。据此，伍柳村教授所言教唆犯具有从属性的主张并不符合共犯从属性说的本旨。至于伍柳村教授提出的无论被教唆的人是否实行犯罪，教唆行为都应该被认为是犯罪，并据此认为教唆犯具有独立性的主张，倒是真正体现了共犯独立性说的本旨。由此观来，伍柳村教授主张的教唆犯二重性说，于本质上乃是教唆犯独立性说。其次，马克昌教授所谓的犯罪从属性，即被教唆者未实施犯罪，则教唆犯无以构成的观点，如果将其中的“未实施犯罪”理解为“未着手实行犯罪”，倒是契合共犯从属性说的基本主张。但其所谓被教唆者构成犯罪既遂、未遂、预备，教唆者亦构成犯罪既遂、未遂、预备也属于共犯从属性内容的观点则存在问题。因为根据共犯从属性说，在教唆他人实施犯罪的场合，即使被教唆者实施了犯罪预备行为，但只要其没有着手实行犯罪，教唆者就不能成立犯罪，而不是像马克昌教授所认为的按照犯罪预备进行处罚。至于被教唆者着手实行犯罪之后，对教唆者究竟是按照既遂还是未遂进行处罚，虽然需要结合共同犯罪的归责原则与犯罪既遂和未遂标准进行判断，但与共犯从属性再无牵涉。另外，马克昌教授所谓的处罚从属性，即对教唆犯的处罚要依照实行犯的刑罚来处罚，只是表明在教唆犯需要处罚的前提下，究竟应该适用什么样的法定刑进行处罚的问题，亦与共犯从属性没有关系。最后，教唆犯二重性说并没有正确把握共犯从属性与独立性的本旨及学说背后的实质根据，得出的结论大都似是而非，反而引起了理论上不必要的混乱，实在难言妥当。

（四）修正的共犯二重性说之提倡

综上所述，共犯从属性说与共犯独立性说虽都具有一定的合理性，但也有明显的不足，如何最大限度地实现两者的优势互补、弊害互克，自然就成了理论发展的基本方向。作为折中的教唆犯二重性说虽然因应了上述理论发展的基本趋势，但遗憾的是，其具体主张要么在本质上属于共犯独立性说，要么误解了共犯从属性说与共犯独立性说的本旨，并未真正实现将两者合理折中的目的。那么，是否据此就能断然认为两种学说根本无法予以折中呢？对此，有必要对国外相关规定予以再考察。

首先，韩国的共犯体系无疑属于区分体系，但《韩国刑法典》第31条第2款、第3款规定却指出：在教唆他人实施犯罪的场合，只要教唆者实施了教唆，即使被教唆者未着手实行，不管其是否承诺实行犯罪，对教唆者也需以阴谋犯或者预备犯进行处罚。据此，韩国刑法关于教唆犯的规定采取的是共犯独立性说。[①] 与之相对，《韩国刑法典》第32条第1款规定，帮助他人犯罪的，以从犯处罚。由于该条款并未明确规定在被帮助者没有着手实行的情况下也要对帮助者予以处罚，这就意味着帮助犯只有在被帮助者已经着手实行犯罪的情况下才能处罚，也就是说，韩国刑法关于帮助犯的规定采取的是共犯从属性说。综上可知，韩国刑法关于共犯的规定，实际上采取了将共犯从属性说与共犯独立性说予以折中的处理模式。

其次，德国的共犯体系无疑亦属于区分体系。《德国刑法典》第26条规定，故意教唆他人故意实施违法行为的是教唆犯。对教唆犯的处罚与正犯相同。第27条第1款规定，对他人故意实施的违法行为，故意予以帮助的，是帮助犯。与此同时，《德国刑法典》第30条第1款又规定，命令他人实施重罪而未遂者，依该重罪的未遂论处。根据《德国刑法典》第26条与第27条第1款的规定，对于教唆犯与帮助犯，由于明确要求只有在被教唆者或被帮助者出于其故意而实施违法行为时才能成立，因此，德国刑法学界没有异议地认为上述立法规定采取了共犯从属性说。[②] 但是，《德国刑法典》第30条第1款的规定表明，在教唆他人实施重罪的场合，即使被教唆者没有着手实行犯罪，对教唆者也应进行

---

① 韩国有学者认为，对"教唆未遂"不以未遂，而以阴谋犯或预备犯进行处罚体现了共犯从属性。参见［韩］李在祥：《韩国刑法总论》，［韩］韩相敦译，中国人民大学出版社2005年版，第435页。但在本书看来，韩国刑法对"教唆未遂"不以未遂，而以阴谋犯或预备犯进行处罚，实际上是在根据共犯独立性说确定对教唆未遂具有可罚性之后，如何对教唆未遂予以处罚的问题，并非体现了共犯从属性说。

② 参见［德］汉斯·海因里希·耶赛克、托马斯·魏根特：《德国刑法教科书（总论）》，徐久生译，中国法制出版社2001年版，第779~780、792~793页；［德］克劳斯·罗克辛：《德国刑法学总论》（第2卷），王世洲等译，法律出版社2013年版，第99页。

处罚。此处关于教唆犯的处罚规定，实际上又采取了共犯独立性说。[①]综上所述，在德国刑法中，对帮助犯完全采取了共犯从属性说，对于教唆犯，则根据其所教唆犯罪的轻重不同，分别采取了共犯从属性说与共犯独立性说。所以，德国刑法对共犯的规定并非完全贯彻共犯从属性说，而是采取了将共犯从属性说与共犯独立性说予以折中的处理模式。

对上述韩、德两国所采取的折中处理模式进行比较：第一，两国刑法对帮助犯都主张共犯从属性说，值得肯定。理由在于，帮助犯毕竟属于二者中最为轻微的犯罪参与形式，对法益的侵犯亦较小，对其的处罚自然应坚持更为限缩的价值取向，所以对之适用最能限缩处罚范围的共犯从属性说是适当的。第二，两国对教唆犯的处理模式不同，韩国完全采取了共犯独立性说，德国则根据所教唆的罪的不同采取不同的措施，对轻罪的教唆采取了共犯从属性说，对重罪的教唆采取了共犯独立性说，相较之下，德国关于教唆犯规定的处理模式更为合理。理由在于，虽然教唆犯与帮助犯在法律上都是共犯，但与帮助犯不同的是，教唆犯作为犯罪的发起者与原动力，对法益的侵害更大，对之处罚的必要性自然也更大；但教唆者毕竟是通过正犯间接侵犯法益，与直接侵犯法益的实行犯相比，其处罚的必要性又相对小一些。如此一来，帮助犯、教唆犯与实行犯对法益侵犯的程度是递增的，对之处罚的必要性亦应呈现比例性递增的特点，对教唆犯的处罚就应介于二者之间。然而，韩国对教唆犯的规定完全采取共犯独立性说，导致与实行犯的处罚没有差别，显得过于苛刻；德国通过重罪、轻罪区分技术，虽然在重罪的情况下对教唆犯采取共犯独立性说，但对于轻罪的教唆仍然贯彻共犯从属性说，处罚的范围更为适中。比较而言，德国刑法的折中处理模式更值得借鉴和

---

① 德国有学者试图通过建构所谓假定的或假设的从属性（认为在教唆者认识的范围内存在从属性），来消解《德国刑法典》第 30 条第 1 款与共犯从属性说之间的紧张关系。参见［德］汉斯·海因里希·耶赛克、托马斯·魏根特：《德国刑法教科书（总论）》，徐久生译，中国法制出版社 2001 年版，第 851 页；蔡桂生：《德国刑法中的杜歇纳条款研究——教唆的未遂的一个域外样本》，载《东方法学》2013 年第 4 期。但在本书看来，德国学者所谓的假定的或假设的从属性，由于缺少构成要件的实际限制，基本上起不到共犯从属性说应有的限定机能，并不符合共犯从属性说的本旨。

提倡。从理论上来说，该种折中处理模式就是共犯二重性说，但其与我国学者所言的“教唆犯二重性说”又有本质区别，为避免混淆，本书将之称为“修正的共犯二重性说”。根据修正的共犯二重性说，对我国《刑法》关于共犯的规定可进行以下解读。

一方面，对《刑法》第 27 条与第 28 条所规定的帮助犯，应彻底贯彻共犯从属性的原理，即在帮助他人实施犯罪的场合，只有在被帮助者着手实行犯罪的情况下，才能对帮助者予以处罚；如果被帮助者没有着手实行犯罪，对帮助者就不应处罚。另一方面，对《刑法》第 29 条教唆犯的部分规定，应做如下解读：

首先，《刑法》第 29 条第 1 款前段“教唆他人犯罪的，应当按照他在共同犯罪中所起的作用处罚”的含义。一如前述，通行的观点大都没有区分教唆犯的处罚前提与具体处罚在共同犯罪量刑中的不同意义，而是基于具体处罚的视角指出，如果在共同犯罪中起主要作用，就按主犯进行处罚，如果在共同犯罪中起次要作用，则按从犯进行处罚。但是，《刑法》关于共犯人类型的法律规定，就共同犯罪的量刑而言，是为了解决其处罚前提的问题，在此意义上，由于教唆犯属于加功于正犯，通过正犯的行为间接侵犯法益的共犯人类型，原则上其违法性比正犯要小，尽管如此，考虑到教唆犯往往是犯罪的原动力，即使其违法性比正犯小，但还没有小到必须对教唆犯规定比正犯更轻的处罚前提的程度。因此，区分体系中，才普遍将教唆犯的处罚原则规定为“判处正犯的刑罚”。显然该处罚原则只是为了解决教唆犯的处罚前提问题，在对教唆犯判处正犯的法定刑的前提下，在具体的刑罚裁量过程中，完全可以根据教唆犯的具体的不法及责任，最终对其判处比正犯更轻抑或更重的刑罚。根据共犯人类型据以解决量刑问题的本来旨趣，即共犯人的处罚前提问题，应当认为，《刑法》第 29 条第 1 款前段的“教唆他人犯罪的，应当按照他在共同犯罪中所起的作用处罚”的含义，其实是指“判处正犯的刑罚”。

其次，《刑法》第 29 条第 2 款“如果被教唆的人没有犯被教唆的罪，对于教唆犯，可以从轻或者减轻处罚”的含义，是指在教唆他人实施“重罪”的情况下，如果被教唆者没有着手实行犯罪，但却接受了教唆，或者不仅接受了教唆，还实施了犯罪预备行为，对教唆犯，可以从轻或者减轻处罚。对第 29 条第 2 款的上述解读，需要说明以下几点：第一，基于对重罪、轻罪的区分①，笔者将第 29 条第 2 款教唆未遂的处罚仅仅限定在重罪上，即在教唆他人实施重罪时才采取共犯独立性说，教唆他人实施轻罪的仍坚持共犯从属性说。第二，在教唆他人实施重罪的情况下，虽然采取共犯独立性说，但也对其作出了适当的限制，即只有在被教唆者已经接受了教唆，或者被教唆者不仅接受了教唆，还进一步实施了犯罪预备行为的情况下，才主张对教唆犯予以处罚。作如此限制的原因是，只有在被教唆者至少接受了教唆的情况下，教唆者与被教唆者才可能形成共同犯罪的意志联系②，教唆者才会对被教唆者形成有效的约束③，对教唆者的处罚也才有必要性。第三，具体到对教唆者的处罚，如果被教唆者仅仅接受了教唆但尚未实施犯罪预备行为，对教唆者既可以适用《刑法》第 29 条第 2 款的规定予以处罚，又可以适用《刑法》第 22 条关于犯罪预备的规定进行处罚。笔者认为，《刑法》第 29 条第 2 款是对重罪教唆未遂这种犯罪预备进行处罚的特别性规定，其与《刑法》第 22 条之间是特别法与一般法的关系，适用时具有优先性。但由于《刑法》第 22 条并未有“本法另有规定的，依照规定”的表述，由此在适用时并不排斥处罚较轻的一般法的适用。所以，修正的共犯二重性说在平衡人权保障与法益保护的同时，还与现行立法相协调，且并未制造处罚上的不均衡。如果被教唆者不仅接受了教唆，还实施了犯罪预备行为，亦可认为二者成立预备阶段的共犯，对教唆犯的处

---

① 我国刑法没有明确区分重罪与轻罪，但鉴于重罪与轻罪的区分具有重要意义，应予区分。至于区分标准，本书赞同郑丽萍教授的主张，即以 5 年有期徒刑为轻罪与重罪的划分界限，法定最高刑为 5 年以下有期徒刑的为轻罪，法定最高刑为 5 年以上有期徒刑的为重罪。参见郑丽萍：《轻罪重罪之法定界分》，载《中国法学》2013 年第 2 期。

② 参见［德］克劳斯·罗克辛：《德国刑法学总论》（第 2 卷），王世洲等译，法律出版社 2013 年版，第 217 页。

③ 参见蔡桂生：《德国刑法中的杜歇纳条款研究——教唆的未遂的一个域外样本》，载《东方法学》2013 年第 4 期。

罚可适用第29条第2款与第22条，还可以适用第29条第1款的规定。

二、要素从属性

围绕共犯的法律性质，除以上所讨论的实行从属性，即从属性的有无问题之外，在肯定共犯具有从属性的前提下，理论上也在探讨要素从属性，即从属性的程度问题，即为了成立共犯并具有可罚性，共犯相对正犯需要具有何种程度的从属性的问题。对此，理论上一般是围绕德国刑法学者M. E. 迈尔所提出的四种从属形态进行讨论。一是最小从属形态，即认为只要正犯符合构成要件就够了；二是限制从属形态，即认为需要正犯符合构成要件并且其行为是违法的；三是极端从属形态，即认为需要正犯具备构成要件符合性、违法性和责任；四是夸张从属形态，认为正犯除具备构成要件符合性、违法性和责任之外，还必须具备一定的可罚条件。① M. E. 迈尔所提出的四种从属形态，在理论上被分别称为最小从属性说、限制从属性说、极端从属性说与夸张从属性说，以下围绕该四种学说展开讨论。

（一）夸张从属性说的意义

围绕要素从属性，虽然学界多是根据M. E. 迈尔所提出的四种从属形态进行讨论，但是也有学者指出，M. E. 迈尔所提出的四种从属形态并不具有同样的意义。如日本学者松宫孝明教授指出，在理解四种从属形态之时，必须就以下情形加以注意：夸张从属形态以外三种从属形态均是对共犯成立的必要条件加以论述。只有夸张从属形态着眼于正犯拥有的加减身份是否对共犯的处罚具有连带作用。所以，像法国刑法所采用的在共犯的成立条件上虽不要求正犯有责任能力，但正犯的加减身份对共犯具有连带作用之立法形式，就可能兼顾采纳了限制从属形态和夸张从属形态。② 换言之，在M. E. 迈尔所提出的四种从属形态中，前三

---

① 参见［日］大塚仁：《刑法概说（总论）》（第3版），冯军译，中国人民大学出版社2003年版，第244页。

② 参见［日］松宫孝明：《刑法总论讲义》（第4版补正版），钱叶六译，中国人民大学出版社2013年版，第214页。

种从属形态与夸张从属形态之间并非择一关系，而是兼容关系。但是，与法国刑法的规定不同，德、日、韩等国刑法均明确规定因正犯固有的身份不对共犯具有连带作用，而否定了夸张从属形态。我国刑法虽然未就共犯的身份进行明确规定，但理论上普遍认为，加减身份对刑罚效果的影响仅及于具有身份的人，并不适用于无身份者，因此，我国的刑法理论实际上也拒绝了夸张从属形态。①

（二）极端从属性说的衰退

极端从属性说曾经在德国、日本刑法理论中占据支配地位，但现在已经完全被淘汰。

在德国，到1943年为止，《德国刑法典》一直规定，教唆是对一种"应受刑事惩罚行为"的明确，帮助是为"实施重罪或轻罪"提供帮助。司法判决与主流意见因此主张：主行为无罪责，参加人就不可能成立犯罪。人们把参加人与实行人的罪责的这样一种结合称为"极端从属性"。② 也就是说，因为《德国刑法典》规定成立教唆犯及帮助犯需要存在正犯的可罚性行为，所以，作为《德国刑法典》的解释，不得不采取极端从属性说。其后，1943年对《德国刑法典》进行部分修改时，把教唆犯及帮助犯的成立要件修正为需要存在正犯"被用刑罚威吓的行为"（第48条第1项、第49条第1项），并且，共犯者与他人的责任无关，只根据自己的责任受到相应的处罚（第50条），自此以后，限制从属性说取代曾经处于支配地位的极端从属性说，成为通说。另外，在第二次世界大战后的德意志联邦共和国，1975年施行的《德国刑法典》总则规定教唆犯与从犯，教唆与帮助的是"故意实施的违法行为"，并且规定"不考虑所有其他人的责任，参与者只根据自己的责任受到处

① 参见钱叶六：《限制从属性说的再提倡——以对最小从属性说的批判为重心》，载《华东政法大学学报》2022年第5期。

② 参见［德］克劳斯·罗克辛：《德国刑法学总论》（第2卷），王世洲等译，法律出版社2013年版，第106页。

罚”，更加明确采用了限制从属性说，并一直延续至今。①

《日本刑法典》第 61 条“实行犯罪”中的“犯罪”一词，认为由于犯罪是符合构成要件、违法且有责的行为，所以，共犯以正犯具有构成要件符合性、违法性以及有责任这三个方面的要素为成立条件，采取了极端从属性说。目前，着眼于《日本刑法典》第 61 条的“教唆他人，使他人实行犯罪”的规定中的“实行”这一点，主张共犯的成立，只要正犯行为是实行行为就够了，不要求具备违法、有责之类的犯罪要素的最小从属性说，与只有在正犯行为符合构成要件，并具有违法性的限制从属性说之间，展开了理论争论，其中，限制从属性说是日本通说。②

在我国，虽然没有学者基于要素从属性的角度明确主张极端从属性说，但根据我国统编教材关于共同犯罪的成立条件以及教唆犯的成立条件的要求，理论上普遍认为，我国的通说实际上采取了极端从属性说。这是因为，关于共同犯罪的主体要件，通说要求两个以上的主体都必须达到刑事责任年龄、具有刑事责任能力。关于教唆犯的成立条件，通说认为教唆不满 14 周岁的人实施犯罪或者教唆已满 14 周岁不满 16 周岁的人实施《刑法》第 17 条规定的 8 种犯罪之外的犯罪，对教唆人应以间接正犯论处。③ 由此可以看出，共犯的成立以正犯必须具备犯罪成立所要求的全部成立条件为基础，否则，利用者只能成立间接正犯，这完全符合极端从属性说的基本主张。

综上所述，在德、日两国，极端从属性说虽然曾经居于支配性地位，但在当前，该学说已经完全衰退。在我国，虽然通说的观点仍然体现了极端从属性说的立场，但该立场受到越来越多的学者的批判质疑，其通说的地位实际上已经被明显动摇，呈现出衰退的趋势。极端从属性

---

① 参见［日］大塚仁：《刑法概说（总论）》（第 3 版），冯军译，中国人民大学出版社 2003 年版，第 244 ~ 245 页。

② 参见［日］大谷实：《刑法讲义总论》（新版第 2 版），黎宏译，中国人民大学出版社 2008 年版，第 370 页。

③ 参见《刑法学》编写组编：《刑法学（上册·总论）》，高等教育出版社 2019 年版，第 229、251 页。

说之所以已经被淘汰或出现衰退的趋势，根本在于其本身存在无法克服的明显缺陷。

第一，极端从属性说明显违背共同犯罪的立法旨趣以及个人责任的基本原理。根据共同犯罪的法律规制存在的基本问题，共同犯罪的立法其实旨在解决在数人共同犯罪的场合，应将不法事实归属于哪些人以及在此基础上应受处罚的处罚前提问题，以此为基础，至于各共犯人具体承担的刑事责任，则完全需要根据各共犯人具体的不法以及责任进行确定。如此说来，在数人共同犯罪的场合，各共犯人具体的责任完全应该根据各共犯人的具体情况来决定，完全不应受其他共犯人的罪责的影响。正因如此，根据《德国刑法典》第 29 条的规定，数人共同犯罪的，各依自己的罪责受处罚，不考虑他人的罪责。但是，根据极端从属性说，共犯人的责任却要依赖于正犯的罪责进行确定，这明显违背了共同犯罪的立法旨趣以及个人责任的基本原理，明显不当。

第二，极端从属性说无法妥当处理间接正犯与共犯的关系。根据极端从属性说，共犯的成立，需要正犯具有完全的罪责，即正犯的行为必须是符合构成要件的违法且有责的行为才能成立，如此一来，例如，在甲教唆 12 岁的乙实施盗窃，乙接受教唆并实施了盗窃的场合，由于乙没有达到盗窃罪的刑事责任年龄而不构成盗窃罪，对甲自然也不能按照盗窃罪的教唆犯处理，这无疑会形成明显的处罚漏洞。为了弥补该处罚漏洞，极端从属性说的论者又主张对甲按照间接正犯进行处罚，此时，间接正犯明显是作为弥补处罚漏洞的替补角色而发挥作用。但是，间接正犯在本质上属于正犯，在区分制共犯体系中，正犯是实施符合构成要件行为的过程中的核心人物或关键角色，与此相对，共犯则是边缘人物或配角，因此，间接正犯的法律评价明显是要重于共犯的。而根据极端从属性说，在参与人不构成共犯的前提下，却构成间接正犯，这一思考方式不仅完全颠倒了区分制共犯体系的内在逻辑和思考顺序，也无法妥当处理间接正犯与共犯的关系问题。正如前田雅英教授所正确指出的那样：“‘间接正犯 = 不能作为教唆来处罚的范围’这一前提存在问题。

对于间接正犯，不是考虑‘非共犯性’，而是有必要具备正犯性。”[①] 正因如此，德国在通过刑法的明确规定放弃极端从属性说而改采用限制从属性说，从而使得由极端从属性说产生的处罚漏洞已经得以弥补的情形下，仍然在刑法中保留了间接正犯的概念。

第三，即使对刑法规定不作修改，极端从属性说也避免不了被淘汰的命运。在德国，固然通过刑法的修改，将被教唆或被帮助的行为明确限定于“故意实施的违法行为”从而不再采用极端从属性说。在日本，综上所述，即使刑法对教唆犯和帮助犯的规定并未进行修改，但理论上着眼于《日本刑法典》第 61 条的“教唆他人，使他人实行犯罪”的规定中的“实行”这一点，表明其未采用极端从属性说。退一步来说，即使着眼于“教唆他人，使他人实行犯罪”的规定中的实行“犯罪”这一点，基于犯罪概念的相对性，也同样可以表明未采用极端从属性说，在我国也是这样。例如，我国学者黎宏教授指出：“刑法中的‘犯罪’一语，并不一定是指完全具备某个犯罪构成四个方面要件的概念，也可能是指具备某种犯罪客观要件即犯罪行为的概念。”[②] 该种理解也为我国刑法规定和司法解释所认可，如我国《刑法》第 310 条关于窝藏、包庇罪的规定中作为窝藏、包庇对象的“犯罪的人”，显然包含没有达到刑事责任年龄而实施犯罪行为的人。2015 年，最高人民法院《关于审理掩饰、隐瞒犯罪所得、犯罪所得收益刑事案件适用法律若干问题的解释》对《刑法》第 312 条“明知是犯罪所得”规定中“犯罪”的解释，也不要求行为主体必须达到刑事责任年龄。该种规定或司法解释，都体现了犯罪概念的相对性。

（三）最小从属性说的兴起

在日本，鉴于极端从属性说已经完全被淘汰，当前，围绕共犯的要素从属性，主要集中于最小从属性说与限制从属性说的理论争议，其

---

① ［日］前田雅英：《刑法总论讲义》（第 6 版），曾文科译，北京大学出版社 2017 年版，第 295 页。

② 黎宏：《刑法总论问题思考》，中国人民大学出版社 2007 年版，第 70 页。

中，限制从属性说是通说，最小从属性说亦是有力说。后者最早为平野龙一教授所主张，并得到了前田雅英、佐伯仁志等学者的支持。在我国，最小从属性说最早由王昭武教授所提倡[①]，最近也得到了阎二鹏教授、周啸天教授等青年学者的有力支持[②]。尽管最小从属性说得到了众多知名学者的支持，但是鉴于大家对该学说无论是其据以立论的理论根基，还是对于具体问题的处理等方面均存在问题，该学说并不值得被提倡。

第一，最小从属性说据以立论的行为构成要件说[③]已经被当前通行的犯罪论体系所淘汰。行为构成要件说，也可谓形式的构成要件论，是指对构成要件只能进行形式的解释，果真如此，则必然会导致在构成要件外就违法性进行伦理的判断时，使实质上不值得处罚的行为也被科处刑罚。为了避免该种缺陷，后来的德国学者对构成要件进行实质的、机能的考察，使构成要件成为违法类型（或违法有责类型），即只要行为符合构成要件，原则上便具有实质的违法性。因为，刑法总是将值得科处刑罚的犯罪行为类型化为构成要件，故构成要件不可能成为价值中立的概念。换言之，立法者在描述构成要件时，必须将为犯罪行为的实质的不法内容奠定基础的要素纳入构成要件。正因如此，德国、日本的犯罪论体系中的违法性阶层，并不是积极地判断行为是否具有违法性，而是判断有无违法阻却事由。[④] 因此，高桥则夫教授正确地指出，最小从属性说，仅仅在构成要件该当这一层面上从属，其含义并不明确，如果没有关联性地考虑与违法及责任的从属性的话，其连带的根据是什么就值得追问，同时这也不得不以不把构成要件理解为违法类型而理解为行

---

① 参见王昭武：《论共犯的最小从属性说——日本共犯从属性理论的发展与借鉴》，载《法学》2007 年第 11 期。

② 参见阎二鹏：《从属性观念下共犯形态论之阶层考察——兼议构成要件符合形态论之提倡》，载《法学论坛》2013 年第 4 期；周啸天：《最小从属性说的提倡：以对合法行为的利用为中心》，载《法律科学（西北政法大学学报）》2015 年第 6 期。

③ 参见［日］高桥则夫：《刑法总论》，李世阳译，中国政法大学出版社 2020 年版，第 392 页。

④ 参见张明楷：《犯罪构成体系与构成要件要素》，北京大学出版社 2010 年版，第 85 ~ 87 页。

为类型的观点为前提。

第二，最小从属性说据以立论的共犯违法的相对性理论[①]存在明显缺陷。就共犯违法的相对性理论而言，其显然是以共犯处罚根据问题上的纯粹惹起说为前提的。纯粹惹起说认为，共犯的不法性不是正犯行为不法所导致的，共犯行为自身具有固有的不法性。据此，既可能肯定“无共犯的正犯”，即正犯违法，共犯合法，例如，在甲请求 A 对其自身实施伤害，但 A 却让甲遭受了危及生命之危险程度的伤害的场合，A 的行为违法，甲的行为合法，又可能肯定“无正犯的共犯”，即正犯合法，共犯违法，例如，在乙唆使 B 对 B 自身实施伤害，B 因此负伤的场合，B 的行为合法，乙的行为违法。[②] 从纯粹惹起说的上述基本观点可以看出，其坚持共犯自身固有的不法性或共犯违法的相对性，放弃了从属性原则，从而不可避免地导致刑罚的过度扩张。[③] 如此说来，纯粹惹起说不仅不能为最小从属性说奠定理论基础，反而会从根本上将其予以消解，进而滑向共犯独立性说。正因如此，日本学者福田平与大塚仁教授认为，最小从属性说已经滑到了共犯独立性说的边缘，我国学者柯耀程教授也认为，最低度从属原则将使得刑法参与类型趋向单一行为人架构发展，而失去从属性的意义。[④]

第三，关于行为人有意创造出“利益纠葛状态”案件中共犯问题的处理方案，最小从属性说也未必比限制从属性说更有优势。

最小从属性说的主张者之所以采取该学说，其中很重要的一个考虑是为了解决“利益纠葛状态”案件中的共犯问题。对此，我国首倡最小从属性说的王昭武教授指出，共犯违法的相对性在行为人有意创造出

---

① 参见王昭武：《共犯最小从属性说之再提倡——兼论帮助信息网络犯罪活动罪的性质》，载《政法论坛》2021 年第 2 期。

② 参见［日］高桥则夫：《刑法总论》，李世阳译，中国政法大学出版社 2020 年版，第 397 ~ 398 页。

③ 参见［德］克劳斯·罗克辛：《德国刑法学总论》（第 2 卷），王世洲等译，法律出版社 2013 年版，第 101 页。

④ 参见张开骏：《共犯限制从属性说之提倡——以共犯处罚根据和共犯本质为切入点》，载《法律科学（西北政法大学学报）》2015 年第 5 期。

“利益纠葛状态”时尤为突出，以正当防卫为例，例如，在X教唆Y去杀Z，同时又教唆并不知情的Z利用正当防卫杀死Y的场合，根据最小从属性说，X具有违法性；又如，甲发现乙欲杀丙，且正持刀扑向丙，为保护丙的生命安全，甲教唆丙杀乙，但丙在无防卫意识的情况下杀死了乙的场合，丙由于不具有防卫意识，其行为具有违法性，甲虽客观上参与了丙的犯罪行为，但仍属于面对急迫不正的侵害，为了防卫他人的权利而实施的行为，属于正当防卫，不具有违法性。[①] 据此，基于承认共犯违法相对性进而在解决“利益纠葛状态”案件的所谓的妥当性判断问题时，提倡采取最小从属性说。

其实，关于“利益纠葛状态”案件中共犯问题的处理，根据限制从属性说，在前一种场合，从X教唆Y去杀死Z的事实角度进行评价，完全可以将X认定为杀害Y的教唆犯，并因此承担相应的刑事责任；在后一种场合，基于结果无价值的立场，尽管丙的行为属于偶然防卫，但是完全可以否定其行为的违法性，从而甲的行为也不能连带地被认定为违法，况且甲还具有防卫意识，最终认定甲的行为成立正当防卫，不承担刑事责任，这也没有任何不妥之处。[②] 退一步来说，在后一种场合，即使甲并不是为了保护丙的生命，而是基于积极地加害丙的意思，教唆丙杀死乙，根据限制从属性说，结论也不会不同。其中的理由在于，教唆、帮助是对正犯行为加功的“二次责任”类型，在正犯阻却了违法性使刑法的介入无法正当化的场合，追究针对正犯行为加功的“二次责任”亦无法正当化，应该认为此时不成立共犯（教唆犯、帮助犯）。[③]

（四）限制从属性说的坚持

鉴于极端从属性说与最小从属性说所存在的缺陷或问题，笔者反对

---

① 参见王昭武：《论共犯的最小从属性说——日本共犯从属性理论的发展与借鉴》，载《法学》2007年第11期。

② 参见张开骏：《共犯限制从属性说之提倡——以共犯处罚根据和共犯本质为切入点》，载《法律科学（西北政法大学学报）》2015年第5期。

③ 参见［日］山口厚：《刑法总论》（第3版），付立庆译，中国人民大学出版社2018年版，第357页。

最小从属性说，赞同限制从属性说。综上所述，限制从属性说在德、日两国是通说，在我国也获得了广泛的支持，如张明楷教授、黎宏教授、周光权教授、钱叶六教授、陈洪兵教授等均支持该学说。①

需要指出的是，共犯的处罚根据，既可能基于修正的惹起说，又可能基于混合的惹起说，而主张限制从属性说。根据修正的惹起说，共犯的从属性则推向前方，共犯不法的根据及其程度就由正犯不法决定。这样就原则性地否定了违法的相对性，并彻底贯彻了违法的连带性，结果就是，既否定了“无正犯的共犯”（如果没有正犯的违法性就没有共犯的违法性），又否定了“无共犯的正犯”（有正犯的违法性就有共犯的违法性）。而根据混合的惹起说，共犯不法被认为是部分从属于正犯不法，部分独立于正犯不法。具体而言，共犯不法是基于共犯行为本身的违法性，与此同时，也是基于正犯行为的违法性，即由共犯的法益侵害这一独立、固有的要素与从正犯行为的不法导出的从属性要素构成的。由于违法的相对性被部分否定部分肯定，其结果，也就一方面否定“无正犯的共犯”（无正犯的违法性就无共犯的违法性），另一方面肯定“无共犯的正犯”（即使具有正犯的违法性也不一定具有共犯的违法性）。②

基于修正的惹起说的限制从属性说过度强调共犯违法的连带性，完全无视共犯自身法益保护的必要性以及共犯不法的独立性，进而导致共犯处罚范围的不当扩张，因而不当。基于混合的惹起说的限制从属性说，既看到了正犯不法对共犯不法的连带作用，又看到了共犯自身法益保护的必要性，以及共犯不法的相对独立性，处罚范围适当，值得赞同。

---

① 参见张明楷：《刑法学》（上）（第6版），法律出版社2021年版，第557页；黎宏：《刑法学总论》（第2版），法律出版社2016年版，第261页；周光权：《刑法总论》（第3版），中国人民大学出版社2016年版，第343页；钱叶六：《限制从属性说的再提倡——以对最小从属性说的批判为重心》，载《华东政法大学学报》2022年第5期；陈洪兵：《最小从属性说与极端从属性说批判——兼质疑王昭武先生倡导的最小从属性说》，载《南京农业大学学报（社会科学版）》2008年第2期。

② 参见［日］高桥则夫：《刑法总论》，李世阳译，中国政法大学出版社2020年版，第398页。

第四章　共犯正犯化

在单一制正犯体系中，其将所有为构成要件的实现提供了条件的人均视为正犯，并就直接正犯人之外的其他正犯人，适用与直接正犯人同一的法定刑，其中自然没有共犯正犯化的问题。与此相对，在区分制共犯体系中，其将所有为构成要件的实现提供了条件的人，根据共犯人参与构成要件的犯行形式的不同，区分为正犯与共犯，并对共犯适用与正犯分离且分层级的法定刑。基于对刑法所规定的共犯与正犯关系予以不同处理的需要，在《刑法》分则中则出现了共犯正犯化的立法模式。在我国，随着现代网络犯罪对传统共犯理论所带来的巨大冲击以及现行立法对此做出的共犯正犯化回应，共犯正犯化逐渐成为当前刑法学界颇受关注的热点问题，并引发了理论上的激烈争论。

一、共犯正犯化的概念界定

众所周知，在区分制共犯体系中，通常认为《刑法》分则关于各罪所规定的构成要件，是直接针对正犯而设立的，而共犯则需要在《刑法》总则中另行设立相关的处罚规定，才能对其进行刑罚处罚。因此，《刑法》总则关于共犯的处罚规定，也被称为刑罚的“扩张处罚事由”，如《刑法》关于教唆犯与帮助犯的处罚规定即如此。当然，在区分制共犯体系中，共犯又有狭义共犯与广义共犯之分，狭义共犯仅指《刑法》总则中所规定的教唆犯与帮助犯，广义共犯则在狭义共犯的基础上，再加上共同正犯。值得指出的是，共同正犯虽然也是由《刑法》总则进行规定，如前所述，其既具有不同于单独正犯的共犯性的一面，又基于共同正犯的处罚原则明显不同于狭义共犯，具有正犯性的一面。换言之，共同正犯是介于单独正犯与狭义共犯之间的一种独立的共犯人类型。因此，在共同正犯的场合，并不存在共犯正犯化的问题。所谓共犯正犯化，实际上仅仅是指狭义共犯的正犯化，即教唆犯与帮助犯的正犯化。以下为了表述的便利，将狭义共犯的正犯化，简称为共犯正犯化。

共犯正犯化，又被称为共犯行为正犯化，关于其概念，学者们的表述并不完全一致。有的学者认为，所谓共犯行为正犯化是指立法机关将实体上的共犯行为规定为正犯，这个意义上的正犯可以说是规范上的正犯而非实体上的共犯，因而是一种拟制的正犯。① 有学者指出，共犯正犯化，是指刑法将原本相对于正犯行为而言的共犯行为，直接提升作为正犯行为处理，并设置独立法定刑的立法模式。② 另有学者针对共犯正犯化中的帮助犯的正犯化指出，所谓帮助犯的正犯化，是指《刑法》分则条文直接将某种帮助行为规定为正犯行为，并且设置独立的法定刑。③ 从以上所征引的学者们的表述中可以看出，关于共犯正犯化的概念，虽然学者们的表述不尽一致，但其间并没有本质的差别，基本上概括出了共犯正犯化的基本特征。尽管学者关于共犯正犯化的概念界定没有引起争议，但是从对共犯正犯化具体适例的分析来看，其关于共犯正犯化的概念理解仍存在相当大的分歧。因此，有必要对共犯正犯化的概念及其基本特征进一步予以分析。

笔者认为，所谓共犯正犯化，是指刑事立法机关将相对于正犯的共犯行为直接在《刑法》分则中规定为正犯，并规定了独立的罪状与独立的法定刑的情形。例如，《刑法》第105条关于颠覆国家政权罪、煽动颠覆国家政权罪的规定与《刑法》第120条之一关于帮助恐怖活动罪的规定，则是其适例。据此，共犯正犯化明显具有以下三个方面的基本特征。

---

① 参见陈兴良：《共犯行为的正犯化：以帮助信息网络犯罪活动罪为视角》，载《比较法研究》2022年第2期。

② 参见钟敏杰、邓毅丞：《共犯正犯化之正当性及其类型研究》，载《江西警察学院学报》2017年第4期。

③ 参见张明楷：《论帮助信息网络犯罪活动罪》，载《政治与法律》2016年第2期。

第一，共犯正犯化作为一种刑事立法现象，只能由立法机关根据立法权限和立法程序，通过立法的形式进行相关规定，其他机关无权行使相关权限。因此，当前学界对所谓司法上的共犯正犯化的观点存在疑问，即最高司法机关通过司法解释的方式在以下两个方面进行了司法上的共犯正犯化，即形式的共犯化、实质的正犯化与直接将帮助行为正犯化。前者具体表现为：最高人民法院、最高人民检察院于 2005 年 5 月 11 日颁布的《关于办理赌博刑事案件具体应用法律若干问题的解释》第 4 条将明知他人实施赌博犯罪活动而为其提供计算机网络等直接帮助的人解释为赌博罪的共犯；2011 年 9 月 1 日施行的最高人民法院、最高人民检察院《关于办理危害计算机信息系统安全刑事案件应用法律若干问题的解释》第 9 条将明知他人实施《刑法》第 285 条、第 286 条规定的计算机犯罪而为其提供互联网接入等帮助的行为，解释为计算机犯罪的共同犯罪；最高人民法院、最高人民检察院、公安部于 2010 年 8 月 31 日联合颁布实施的《关于办理网络赌博犯罪案件适用法律若干问题的意见》中将明知是赌博网站而为其提供服务或帮助的行为，解释为开设赌场罪的共同犯罪。后者具体表现为：2010 年 2 月 4 日施行的最高人民法院、最高人民检察院《关于办理利用互联网、移动通讯终端、声讯台制作、复制、出版、贩卖、传播淫秽电子信息刑事案件具体应用法律若干问题的解释（二）》第 4 条、第 5 条将为网络犯罪提供帮助者直接解释为正犯。①

在笔者看来，所谓前一种情形中的司法上的共犯正犯化，即形式的共犯化、实质的正犯化，实际上只是司法机关对片面共犯的肯定，并非实质的正犯化。在该种情形中，司法解释虽然对传统的共同犯罪理论有所突破，即对于共同犯罪的成立，不再要求共犯人之间必须存在双向的相互的意思联络。单方的片面的意思联络亦可成立共同犯罪。既然司法解释将明知他人实施犯罪而为其提供帮助的行为以共同犯罪论处，表明

---

① 参见于冲：《网络犯罪帮助行为正犯化的规范解读与理论省思》，载《中国刑事法杂志》2017 年第 1 期。

其将为他人实施犯罪提供帮助的人仍然只是认定为共犯，而非正犯，所谓实质上的正犯化也就无从谈起。当然，囿于刑法对共同正犯与共犯所采取的归责原则的根本差异，即“部分行为全部责任”的归责原则与从属性归责的归责原则，共同正犯与狭义共犯对于意思联络主要要件的要求不尽一致，即共同正犯的成立，共同正犯者之间必须具有双向的相互的意思联络，与此相对，狭义共犯的成立，共犯者之间则没有必要也要求必须存在双向的相互的意思联络，这不仅完全符合《刑法》第25条之规定的要求，还符合狭义共犯的本质，因为，狭义共犯原本就应该仅从单方的角度来判断。

至于后一种情形中的司法上的共犯正犯化，即直接将共同犯罪的帮助行为者解释为正犯，也不能被认可。因为如果承认该种情形的共犯正犯化，则司法机关明显越权，相关司法解释也有“重新立法”之嫌①，进而违背罪刑法定原则，因而明显不当。另外，所谓该种情形中的司法上的共犯正犯化，也完全可以予以另一种解读，如陈兴良教授认为，最高人民法院、最高人民检察院《关于办理利用互联网、移动通讯终端、声讯台制作、复制、出版、贩卖、传播淫秽电子信息刑事案件具体应用法律若干问题的解释（二）》第4条之规定，本来就是关于不作为正犯的规定，不应将这种不作为的正犯理解为共犯，然后通过解释再实现所谓的共犯正犯化。②

第二，共犯正犯化是对共犯与正犯关系的一种特别处理方式，而共犯又是相对于正犯而言的，其必须以《刑法》分则中明确规定的正犯为前提。换言之，只有在《刑法》分则已经对正犯进行规定的前提下，对于加功于该正犯的共犯，又在《刑法》分则中被明确为正犯的情形，才属于共犯正犯化。因此，对认为《刑法》第353条规定的引诱、教唆、欺骗他人吸毒罪，第354条规定的容留他人吸毒罪，以及《刑法》第359条规定的引诱、容留、介绍卖淫罪等情形，均属于共犯行为正犯

① 参见阎二鹏：《共犯行为正犯化及其反思》，载《国家检察官学院学报》2013年第3期。

② 参见陈兴良：《快播案一审判决的刑法教义学评判》，载《中外法学》2017年第1期。

化的观点存在问题。[①] 理由在于，上述情形中，吸毒、卖淫行为本身并不是《刑法》分则规定的正犯行为，从而加功于吸毒、卖淫的引诱、教唆、欺骗、容留、介绍等行为，也就不具有共犯的性质，刑法的相关规定自然也就无所谓共犯正犯化。当然，刑法之所以没有将上述吸毒、卖淫行为规定为犯罪，是因为这些行为本身就具有自损性质或行为人本身就是被害人，并不应被刑法处罚。尽管如此，对于加功于这些行为的引诱、教唆、欺骗、容留、介绍等行为，仍属于对他人法益的侵犯，有必要纳入刑法的规制范围。因此，《刑法》第 353 条、第 354 条及第 359 条之规定，实际上仅仅是有关行为犯罪化的单独犯规定，对其直接按照单独犯的原理进行处罚即可，并不需要借助共犯正犯化原理进行处罚。换言之，将上述条文中规定的犯罪行为理解为共犯正犯化，不仅没有任何实际意义，反而会导致概念的混淆。如此说来，上述条文中规定的情形，并不属于共犯正犯化。

第三，共犯正犯化以具有独立的罪状与独立的法定刑为法律标志。《刑法》分则条文最基本的结构，即罪状与法定刑，因此，共犯正犯化的法律标志，也应该是具有独立的罪状与法定刑。据此，认为《刑法》第 244 条第 2 款的规定[②]与《刑法》第 285 条第 3 款的规定[③]均属于共

---

① 参见黎宏：《论“帮助信息网络犯罪活动罪”的性质及其适用》，载《法律适用》2017 年第 21 期。

② 《刑法》第 244 条第 1 款（强迫劳动罪）规定：“以暴力、威胁或者限制人身自由的方法强迫他人劳动的，处……”第 2 款规定：“明知他人实施前款行为，为其招募、运送人员或者有其他协助强迫他人劳动行为的，依照前款的规定处罚。”认为上述规定属于共犯正犯化的观点，参见邓毅丞：《共犯正犯化背景下的从属性困境及理论应对》，载《中外法学》2019 年第 3 期。

③ 《刑法》第 285 条第 1 款（非法侵入计算机信息系统罪）规定：“违反国家规定，侵入国家事务、国防建设、尖端科学技术领域的计算机信息系统的，处……”第 2 款（非法获取计算机信息系统数据、非法控制计算机信息系统罪）规定：“违反国家规定，侵入前款规定以外的计算机信息系统或者采用其他技术手段，获取该计算机信息系统中存储、处理或者传输的数据，或者对该计算机信息系统实施非法控制，情节严重的，处……情节特别严重的，处……”第 3 款（提供侵入、非法控制计算机信息系统程序、工具罪）规定：“提供专门用于侵入、非法控制计算机信息系统的程序、工具，或者明知他人实施侵入、非法控制计算机信息系统的违法犯罪行为而为其提供程序、工具，情节严重的，依照前款的规定处罚。”认为上述规定属于共犯正犯化的观点，参见于冲：《网络犯罪帮助行为正犯化的规范解读与理论省思》，载《中国刑事法杂志》2017 年第 1 期。

犯正犯化的观点存在问题。具体理由如下，如果将该两个条款的规定理解为共犯正犯化，则会存在以下两方面的问题：一方面，从《刑法》第 244 条第 2 款与第 285 条第 3 款规定的情况来看，该两款虽然针对有关犯罪的帮助行为规定了独立的罪状，但均没有规定独立的法定刑，而是按照有关犯罪的正犯的法定刑进行处罚，如此一来，如果将其理解为共犯正犯化，那么，在对这两款规定的帮助行为进行处罚时，就要适用与其加功的正犯同一的法定刑，但是，将作用于同一犯罪构成要件的不同的犯行形式适用同一的法定刑，不仅违反我国区分制的共犯论立场，还会导致处罚不均衡，明显不当。另一方面，从《刑法》第 244 条第 2 款与第 285 条第 3 款规定的具体方式来看，该两款规定的方式基本上完全一致，不同的是，司法解释没有给第 244 条第 2 款的规定确立独立罪名，却给第 285 条第 3 款的规定确立了独立罪名，正因如此，如果按照陈兴良教授主张的观点，即将是否具有独立的罪名与独立的法定刑作为共犯正犯化的法律标志[①]，那么，《刑法》第 285 条第 3 款的规定由于具有独立罪名属于共犯正犯化，《刑法》第 244 条第 2 款的规定由于没有独立罪名则不属于共犯正犯化。可是，刑法中同样的规定，却呈现出不同的法律性质，如此不协调的解释结论显然存在问题。究其原因，可以发现，其中的症结在于，陈兴良教授将独立的罪名与独立的法定刑作为共犯正犯化的法律标志的观点并不合适。因此，笔者认为，只有将独立的罪状与独立的法定刑作为共犯正犯化的法律标志，才能妥当地解决上述不协调的问题。

二、共犯正犯化的理论基础

尽管共犯正犯化已经成为我国现行《刑法》中比较常见的立法现象，也得到学界大多学者的认可，但与此同时，也有不少学者对此质疑，这也反映出关于共犯正犯化的理论基础，学界尚缺乏共识，对此仍

① 参见陈兴良：《共犯行为的正犯化：以帮助信息网络犯罪活动罪为视角》，载《比较法研究》2022 年第 2 期。

有必要予以进一步讨论。

（一）质疑观点商榷

1. 质疑观点之一：逻辑结论存在明显的体系性弊端

提出该质疑观点的学者指出，在区分制共犯体系中，根据限制的正犯概念，实施了构成要件中的实行行为的人是正犯，与此相对，实施了构成要件中的实行行为之外的非实行行为的人是共犯，正犯与共犯的概念泾渭分明，这能够最大限度地保证构成要件的定型性与罪刑法定原则的实现。但在当前占主流地位的实质客观说之下，正犯与共犯的区分，则彻底混淆了构成要件观念。造成该种逻辑悖论的根本原因，是实质客观说混淆了参与类型与参与程度的功能设定，最终使犯罪参与论的意义落空。因此，在实质客观说之下形成的“共犯正犯化”的逻辑结论存在明显的体系性弊端，是为了求得量刑的合理性而舍弃构成要件的定型性的不可取之举。①

在笔者看来，区分制共犯体系下，正犯与共犯本来就是根据共犯人参与构成要件的犯行形式不同而被分为的不同参与类型，通过对其规定不同的处罚原则，从而既解决共犯人的定罪问题，又解决共犯人的量刑问题。换言之，正犯与共犯的区分原本就具有定罪与量刑两方面的功能，否则区分制区分不同的共犯人就没有实际意义。因此，关于正犯与共犯区分的实质客观说，就是解决共犯人定罪量刑问题的现实需要，是对传统的形式客观说的继承与发展，其并不是对区分制共犯体系的颠覆。同理，共犯正犯化亦是基于传统共犯论原理基础上的处理共犯与正犯关系的一种特别处理方式，其逻辑结论并不存在论者所指责的违背区分制共犯体系的体系性弊端。

2. 质疑观点之二：动摇了共同犯罪的根基

有论者以作为共犯正犯化立法例的“协助组织卖淫罪”的规定为例批判指出，在《刑法》明确规定了组织卖淫罪的前提下，又规定了

---

① 参见阎二鹏：《共犯行为正犯化及其反思》，载《国家检察官学院学报》2013 年第 3 期。

独立的协助组织卖淫罪，导致在组织卖淫罪的共同犯罪中，不存在从犯；协助组织卖淫罪的共同犯罪中，不存在主犯，甚至连协助组织卖淫罪本身是否存在共同犯罪都成了问题。这样的规定，明显颠覆了《刑法》总则有关共同犯罪的规定，动摇了共同犯罪的根基。①

笔者认为，上述批判观点既不符合《刑法》规定的实际状况，又误解了共犯正犯化与共犯关系的基本原理。以论者所批判的协助组织卖淫罪的规定为例，一方面，《刑法》虽然将组织卖淫罪的帮助行为，即协助组织卖淫行为正犯化，但并未同时将组织卖淫罪教唆行为正犯化，因此，对组织卖淫进行教唆的人，仍然可以被认定为组织卖淫罪的教唆犯，根据通说的观点，教唆犯并非都是主犯，也可能是从犯，如此说来，组织卖淫罪中，仍然可能存在从犯，何来组织卖淫罪的共同犯罪中，不存在从犯之说。另一方面，即使《刑法》将组织卖淫罪的帮助行为，即协助组织卖淫行为正犯化，其也只是对组织卖淫罪的帮助犯进行了特别规定，并不意味着一并否定了组织卖淫罪的帮助犯；相反，组织卖淫罪的帮助犯完全可能同时存在，其与协助组织卖淫罪之间完全可能存在竞合关系。另外，《刑法》既然将协助组织卖淫行为正犯化，该行为就已经被拟制为正犯行为，对协助组织卖淫罪本身进行加功的共犯行为，也完全可能构成该罪的共犯。因此，协助组织卖淫罪本身是否存在共同犯罪的疑问，也难以成立。

3. 质疑观点之三：扩张了刑法的处罚范围

有论者以《刑法》第 287 条之二规定的帮助信息网络犯罪活动罪为例批判指出，《刑法》第 287 条之二所规定的行为，在刑法理论上属于中立的帮助行为，《刑法》第 287 条之二的规定，将本来还在理论上存在争议的中立帮助行为，一下子提升为正犯行为，这会阻碍整个互联网行业的发展。② 另有论者批判指出，《刑法》第 287 条之二的规定，导

---

① 参见郑伟：《就这样动摇了共同犯罪的根基——论组织卖淫罪与协助组织卖淫罪的怪异切分》，载《法学》2009 年第 12 期。

② 参见车浩：《刑事立法的法教义学反思——基于〈刑法修正案（九）〉的分析》，载《法学》2015 年第 10 期。

致帮助信息网络犯罪活动罪的帮助行为也会被认定为直接帮助行为，进而纳入刑法的处罚范围，这不仅会模糊可罚行为与不可罚行为之间的界限，进而导致处罚范围的扩大，还会阻碍网络科技的发展，刑法立法的严谨性还有待强化。①

尽管当前学界关于《刑法》第287条之二规定的帮助信息网络犯罪活动罪的法律性质仍存在争议，但关于该规定本身，是否就是针对中立的帮助行为的正犯化，也大有商榷的余地，正如张明楷教授所正确指出的那样，对于《刑法》第287条之二的规定，也可以朝着限制中立帮助行为的处罚范围的方向进行解释。首先，从法条文字表述以及与相关犯罪的比较来说，该规定没有扩大处罚范围；其次，从实质上说，也不应当认为该规定处罚所有的中立帮助行为，因为，第287条之二规定的帮助信息网络犯罪活动罪的成立，除要求对网络犯罪活动提供帮助之外，还有情节严重的限制，对于以业务行为表现出来的中立帮助行为，一般不应认定为情节严重，从而难以构成该罪。② 据此，针对共犯正犯化扩张刑法的处罚范围的批判，也不成立。

（二）肯定观点检讨

尽管共犯正犯化的立法现象遭到了部分学者的质疑，但对此予以肯定的观点仍是主流。肯定说基于不同的角度，对之肯定的理由既有共同之处，又具有明显的差异。

例如，有学者指出，对于具有严重社会危害性的帮助行为的定性，最为稳妥的思路，是将其认定为具体犯罪的共犯，在帮助者的主观故意难以查证，尤其是被帮助者未实施犯罪或者不构成犯罪的情况下，帮助犯的正犯化就是解决该问题的首选路径。其背后的直接原因在于，通过犯罪化严密刑法罪名体系，从而解决难以有效评价的帮助行为的定性问题与刑事责任问题。实质原因在于，帮助犯的正犯化源于其自身的独立

① 参见刘艳红：《网络犯罪帮助行为正犯化之批判》，载《法商研究》2016年第3期。
② 参见张明楷：《论帮助信息网络犯罪活动罪》，载《政治与法律》2016年第2期。

性和类型化，以及严重的社会危害性。①

又如，有学者认为，共犯正犯化的正当性根据在于：第一，被正犯化的共犯的行为具有严重的社会危害性，具有构成要件类型性特征；第二，共犯正犯化模式将法益保护前置化，实现积极的一般预防目的；第三，共犯正犯化模式有利于贯彻罪刑相适应原则；第四，共犯正犯化模式弥补传统的共犯处罚“漏洞”。②

再如，有学者主张，共犯正犯化的立法模式背后的正当性法理基底在于：第一，违法性的本质：二元的行为无价值；第二，正犯的概念：刑罚的扩张事由；第三，共犯的性质：共犯从属性的反向证明；第四，刑罚权的界限：可罚阶段的提前；第五，刑事政策的目的性考量：积极的一般预防。③

在笔者看来，以上关于共犯正犯化的正当化根据的各种观点，虽从不同角度，对共犯正犯化的理论基础进行了深入的探讨，也基本上正确地揭示了共犯正犯化的实质依据，值得肯定，但是，上述观点大都没有自觉地将共犯正犯化的理论基础从其与共犯从属性的关系的角度展开说明，导致共犯正犯化的规定与共犯从属性的关系始终不清晰，对共犯正犯化的基本类型的确定及其具体适用也缺乏明确的以及具有可操作性的指导意义，存在不足。

从共犯正犯化与共犯从属性的关系角度来看，共犯正犯化，表面上是通过刑事立法的方式来处理正犯与共犯的关系问题，而对该种处理方式妥当性的理论反思，则需要回归正犯与共犯关系本身进行探讨，如此才能从根本上澄清共犯正犯化的理论基础。就正犯与共犯的关系而言，在采取区分制共犯体系的立法体例中，主流的做法是以正犯为中心而展开说明，其中，共犯的成立，需要受到共犯从属性原理的限制，关于共

① 参见于冲：《帮助行为正犯化的类型研究与入罪化思路》，载《政法论坛》2016 年第 4 期。

② 参见钟敏杰、邓毅丞：《共犯正犯化之正当性及其类型研究》，载《江西警察学院学报》2017 年第 4 期。

③ 参见陈毅坚、孟莉莉：《“共犯正犯化”立法模式正当性评析》，载《中山大学法律评论》2010 年第 2 期。

犯的从属性，又分为实行从属性与要素从属性，前者是指从属性的有无的问题，后者是指从属性的程度问题，其在我国刑法学界通常被当作两个独立的问题分别展开讨论。

然而，有关共犯的实行从属性与要素从属性并非两个独立的问题，而是一个问题，即共犯的可罚性问题的两个方面。具体来说，一方面，实行从属性要求共犯的成立必须以正犯着手构成要件中的实行行为为前提，旨在使共犯的成立受到构成要件的约束，从而满足处罚共犯时的形式法治要求；另一方面，作为要素从属性通说的限制从属性说，之所以要求正犯的行为必须符合构成要件并具有违法性，旨在使共犯的可罚性具有实质上的合理性，从而满足处罚共犯时的实质法治要求。综合来看，不管是实行从属性，还是要素从属性，其背后的根本考量，均在于贯彻罪刑法定原则蕴含的法治国要求，进而实现刑法的人权保障机能。

由此，对于共犯的成立，或共犯的可罚性受到共犯从属性原理的限制，固然能充分彰显刑法的人权保障机能，但对于例如加功于恐怖主义犯罪等严重危害公共安全犯罪的共犯行为，如果均需等到正犯着手实施具体犯罪的构成要件中的实行行为时才进行处罚，则必然导致刑罚的介入过于滞后，从而不利于实现刑法的法益保护机能。相反，若要充分实现刑法的法益保护机能，转而采取全面肯定共犯的独立性的立场，则又会面临违背罪刑法定原则所蕴含的法治国要求，使刑法的人权保障机能遭受严重的挑战的困境。面对如此两难的局面，妥当的做法只能是采取折中的立场，即在原则上肯定共犯从属性的立场，坚守刑法的人权保障机能的前提下，对于因为共犯从属性原理的限制所造成的法益保护不周全的情形，或者对特别重要的法益保护不力的情形，通过共犯正犯化的立法模式肯定共犯可罚的独立性，才是协调刑法的人权保障机能与法益保护机能的最佳方案，而这也正是共犯正犯化的理论基础。

笔者的上述观点在我国现行共犯正犯化的立法规定中也能得到反向的证明。众所周知，我国《刑法》第 29 条第 2 款关于教唆犯的法律规定，明显具有独立性的旨趣，正因如此，在我国现行《刑法》中，鲜见教唆行为正犯化的立法体例。对于帮助犯，由于《刑法》总则缺乏像《刑法》第29条第2款那样的肯定帮助犯独立性的相应规定，而刑法理论的通说又普遍认为，对于帮助犯的处罚，必须全面贯彻共犯从属性的原理，这样一来，若要独立处罚帮助犯，则必须诉诸《刑法》分则对帮助犯正犯化进行特别规定，这也是为什么我国《刑法》中关于共犯正犯化的立法，基本上均是帮助犯正犯化。

三、共犯正犯化的基本类型

（一）既有观点评析

围绕共犯正犯化的基本类型，学者们基于不同的立场，对其理解也不一致，以下结合比较有代表性的若干观点进行讨论。

1. 绝对的正犯化、相对的正犯化与量刑规则说

张明楷教授以帮助犯的正犯化为例，将帮助犯的正犯化的基本类型划分为绝对的正犯化、相对的正犯化与量刑规则三种基本类型。所谓帮助犯的绝对的正犯化（典型的帮助犯的正犯化），是指帮助犯已经被分则条文提升为正犯，与其他正犯没有任何区别，只不过分则条文可能使用“帮助”“资助”“协助”等用语的情形。《刑法》第120条之一第1款规定的帮助恐怖活动罪就是其适例。所谓帮助犯的相对的正犯化，是指帮助犯是否被提升为正犯不可一概而论，需要独立判断帮助行为是否值得处罚的情形。换言之，在这种场合，帮助犯既可能被正犯化，又可能没有被正犯化。在没有其他正犯的场合，帮助犯是否值得处罚，取决于该帮助行为本身是否侵害法益以及侵害的程度。《刑法》第358条第4款规定的协助组织卖淫罪就是其适例。所谓帮助犯的量刑规则，是指帮助犯没有被提升为正犯，帮助犯依然是帮助犯，只是因为分则条文对其规定了独立的法定刑，而不再适用《刑法》总则关于帮助犯（从犯）的处罚规定的情形。《刑法》第287条之二规定的帮助信息网络犯罪活动罪就是其适例。①

① 参见张明楷：《论帮助信息网络犯罪活动罪》，载《政治与法律》2016年第2期。

张明楷教授的上述观点虽然为黎宏教授所赞同①，但也存在明显的问题：第一，所谓绝对的正犯化与相对的正犯化的区分标准不清楚，也难以把握，尤其是相对的正犯化的场合，在《刑法》分则条文已经将有关犯罪的帮助行为明确规定为独立犯罪的前提下，关于其是否值得处罚还要诉诸法官的独立判断，这会导致相关犯罪的司法认定难免流于恣意。第二，量刑规则与帮助犯正犯化的区分标准并不清楚，量刑规则的理论逻辑和功能定位也不清晰。按照张明楷教授的观点，这里的量刑规则既然对犯罪的认定没有任何影响，那就仅仅类似于一种拟制性的纯粹的刑罚适用条款，但是，在《刑法》总则已经对帮助犯的处罚原则作出明确规定，即“从轻、减轻或免除处罚”，且没有任何不当的前提下，这样的规定也没有意义。② 第三，如前所述，共犯正犯化作为一种立法现象，只要《刑法》分则条文就有关犯罪的帮助行为规定了独立的罪状与独立的法定刑，就已经构成共犯正犯化。除此之外，再另立其他标准，则会架空《刑法》分则规定的独立意义，并不合适。③

2. 双层正犯化类型理论

主张该观点的学者将共犯正犯化的基本类型划分为两个层级。在第一层级中，将共犯正犯化划分为真正的正犯化与不真正的正犯化。在第二层级中，真正的正犯化又被划分为完整的正犯化与不完整的正犯化。所谓不真正的正犯化，是指刑法规定的某种行为看似是共犯的行为，但实际上属于正犯的行为的情形；所谓真正的正犯化，是指法律将本应属于共犯的行为规定为正犯的行为的情形。所谓完整的正犯化，是指被正犯化的共犯具有正犯的所有特性，包括定罪层面与量刑层面，即该种情

① 参见黎宏：《论“帮助信息网络犯罪活动罪”的性质及其适用》，载《法律适用》2017 年第 21 期。

② 参见王华伟：《网络语境中帮助行为正犯化的批判解读》，载《法学评论》2019 年第 4 期。

③ 同旨，参见陈兴良：《共犯行为的正犯化：以帮助信息网络犯罪活动罪为视角》，载《比较法研究》2022 年第 2 期；王华伟：《网络语境中帮助行为正犯化的批判解读》，载《法学评论》2019 年第 4 期；刘艳红：《网络犯罪帮助行为正犯化之批判》，载《法商研究》2016 年第 3 期。

形下正犯化的共犯具有完全的独立性，不必再遵循共犯从属性的规定。所谓不完整的正犯化，是指被正犯化的共犯只在量刑层面具有独立性，而在定性层面仍然受到从属性原则的约束。[①]

双层正犯化类型理论，从共犯从属性与共犯正犯化的关系的角度来划分共犯正犯化的基本类型，有利于正确理解共犯从属性与共犯正犯化之间的关系，值得肯定。但该观点也存在问题：第一，论者将一些原本就不符合共犯正犯化基本特征的情形，也纳入共犯正犯化的范围中，如论者在指出不真正的正犯化类型时，就将帮助毁灭、伪造证据罪作为其适例，其实，对于这样的犯罪，直接按照《刑法》分则的规定处罚即可，完全不需要借助共犯正犯化的原理，将这样的规定作为共犯正犯化的类型，不仅没有实益，反而会造成概念的混淆。第二，论者关于完整的共犯正犯化与不完整的共犯正犯化的区分标准，即正犯化的共犯是否具有类型的抽象危险性，实际上是将共犯正犯化的犯罪是否具有从属性的实质判断凌驾于形式判断之上，这不仅违背形式判断优于实质判断的逻辑规则，还缺乏明确性，不具有可操作性。第三，论者虽然注意到共犯从属性原理与共犯正犯化之间的内在联系，但却并未从共犯从属性原理本身所存在的局限角度，来理解共犯正犯化的立法现象，因此，其关于共犯从属性原理与共犯正犯化之间关系的处理，也不妥当。

3. 组织行为的正犯化、教唆行为的正犯化与帮助行为的正犯化

陈兴良教授将共犯行为正犯化的形式或类型划分为组织行为的正犯化、教唆行为的正犯化与帮助行为的正犯化三种类型。所谓组织行为的正犯化是指将作为共犯的实行组织行为的人规定为正犯，所谓教唆行为的正犯化是指将作为共犯的教唆犯规定为正犯，所谓帮助行为的正犯化，是指将作为共犯的帮助犯规定为正犯。[②]

众所周知，在区分制共犯体系中，共犯是相对于正犯而言的，共犯

---

① 参见邓毅丞：《共犯正犯化背景下的从属性困境及理论应对》，载《中外法学》2019年第3期。

② 参见陈兴良：《共犯行为的正犯化：以帮助信息网络犯罪活动罪为视角》，载《比较法研究》2022年第2期。

又包括狭义共犯与广义共犯，前者是指教唆犯与帮助犯，后者是指教唆犯、帮助犯与共同正犯。如前所述，由于共同正犯兼具共犯性与正犯性双重性质，其犯罪的成立，并不受共犯从属性原理的限制，所以，共犯正犯化中的共犯，并不包括共同正犯，而是仅就狭义共犯而言。陈兴良教授将共犯正犯化的基本类型划分为教唆行为的正犯化与帮助行为的正犯化两种类型，具有合理性。但所谓组织行为的正犯化，根据当前占据主流观点的实质客观说，组织行为并不属于共犯行为，而是正犯行为，实行该行为的人与其他正犯者应该成立共同正犯，因此，共犯正犯化的类型中，没有组织行为正犯化存在的空间。至于陈兴良教授作为组织行为正犯化的适例所列举的《刑法》第 103 条第 1 款规定的分裂国家罪等犯罪中包含的组织行为，其实并不是组织行为的正犯化，而是预备犯的既遂化。

（二）笔者的观点

基于以上分析，笔者认为，关于共犯正犯化的基本类型，可以从形式和实质两个方面进行划分。从形式上来说，共犯正犯化中的共犯行为包括教唆行为与帮助行为两种情形，因此，可以将共犯正犯化划分为教唆犯的正犯化与帮助犯的正犯化两种基本类型。从实质上来讲，共犯正犯化的类型划分，需要根据共犯正犯化的理论基础，即共犯从属性原理所存在的不足及相应的救济方案来进行划分。如前所述，关于对共犯的处罚，虽然共犯从属性原理有利于贯彻罪刑法定原则，实现刑法的人权保障机能，但如果彻底坚持共犯从属性原理，则明显具有局限性，即不利于刑法的法益保护机能的实现，为了实现刑法的法益保护机能，只能采取共犯正犯化的折中解决方案，对此，可以将共犯正犯化划分为以下两种基本类型。

一方面，对于那些严重侵犯刑法所保护的重要法益的犯罪行为，如恐怖主义犯罪，对于加功于恐怖主义犯罪的共犯而言，在从属性原理限制之下处罚共犯，会使刑法的处罚过于迟滞，从而难以使法益得到及时有效的保护，因此有必要突破共犯从属性原理的限制，使对该类共犯的处罚的时间节点前移或前置化，对该类共犯的处罚采取共犯正犯化的立法模式就是更为妥当的解决方案，《刑法》第 120 条之一规定的帮助恐怖活动罪就是其适例，该种场合中的共犯正犯化，可以称之为“基于法益保护前置化的共犯正犯化”。

另一方面，对于那些犯罪的性质虽然并非极其严重，但犯罪方式具有特殊性的行为，如针对不特定犯罪分子实施的网络帮助行为，在帮助者加功的正犯难以查处甚至无法查处，或者帮助者对帮助对象实施的犯罪性质不明知，或者帮助者与帮助对象的犯意不一致等场合，根据传统的共犯理论，难以对帮助者按照共犯理论进行相应的处罚，对此，也有必要通过共犯正犯化的立法模式，将网络帮助行为正犯化，为刑法所保护的法益提供周全的保护。《刑法》第 287 条之二所规定的帮助信息网络犯罪活动罪就是其适例，该种场合下的共犯正犯化，可以称之为“基于法益保护补充性的共犯正犯化”。

综上所述，从实质上来说，共犯正犯化的基本类型，可以划分为“基于法益保护前置化的共犯正犯化”与“基于法益保护补充性的共犯正犯化”两种情形。

四、共犯正犯化的适用规则

在理清共犯正犯化的基本原理之后，有关共犯正犯化的适用规则也已经相当清晰，对此简要作如下说明。

第一，共犯正犯化的犯罪的独立性。如前文所述，共犯正犯化作为一种立法现象，实质上是基于法益保护的前置化与补充性需要，为了充分保护法益，不惜突破共犯从属性原理的限制和牺牲一定的刑法的人权保障机能，来实现共犯处罚的独立性。因此，当《刑法》分则将共犯正犯化之后，该类犯罪就与《刑法》分则规定的其他正犯犯罪一样，具有了完全的独立性，对这些犯罪的处罚，就不再以正犯实施了符合构成要件的违法行为为前提，相反，只要符合《刑法》分则条文中共犯正犯化的具体规定，即可根据刑法的相关规定进行处罚。

第二，共犯正犯化的犯罪的共犯可罚性。在共犯正犯化之后，鉴于该类犯罪已经具有完全的独立性，对加功于共犯正犯化的犯罪的共犯行为，亦具有同样的可罚性。例如，对帮助恐怖活动罪的教唆行为或帮助行为，亦具有可罚性，这点比较容易理解。又如，对帮助信息网络犯罪活动罪的教唆行为或帮助行为，亦具有同样的可罚性。以帮助信息网络犯罪活动罪司法实践常见的“两卡”犯罪为例，根据《刑法》第 287 条之二的规定，不仅可以处罚为网络犯罪链条上游环节正犯提供“两卡”的“卡商”，还可以处罚向中游环节的卡商提供“两卡”的“卡农”。

第三，共犯正犯化中的“共犯”与原本正犯的共犯竞合时的处理。在共犯正犯化之后，被正犯化的“共犯”虽然具有了完全的独立性，突破了共犯从属性原理的限制，但这并非对原来正犯的共犯的彻底否定，对于原来正犯的共犯，根据共同犯罪的基本原理，在能够认定的场合，作为共犯正犯化所规定的犯罪的相关规定与原来正犯的共犯的相关规定之间本质上属于法条竞合关系①，如以帮助信息网络犯罪活动罪为例，在网络帮助者的行为既符合帮助信息网络犯罪活动罪的构成要件，又符合网络帮助者所帮助的诈骗罪的共犯的有关规定的情形下，两者之间构成法条竞合，根据《刑法》第 287 条之二第 3 款之规定，依照处罚较重的规定定罪处罚即可。当然，根据法条竞合的适用规则，在缺乏像《刑法》第 287 条之二第 3 款有关依照处罚较重的规定定罪处罚的规定的前提下，在法条竞合的情形下，不能适用重法条对其进行处罚，只能按照特别法优于普通法的原理进行处罚。

① 参见江溯：《帮助信息网络犯罪活动罪的解释方向》，载《中国刑事法杂志》2020 年第 5 期。

第五章　共犯关系脱离

共犯关系脱离，又称共犯脱离、共犯关系的消解、共谋关系的消解、退出参与的犯罪等，是指在共同犯罪实施过程中，部分共犯人中途退出而由剩余共犯人继续完成犯罪的一种现象。共犯关系脱离一旦成立，脱离者不再对剩余共犯人继续实施的犯罪行为及导致的结果承担责任。共犯关系脱离概念发端于日本，由大塚仁教授首倡。

一、共犯关系脱离的法律品格

（一）中止未遂救济说

大塚仁教授认为，根据“部分实行全部责任”以及中止未遂“有效防止结果发生”的法律规定，中途退出者即使为阻止结果的发生作出了认真的努力，但在结果未能阻止的场合，退出者仍需对剩余共犯人继续实施的犯罪行为乃至既遂结果承担责任，导致对其的处罚过于严苛而有失均衡。为寻求刑罚的妥当性与合理性，大塚仁教授提出共犯关系脱离的概念，并通过对脱离者准用障碍未遂的处罚规定，实现处刑的合理性。此说被称为障碍未遂准用说。①

共犯关系脱离者有中止的任意和中止的行为，却未能有效阻止既遂结果的发生，其刑事责任介于犯罪中止与犯罪既遂之间，若对之适用既遂处罚，则处罚过重且有违刑法理念，若适用中止处罚，则处罚过轻且有违刑法规定。障碍未遂准用说通过对共犯关系脱离者适用介于中止和既遂之间的障碍未遂的处罚规定，谋求处刑上的均衡。也就是说，障碍

① 参见［日］大塚仁：《刑法概说（总论）》（第3版），冯军译，中国人民大学出版社2003年版，第295页。

未遂准用说在认可脱离者对既遂结果承担责任的前提下，通过折中的处理方式，寻求处刑上的均衡。从这个意义上来说，大塚仁教授的共犯关系脱离可谓是“中止未遂的救济之策”①，这是大塚仁教授提出共犯关系脱离概念的原点，也是共犯关系脱离理论的法律定位。

障碍未遂准用说建立在脱离者对最终结果承担责任的前提下，在适用时，就没有必要像因果关系切断说那样，将共犯退出前与退出后的行为进行切割，进而讨论能否将脱离后其他共犯者继续实施的行为及导致的结果归责于中途脱离者，而是只需将共犯退出前后的行为视为一个整体，然后通过准用障碍未遂实现处罚的妥当性即可。从这个角度而言，障碍未遂准用说与关注归责范围的共犯脱离理论研究的不是一个层面上的问题。

除野村稔教授和佐久间修教授对障碍未遂准用说表示支持外②，该说在日本所获支持者甚少。究其原因：一是共犯脱离理论是为了解决脱离者的归责范围问题，即能否将脱离后其他共犯人所实施的行为及导致的结果归责于共犯脱离者，而障碍未遂准用说是在接受“部分实行全部责任”的基础上，通过例外准用障碍未遂，以达致处罚妥当性的一种折中措施。障碍未遂准用说并未深入共犯脱离内部并从根源上寻求问题的解决，而是通过共犯脱离之外处罚结果上的责任折中，寻求刑罚的妥当性，这样的处理方式更像是从表面上“抹平”问题，而非真正解决问题。二是障碍未遂准用说既然建立在“部分实行全部责任”的共犯理论上，脱离后的犯罪结果也理应归责于脱离者，仅仅因为脱离者“真挚的努力”就否定对既遂结果的归责，理由难言充分，这恐怕也是大塚仁教授说是“准用”的原因。三是准用障碍未遂，也仅意味着能适用刑罚的任意性减轻。但“既然教唆犯为防止犯罪结果的发生付出了‘认

① 参见［日］香川达夫：《刑法讲义（总论）》，成文堂1995年版，第421页。我国学者刘艳红教授亦持此观点，其认为共犯脱离的法律品格为“中止犯理论的‘救济对策’”。参见刘艳红：《共犯脱离判断基准：规范的因果关系遮断说》，载《中外法学》2013年第4期。

② 参见［日］野村稔：《刑法总论》（补正版），成文堂1998年版，第436页；［日］佐久间修：《刑法讲义（总论）》，成文堂1997年版，第396～397页。

真的’努力，也就意味着教唆犯存在任意性，与未遂犯相比，其有责性或者特殊预防必要性得到减少，准用障碍未遂的规定，显然没有充分评价到这一点”[①]。四是退出者未必都是基于自动性而退出共犯关系，想要继续参与却被其他共犯人拒绝而被迫退出的，或者被保安阻挡在门外无法继续参与而退出的，都需要考察能否将剩余共犯人继续实施的行为及结果归责于退出者，中止未遂救济说将被动脱离一律排除在外，外在表现是限缩了共犯脱离的范围，实质是未能把握共犯脱离的本质。

综上所述，将共犯关系脱离的法律品格定位为中止未遂救济说，值得商榷。

（二）共犯未完成形态说

我国学者陈洪兵教授认为，共犯脱离是学者按照单独犯预备、未遂或中止的成立条件苛求共犯未完成形态而“炮制”出来的理论概念。陈洪兵教授认为，共犯的未完成形态有两种类型：一种是与单独犯未完成罪的成立条件相同，被称为典型的未完成形态，如共犯中止要求同时具备“自动性”与“有效性”条件。另一种是专属于共犯的未完成形态——共犯脱离。根据因果关系切断说，若脱离者切断了与剩余共犯人心理上和物理上的因果关系，则剩余共犯人继续实施的行为或者结果不可归责于脱离者，共犯脱离前的行为则应根据不同情形被分为犯罪预备、犯罪未遂或者犯罪中止。[②] 陈兴良教授基于法教义学的视角认为，“共犯关系的脱离既不同于一般的犯罪中止，又有别于犯罪未遂，是一种较为特殊的共同犯罪的未完成形态”[③]。由于上述说法将共犯脱离视

---

① 姚培培：《论共犯脱离基准：因果关系切断说的重构》，载《清华法学》2020年第2期。

② 参见陈洪兵：《共犯脱离问题的中国方案》，载《甘肃社会科学》2021年第2期。王昭武教授虽未表示共犯脱离是共犯的未完成形态，但其认为，共犯脱离要解决共犯的归责范围（是否对脱离之后的行为及其结果承担罪责）与归责程度（退出之前的行为成立何种犯罪停止形态）问题，就此点而言，和陈洪兵教授是相同的。参见王昭武：《共谋射程理论与共犯关系脱离的认定——兼与刘艳红教授商榷》，载《法律科学（西北政法大学学报）》2016年第1期。

③ 陈兴良：《共犯关系的脱离及其与共犯中止的区分》，载《中国刑事法杂志》2022年第3期。

为专属于共犯的未完成形态，故可称之为共犯未完成形态说。

根据共犯未完成形态说，对是否属于共犯脱离要进行两次判断。第一次是根据因果关系切断说判断能否将脱离后剩余共犯人继续实施的行为或者犯罪结果归责于脱离者，若答案为肯定，则进行第二次的判断，即确定脱离者脱离前的行为应成立何种停止形态。其中，第一次是关于共犯归责范围的判断，第二次是关于共犯归责程度的确定。

但是，共犯脱离理论所要解决的是脱离者对脱离后的行为及其结果是否承担责任的问题，其实质是共犯对结果承担刑事责任的归责范围问题，本质上是共犯论的固有问题；而共犯停止形态理论解决的是共犯人的犯罪形态乃至应如何处罚的问题，其实质是共犯承担刑事责任的归责程度问题，是停止形态理论运用于共犯论而衍生的问题。共犯脱离与共犯停止形态聚焦的问题不同，聚焦问题也不处于同一层面，而共犯未完成形态说将二者混淆在一起，不仅会使固有问题与衍生问题混淆，还会导致共犯脱离定位的偏差和研究重心的偏离，难言妥当。

（三）共犯归责范围说

前已述及，大塚仁教授基于中止失败处罚的严苛而提出共犯脱离，通过准用障碍未遂的规定宽缓对脱离者的处罚。应当说，大塚仁教授虽认识到对共同犯罪简单套用单独犯罪停止形态理论的不合理，但并未对之予以修正，而是通过刑法规范适用的调整寻求处罚上的均衡。

共犯脱离表面上是处罚严苛的问题，但处罚严苛是将既遂结果归责于脱离者而导致的，故共犯脱离实质上是能否将脱离后剩余共犯人继续实施的行为及结果归责于脱离者的问题，这是归责范围的确定问题，是共犯论的核心问题。诚如佐伯仁志教授所言，“共犯论的核心，是能否认定共犯行为引起了法益侵害或侵害危险的共犯的因果性问题，以及在具有因果性的前提下，将共犯构成要件限定在何种范围的共犯的限定性问题”①。将共犯脱离定位为共犯归责范围说，准确描绘了共犯脱离的法律品格，获得众多学者的认同。学者们虽然对于何种情形下共犯关系

---

① ［日］佐伯仁志：《刑法总论的思考方法、享乐方式》，有斐阁2013年版，第370页。

得以解消的理解不同，采用的判断基准不同，但都是在将共犯脱离定位在共犯归责范围说前提下而展开讨论。日本的井上正治教授、西田典之教授、大谷实教授等刑法学家都主张此说，我国的张明楷教授、王昭武教授、刘艳红教授、姚培培博士等也都是此说的赞同者。

二、共犯关系脱离与共犯中止的关系

以“中止未遂的救济之策”身份诞生的共犯脱离，自然与犯罪中止有着千丝万缕的联系，关于二者的关系，也是众说纷纭，可主要归纳为相互排斥关系说、等同关系说及相互包容关系说。

（一）既有观点评析

1. 相互排斥关系说

该说认为共犯关系脱离与共犯中止为相互排斥关系。如共犯脱离的首倡者大塚仁教授认为，犯罪中止必须以犯罪结果防止的有效性为成立条件，共犯脱离并没有满足此条件，故不能评价为犯罪中止。[1] 我国学者陈兴良教授也采用此说，如其认为，共犯脱离仅有主动切断共犯关系的客观效果与主观意愿，却无中止犯获得宽宥的有效性客观基础，故只能以未遂犯论处。[2] 赵慧博士也是此说的拥趸者，认为“成立犯罪中止就无共犯脱离存在的余地”[3]。

但是，共犯脱离解决的是脱离者承担刑事责任的归责范围问题，共犯中止解决的是共犯人的停止形态及如何处罚的问题，是归责程度问题。二者处于不同的层面，解决不同的问题，相互排斥关系说将两个处于不同层面解决不同问题的概念界定为相互排斥关系，违反了关系界定的逻辑性。再者，如果退出者基于任意性而成功脱离，既遂结果将不能归责于脱离者，在停止形态上，脱离者自然应被认定为犯罪中止，此结

---

① 参见［日］大塚仁：《刑法概说（总论）》（第3版），冯军译，中国人民大学出版社2003年版，第295页。

② 参见陈兴良：《共犯关系的脱离及其与共犯中止的区分》，载《中国刑事法杂志》2022年第3期。

③ 赵慧：《论共犯关系的脱离》，载《法学评论》2003年第5期。

论也得到了实务上的肯定。可见，认为共犯脱离与共犯中止为互斥关系的观点是不能成立的。

2. 等同关系说

等同关系说认为共犯关系脱离与共犯中止是等同关系。西田典之教授是此种观点的力倡者，如其认为，着手之后的脱离成立中止犯。[①] 我国学者陆凌教授也持此种观点，认为“一旦成立共犯脱离，即产生犯罪中止的效果”[②]。

此说将共犯脱离与共犯中止等同视之，一个重要原因是认为共犯脱离是“中止未遂的救济之策”，其成立以任意性为条件。但是，以“中止未遂的救济之策”身份诞生的共犯脱离，早已摆脱共犯中止的束缚而成为共犯论中的独立问题，其要解决的是能否将剩余共犯人继续实施的行为及结果归责于中途退出者的问题，至于退出者是否基于任意性而退出，并不重要。故此，共犯脱离与共犯中止的本质并无不同，其也无须囿于“中止未遂的救济之策”的诞生原点而裹足不前。再者，实务中非基于任意性而退出共犯关系的比比皆是，如被其他共犯人拒绝继续参与而被迫退出[③]，被保安阻挡在门外无法继续参与而退出[④]，都需要考察能否将最终的结果归责于退出者，聚焦归责范围的共犯脱离范围不能被人为限缩，将此种情形排除在外，否则无益于实务案件的公正裁判。

---

① 参见［日］西田典之：《日本刑法总论》，刘明祥、王昭武译，中国人民大学出版社2007年版，第304页。

② 陆凌：《脱离共犯关系的行为性质及其效果——基于德、日、美、英相关进路的展开》，载《当代法学》2016年第5期。

③ 日本“打昏被告人案”：被告人与共犯人A等共同对被害人施加暴行造成伤害，致使被害人陷入不能抵抗的状态，此时被告人对被害人的情况表示关心，这一举动惹怒了A，A与被告人发生了争论，在争论过程中A突然打晕了被告人，其后，A等将被告人留在原地，将被害人带到其他地方，继续实施伤害行为。参见名古屋高等裁判所2002年8月29日判决，《判例时报》第1831号第158页。

④ 日本“旅馆拒绝进入案”：共谋强奸，一名共谋者将被害人带进旅馆后，被告人等想要进入旅馆跟该共谋者汇合但被旅馆主人拒绝，于是与共谋者商量后离开，剩下的共谋者单独实行了强奸行为。参见大阪高等裁判所1966年判决，《高等裁判所刑事判例集》第19卷第4号第375页。

3. 相互包容关系说

相互包容关系说认为共犯脱离与共犯中止是包容关系。如大谷实教授认为，共犯脱离应视具体情形分别评价，若脱离行为具有任意性，则成立犯罪中止，否则应评价为犯罪未遂或者犯罪预备。① 我国学者王昭武教授认为，从实质上而言，共犯中止是共犯脱离的一种特殊形式，共犯脱离除包括共犯中止之外，还包括因不具有任意性而成立共犯未遂的情形。除此之外，王昭武教授还进一步指出，“共犯脱离是共犯中止的前提，一旦成立共犯中止当然可视为已成立共犯脱离”②。我国学者陈洪兵教授认为，共犯脱离是专属于共犯的未完成形态，在共犯脱离的情况下，剩余共犯人继续实施的行为及结果不可归责于脱离者，共犯脱离前的行为应根据情况分别评价为犯罪预备、犯罪未遂或者犯罪中止。③

应当说，在共犯脱离语境下，包容关系具有一定的合理性。因为脱离者并不就结果承担责任，故其只能成立犯罪的未完成形态（既遂后脱离的除外），如果脱离者基于任意性而解消了共犯关系，其参与共犯的行为应该被评价为犯罪中止，从这个意义上说，共犯脱离包容了共犯中止，共犯脱离是共犯中止的前提。但是，如果撇开共犯脱离的语境，包容关系就值得商榷，因为共犯中止不仅存在于部分共犯人脱离共犯关系的共犯脱离案件中，还可存在于所有共犯人基于任意性有效防止犯罪结果发生的案件中，如甲、乙、丙三人共谋到丁家去杀丁，三人拿着刀正要进入丁家时，80 余岁的丁母跪在门口向三人求饶，三人怜悯丁母，自动放弃了入室杀丁的犯罪。④ 根据犯罪停止形态理

---

① 参见［日］大谷实：《刑法总论》，黎宏译，法律出版社 2003 年版，第 350 页。

② 王昭武：《我国“共犯关系的脱离”研究述评》，载赵秉志主编：《刑法论丛》第 12 卷，法律出版社 2007 年版，第 134 页。

③ 参见陈洪兵：《共犯脱离问题的中国方案》，载《甘肃社会科学》2021 年第 2 期。持此观点的还有张明楷等学者，参见张明楷：《刑法学》（上）（第 6 版），法律出版社 2021 年版，第 605 ~ 608 页；谢雄伟、张平：《论共犯关系的脱离之根据》，载《学术界》2006 年第 3 期。

④ 参见刘明祥：《论退出参与的犯罪》，载《荆楚法学》2021 年第 2 期。

论，甲、乙、丙均成立故意杀人罪的犯罪中止。此种情形下，共犯中止并不被包容在共犯关系脱离中。所以，不区分语境的包容关系是失之偏颇的。

（二）笔者的观点

相互排斥的关系也好，等同关系也罢，都是将共犯脱离与共犯中止作为同一层面的问题进行讨论而得出的逻辑结论。但是，共犯脱离与共犯中止解决的不是同一层面的问题，也就不能形成互斥或者等同的逻辑关系。包容关系虽然可以是上下隶属问题或概念之间的关系，但共犯脱离与共犯中止不具有隶属性，虽然基于任意性而形成的共犯脱离可以被评价为共犯中止，但共犯脱离并不是共犯中止的上位概念，将二者界定为包容关系也难言妥当。

探讨共犯脱离与共犯中止的关系，不能脱离特定的语境泛泛而论，也不能绕过二者所要解决的问题漫漫而谈。共犯脱离要解决的是能否将剩余共犯人继续实施的行为及结果归责于中途退出者，故其关涉的是归责的边界或者说归责的极限问题，这是共犯论中的固有问题；共犯中止是在脱离者无须对犯罪结果承担责任的前提下，解决脱离者的行为能否被评价为犯罪中止及如何处罚的问题，其通过犯罪停止理论及责任分配的法理，确定对脱离者的归责程度。由此可见，二者在犯罪论中的地位不同，要解决的问题不同，判断的内容及判断的顺序自然会有差异。尽管有的共犯脱离在共犯停止形态的判断上会被评价为共犯中止，看起来有重合的部分，但二者的本质根本不同，实则为两个相互独立的问题，只不过在共犯脱离语境下，共犯中止的成立①需以共犯脱离为前提，共犯脱离成立后，还需继续判断脱离者的停止形态，以确定对其归责的程度。从这个意义上说，共犯脱离是共犯中止的逻辑前提，共犯中止是共犯脱离的逻辑结论。

---

① 共犯中止的成立有两种情形：一是中止者消灭了共犯关系，犯罪结果没有出现；二是犯罪结果出现，但中止者脱离了共犯关系。本章所讨论的共犯中止仅指第二种情形。

三、共犯关系脱离的判断基准

共犯关系脱离与否，需要依据一定的基准予以判断，唯有如此，才能实现对脱离者合理的归责。关于共犯关系脱离的判断基准，学说上存有共同意思欠缺说、共犯关系消解说、共谋射程理论说等多种学说，以下对各学说进行分析评判。

（一）共同意思欠缺说等观点及检讨

1. 共同意思欠缺说及检讨

共同意思欠缺说从主观方面为共犯关系脱离寻找理论依据。共同意思欠缺说认为，共同正犯的行为性格由共同加功的意思（共同意思联络）所塑造，在实施犯罪的过程中，如果欠缺意思联络，就不得再将各共犯人的行为评价为共犯整体行为。共同意思联络欠缺与否的判断标准是为阻止犯罪结果发生所付出努力的真挚程度，而不是是否实际阻止了犯罪结果的发生。据此，表明退出意愿中止参与行为的，即便其他共犯人实现了犯罪结果，脱离者仍有成立中止犯的可能。①

共同意思欠缺说率先对在共同正犯中机械适用“部分实行全部责任”的法理进行反思，就此而言具有积极的意义。共同意思欠缺说以共同正犯的本质是共同意思联络为理论前提，共同意思欠缺也就是共犯脱离的逻辑结论。但是，第一，将共同意思联络作为共同正犯的本质，仅重视共同正犯之间的心理联系，而忽视共同正犯相互之间的物理因果性，未能真正从客观结构上揭示共犯关系的本质，难言合理性，自然也无法为共犯脱离提供合理的前提。第二，共同意思欠缺说无法说明教唆犯、帮助犯的共犯脱离，尤其是无法对片面帮助犯的脱离进行说明，因而未能获得支持。②

---

① 参见［日］井上正治：《共犯与中止犯》，载［日］平野龙一、福田平、大塚仁编：《判例演习刑法总论》，有斐阁1960年版，第209页。

② 参见姚培培：《论共犯脱离基准：因果关系切断说的重构》，载《清华法学》2020年第2期。

2. 共犯关系消解说及检讨

共犯关系消解说以已经成立的共犯关系是否消解为判断基准。大谷实教授认为，共犯脱离必须引起已经成立了的共犯关系的消解。[①] 首先，共犯关系消解是共犯脱离的效果，而非共犯脱离的判断基准，将共犯脱离的效果与判断基准混为一谈，在逻辑上难以自洽。其次，共犯关系消解作为共犯脱离的判断基准，欠缺明确性和可操作性。共犯关系满足哪些要件才算是脱离？共犯关系消解说必须对此进一步进行回答。对此，大谷实教授求诸“脱离者的影响力消灭”或者“新的共犯关系成立”，这实际是在共犯关系消解之外寻求其他的判断标准。最后，“脱离者的影响力消灭”或者“新的共犯关系成立”，本质都是从物理的因果性或者心理的因果性上寻求因果关系切断的依据，从这个意义上说，共犯关系消解说在本质上属于因果关系切断说，也唯有如此理解，才能与大谷实教授在共犯处罚依据上所持的因果共犯论保持逻辑一致性。

3. 共谋射程理论说及检讨

共谋射程理论说以实行行为是否基于当初的共谋而实施作为共犯脱离的判断基准。十河太朗教授认为，在共同正犯中，应根据实行行为是否是基于当初的共谋而实施的进行判断，如果是基于与当初共谋不同的新的共谋而实施，则不能将此实行行为及其结果归责于中途的退出者，这种观点被称为共谋射程理论说。[②] 但是，共谋射程理论说并不合理。

第一，共谋概念具有肯定心理因果性、肯定正犯性、肯定故意三项机能[③]，以同时承担了如此多项功能的共谋概念为核心认定共犯脱离，无法保证判断结论的明确性，无法准确指导司法实践相关案件究竟是否

---

① 参见［日］大谷实：《刑法总论》，黎宏译，法律出版社2003年版，第350页。在我国，支持此观点的有郑泽善教授。参见郑泽善：《共犯关系的脱离》，载《法治研究》2014年第10期。王昭武教授曾经也持此观点。参见王昭武：《共犯关系的脱离研究》，载陈兴良主编：《刑事法评论》第32卷，北京大学出版社2013年版，第116页以下。

② 参见王昭武：《共谋射程理论与共犯关系脱离的认定——兼与刘艳红教授商榷》，载《法律科学（西北政法大学学报）》2016年第1期。

③ 参见［日］桥爪隆、王昭武：《共谋的意义》，载《苏州大学学报（法学版）》2016年第3期。

定心理因果性而导致共犯本身不成立，还是因否定正犯性而仅成立狭义的共犯，抑或是因否定故意而成立没有故意的共犯。[①]

第二，共同正犯具有“共犯性”和“正犯性”两个属性，共谋射程理论说通过对“正犯性”的否定，解决了共同正犯的脱离问题，但被否定“正犯性”的行为仍有成立教唆行为或者帮助行为的可能。共谋射程理论说未能解决共同正犯的“共犯性”问题，从而无法成为教唆犯和帮助犯的脱离的判断基准。正是基于这一点，十河太郎认为共谋射程理论说是因果关系切断说的补充而非替代。

第三，共犯归责包括归责范围和归责程度，前者涉及共犯人对哪些行为及结果承担责任，后者涉及承担正犯之责还是共犯之责抑或是何种停止形态的责任。在判断顺序上，是归责范围的判断在前，归责程度的判断在后，这是共犯认定的逻辑顺序。反观共谋射程理论说，其以对共同正犯“正犯性”的否定为共犯脱离的判断基准，实则是令逻辑顺序在后的归责程度判断承担了逻辑顺序在前的归责范围判断的任务，难言妥当。

第四，共犯脱离研究的是在部分共犯人中途退出的情况下，能否将剩余共犯人继续实施的犯罪（当然包括原共谋之罪）归责于脱离者的问题，但是根据共谋射程理论说，只要实行行为系基于当初的共谋而实施的，就在共谋的射程之内，不成立共犯脱离，这等于是部分架空了共犯脱离的研究内容，并导致实务结论不合理。如在“遇警察逃走案”[②]中，吴某杀死蔡某的行为本就在吴某、王某二人当初的共谋之内，即便

---

① 参见姚培培：《论共犯脱离基准：因果关系切断说的重构》，载《清华法学》2020 年第 2 期。

② “遇警察逃走案”：吴某为杀蔡某准备了菜刀并邀请王某帮忙。一天夜里，吴某、王某在蔡某必经的小巷将其拦住。吴某捅了蔡某一刀扎中蔡某的腹部。蔡某负伤逃跑，吴某、王某紧追。此时警察发现了吴某、王某，二人仓皇逃离。王某逃回家后就睡觉了。吴某在现场某处躲藏，待警察走后，吴某四处寻找蔡某并在蔡某家附近发现了蔡某，吴某持刀连捅蔡某数刀，蔡某倒地身亡。参见刘艳红：《共犯脱离判断基准：规范的因果关系遮断说》，载《中外法学》2013 年第 4 期。

王某遇到警察逃走，其仍应就吴某后来杀死蔡某的结果承担刑事责任①，这是不合理的。

（二）因果关系切断说及遭受的批判

1. 因果关系切断说

因果关系切断说以处罚根据上的因果共犯论为前提，从客观方面为共犯关系的脱离寻找理论依据。因果共犯论认为，与正犯一样，共犯的处罚依据也在于其参与行为与法益侵害结果之间的因果性，若参与行为与法益侵害结果之间并无因果性，则参与者不再对其承担责任。② 因此，当共犯通过自己的脱离行为切断了之前的参与行为与法益侵害结果之间的因果关系时，肯定共犯的脱离，脱离人仅对自己脱离之前的参与行为负责，对脱离之后的行为及结果不承担责任。③

因果关系切断说具有合理性。首先，共犯处罚依据与共犯脱离判断基准解决的是共犯的归责问题与共犯的责任解消问题，二者是一个问题的正反两面，共犯处罚依据为因果共犯论，而因果关系切断说正是基于因果共犯论而提出的判断基准，故而具有理论上的一贯性与逻辑上的自洽性。其次，因果关系切断说重视客观上的因果性，具有作为判断基准的明确性要求。最后，因果关系切断说采取个人责任论，对共犯人的责任进行个别化考察，符合共犯论的法理。基于此，因果关系切断说在日本获得了众多支持而成为日本理论与实务界的通说④，在我国也获得张明楷教授、周光权教授、钱叶六教授等的鼎力支持。⑤

---

① 参见王昭武：《共谋射程理论与共犯关系脱离的认定——兼与刘艳红教授商榷》，载《法律科学（西北政法大学学报）》2016 年第 1 期。

② 参见［日］松原芳博：《刑法总论重要问题》，王昭武译，中国政法大学出版社 2014 年版，第 312 页。

③ 参见［日］西田典之：《日本刑法总论》（第 2 版），王昭武、刘明祥译，法律出版社 2013 年版，第 329 ~ 333 页。

④ 参见［日］山口厚：《刑法总论》（第 3 版），有斐阁 2016 年版，第 377 页；［日］西田典之：《刑法总论》（第 3 版），弘文堂 2019 年版，第 399 页。

⑤ 参见张明楷：《刑法学》（上）（第 6 版），法律出版社 2021 年版，第 605 页；周光权：《刑法总论》（第 3 版），中国人民大学出版社 2016 年版，第 358 页；钱叶六：《共犯论的基础及其展开》，中国政法大学出版社 2014 年版，第 144 页。

2. 因果关系切断说遭受的批判

因果关系切断说虽具有合理性，但也受到了批判，具体如下。

第一，因果关系切断，行为人理应不对与自己的行为毫无因果关联的行为承担罪责，根本无须适用共犯脱离理论。① 此批判以采取因果关系切断说会导致无须适用共犯脱离理论而否定因果关系切断说，看似是对因果关系切断说“釜底抽薪”式的批判，实则杀伤力有限。共犯脱离研究的是部分共犯人中途退出的现象，解决的是剩余共犯人继续实施的行为及结果能否归责于退出者的问题，如果共犯论中的处罚依据能够为归责范围的确定提供合理的判准，虽然共犯脱离的现象不会消失，但共犯脱离的概念并不必须要存在，其完全可以与共犯处罚依据融为一体。正如采取极端从属性说的正犯与共犯区分体系会“制造”间接正犯概念，而单一制正犯体系会“消解”间接正犯概念一样，不能以间接正犯概念的需要与否评判两种体系的优劣，自然，也不能以是否需要适用共犯脱离理论为评判判断基准合理与否的标准。

第二，因果关系切断说认定标准过高，导致因果关系的“切而不断”，从而使共犯脱离理论沦为一纸空谈。批判者认为，根据因果共犯论，共犯的因果性包括物理性因果与心理性因果，如教唆犯通过唤起正犯的犯罪意思而贡献于结果的发生，其因果性几乎完全限于心理因果性；帮助犯如果仅限于强化正犯的犯罪意思，其因果性止于心理性因果，如果帮助犯实施了诸如准备凶器、钥匙，或者望风等行为，则还同时具有物理性因果；共同正犯通过实行行为的分担与心理作用的强化与促进贡献于结果的发生，同样存在心理性因果。② 因果关系的切断要求脱离者对物理性因果和心理性因果的切断，教唆犯不能仅停止教唆，还要消除被教唆者的犯罪意图；帮助犯不仅要撤回所提供的凶器、钥匙

---

① 参见王昭武：《共犯关系的脱离研究》，载陈兴良主编：《刑事法评论》第 32 卷，北京大学出版社 2013 年版，第 105 页。刘明祥教授也表达了同样的观点，参见刘明祥：《论退出参与的犯罪》，载《荆楚法学》2021 年第 2 期。

② 参见［日］西田典之：《日本刑法总论》（第 2 版），王昭武、刘明祥译，法律出版社 2013 年版，第 406 页。

等，还要消除因提供物质性帮助而产生的心理加功影响；共同正犯在消灭物理性帮助的同时，也要消除心理性影响，否则就不会成立共犯脱离。[①] 但“雁过留痕，风过留声”，参与行为的物质性影响或许可以消除，但心理性影响却难以消除，因此，即便脱离者为因果关系的切断付出了真挚的努力，“只要没有阻止犯行，因果性的切断就是不可能的”[②]。大谷实教授据此认为，“在将因果性作为问题时，几乎所有的场合都难以被认定为脱离”[③]。

（三）规范的因果关系切断说及评析

为回应因果关系切断说认定标准过高的批判，也为明确判断标准，增强因果关系切断说的可操作性，学者们对因果关系切断的认定加入了规范的价值的法律的评价，从而将因果关系切断说从“事实认定”转换为“规范评价”，从不同的视角，提出了各种修正的学说。

1. 规范的因果关系切断说总览

（1）脱离行为视角说。盐见淳教授主张从脱离行为的视角规范性地考察共犯脱离问题，认为因果关系的规范化切断，不是考察先前的参与行为对结果的作用或影响是否在事实上丧失，而是能否将中止措施本身规范地评价为脱离。相较于结果之间的因果性，退出者所采取的行动、态度等是否具有作为脱离的“适格性”才具有意义。如果采取了处于行为人之立场下所能实施的、通常情况下足以消灭行为人所引起的危险的措施，就无须研究是否属于异常的因果进程，根据其行为本身就能肯定脱离。[④]

（2）另外的犯罪事实说。岛田聪一郎认为，如果采取了处于行为人立场下所能实施的、通常情况下足以消灭行为人所引起的危险的真挚努力，剩余共犯人仍继续犯罪行为的实施，那么相对于脱离者的真

① 参见［日］山口厚：《刑法总论》（第3版），有斐阁2016年版，第377页；钱叶六：《共犯论的基础及其展开》，中国政法大学出版社2014年版，第144页。

② ［日］松宫孝明：《刑法总论讲义》（补订版），成文堂2018年版，第319页。

③ ［日］大谷实：《刑法总论》，黎宏译，法律出版社2003年版，第351页。

④ 参见［日］盐见淳：《共犯关系的脱离》，载《法学教室》2012年第12号。

挚努力，其余共犯人继续实施的犯罪行为即属于另外的犯罪事实，属于异常事态，应否定其与脱离者的因果关系或者其对脱离者的客观归属。[①]

（3）相当因果关系解消说。井田良教授指出，当退出者将自己行为所产生的危险或者因果性影响解消或者降低到相当低的程度，以致只需要其他实行者对其后的行为与结果承担刑事责任，即便仍然存在条件关系，也应否定因果关系的相当性，对脱离之后的行为及结果不承担刑事责任。[②] 相当因果关系解消说以相当因果关系的解消作为判断标准，获得众多学者的支持，如我国黎宏教授认为，如果退出者表示了脱离的意思并实施了脱离的行为，切断了与其他共犯之间的物理和心理上的相当因果关系，则其对于剩余共犯人所实施的行为及结果不承担刑事责任。[③]

（4）客观归属（责）说。山中敬一从客观归属的视角提出，要完全消除退出者参与犯罪的事实性影响是不可能的，因此应从规范的角度评价因果性贡献。例如，在共谋抢劫并一同实施暴行的过程中，行为人被其余共犯人视为“搅局者”而提出退出，其余共犯人回应“请便”，虽然退出前的因果性贡献的影响并不会因退出而完全解消，但共谋关系已经因就退出合意的达成而解消，对于剩余共犯人此后继续实施的抢劫行为，可以认为退出者已经脱离了共犯关系。[④]

（5）处罚必要性说。前田雅英教授从处罚必要性的角度进行规范评价，其认为，心理因果性的解消是共犯脱离中的主要问题，但解消不是因果性完全归“零”，只要减弱到“不必要对结果归责的程度”就

---

① 参见［日］西田典之、山口厚、佐伯仁志编集：《注释刑法（第1卷）·总论》（岛田聪一郎执笔），有斐阁2010年版，第866页。

② 参见［日］井田良：《讲义刑法学·总论》，有斐阁2008年版，第505页。

③ 参见黎宏：《共犯脱离论文评议》，载林维主编：《共犯论研究》，北京大学出版社2014年版，第49页以下。

④ 参见王昭武：《共谋射程理论与共犯关系脱离的认定——兼与刘艳红教授商榷》，载《法律科学（西北政法大学学报）》2016年第1期。

可以。[1]

2. 规范的因果关系切断说之评析

对因果关系切断与否，盐见淳教授以脱离行为为视角进行规范判断，岛田教授以脱离后剩余共犯人的行为能否被评价为异常的另外的犯罪事实为视角进行规范判断，井田良教授以脱离行为是否在相当的程度上解消了共犯所贡献的因果力为视角进行规范判断，前田雅英教授以因果性是否解消到处罚必要性的标准进行规范判断。应当说，规范的因果关系切断说具有相当的合理性。

第一，作为前提的因果关系切断说具有立场上的妥当性。因果共犯论是将因果关系贯彻于共犯领域而形成的理论。西田典之教授认为，相较于责任共犯论和违法共犯论，作为共犯的处罚依据，因果共犯论更具有合理性。[2] 山口厚教授也指出，过去 30 年共犯论最重要的理论成果，就是作为共犯处罚依据的因果共犯论的渗透。[3] 因此，只要承认因果共犯论作为共犯处罚依据的合理性，共犯脱离采取因果关系切断说就是合理的，因为其是因果共犯论在共犯脱离中的贯彻，故而具有立场上的妥当性。

第二，规范的因果关系切断说具有方向上的正确性。在刑法上，单独犯因果关系的确立要满足条件关系与法律关系。前者是归因的事实判断，属于形式判断；后者是归责的规范判断，属于实质判断。同理，作为共犯处罚依据的因果共犯论，其将因果关系的判断贯彻到共犯论中，因果关系的成立也需要满足归因与归责、事实与规范两个层面的判断。但是，因果关系的切断（解消）与因果关系的成立不同，其不需要对归因与归责同时否定，只要归责不成立，即可否定因果关系的成立，故此，即便共犯人加功的因果性于客观上、事实上并未完全消解，但如果规范

---

① 参见王昭武：《共谋射程理论与共犯关系脱离的认定——兼与刘艳红教授商榷》，载《法律科学（西北政法大学学报）》2016 年第 1 期。

② 参见［日］西田典之：《日本刑法总论》（第 2 版），王昭武、刘明祥译，法律出版社 2013 年版，第 302～304 页。

③ 参见姚培培：《论共犯脱离基准：因果关系切断说的重构》，载《清华法学》2020 年第 2 期。

评价意义上认为不应再归责于脱离者，因果关系亦被切断。规范的因果关系切断说从归责层面判断因果关系的切断，具有方向上的正确性。

另外需要明确的是，因果关系切断说的提出者平野龙一教授和展开者西田典之教授，无论是在因果关系学说的采取上，还是在因果共犯论的贯彻上，都不是条件关系的拥趸者。如西田典之教授不仅旗帜鲜明地赞同相当因果关系（经验的相当说）[①]，还将因果关系切断说贯穿因果共犯论，从未表示因果关系的切断需要完全消除物理性及心理性影响，达到完全否定条件关系的程度。[②] 而批判者认为切断需要达到否定条件关系的程度，要求脱离者溯及性地撤回自己所贡献出来的物理的以及心理的因果力的观点，是仅在条件关系上理解因果关系，从而导致的对因果共犯论的误解。[③]

（四）相当因果关系解消说之提倡

虽然规范的因果关系切断说具有立场上的妥当性和方向上的正确性，且经过“规范性”“软化”的切断说，不仅缓和了判断的标准，还能较好地发挥鼓励犯罪人迷途知返的政策的价值。但在众多的学说中，是否存在能为因果关系切断提供合理标准的学说？如果有，又是哪个学说呢？

1. 规范的因果关系切断诸说检讨

（1）处罚必要性说由于因果倒置而不具有合理性。处罚必要性说以因果性是否解消到无须处罚的程度来判断因果关系的切断，但欠缺处罚必要性（可处罚程度低）是否就意味着没有了因果关系？在因果关系切断与处罚必要性关系上，应当是因果关系切断为因，欠缺处罚必要性为果，是因果关系决定了处罚必要性，而非相反，即便因果关系切断

① 参见［日］西田典之：《日本刑法总论》（第2版），王昭武、刘明祥译，法律出版社2013年版，第89页。

② 参见［日］西田典之：《日本刑法总论》（第2版），王昭武、刘明祥译，法律出版社2013年版，第331～334页。

③ 参见黎宏：《共犯脱离论文评议》，载林维主编：《共犯论研究》，北京大学出版社2014年版，第46页。

与否需要进行规范判断，也不能由果溯因，因果倒置，故而该说不具有合理性。

（2）脱离行为视角说与另外的犯罪事实说作为判断标准不具有合理性。前者聚焦脱离行为，以脱离行为是否足以消灭脱离前行为所引起的危险为判断标准；后者聚焦脱离后行为，以剩余共犯人继续实施的行为是否异常为判断标准。二者都是以共犯脱离因果历程中的某一环节为视角进行判断。但共犯脱离因果历程环节众多，行为复杂（如图 5.1 所示），在发展历程上有脱离前行为、脱离行为、脱离后行为的区分，在犯罪进程中则有预备阶段、实行阶段、既遂后阶段的不同，在行为性质上有贡献因果力、解消因果力的差异。若深入（脱离前）行为内部，在行为类型上还存在首谋型、平等型、追随型的区分和教唆行为、帮助行为、实行行为的区分，在贡献因果力类型上存在物理性因果、心理性因果、“物理性 + 心理性”因果的不同；若将脱离行为与脱离前或脱离后行为联系起来，在程度上存在贡献因果力与解消因果力的比较问题，还存在脱离后其余共犯人行为的异常性问题。面对纷繁复杂的行为及多元性的影响因素，脱离行为视角说和另外的犯罪事实说只强调从某一视角进行规范评价，具有局限性，无法保证判断的合理性。[①]

图 5.1　共犯脱离因果历程

（3）我国不宜采取客观归属（责）说作为判断标准。客观归属（责）说和相当因果关系解消说具有共同性，二者都是以脱离行为是否

① 如有的案件没有明显的脱离行为，故无法依据脱离行为视角说进行判断；如有的案件剩余共犯人依据原共谋内容继续实施，其行为也很难被评价为异常的“另外的犯罪事实”。因此，仅采脱离行为视角说或者另外的犯罪事实说，都具有一定的局限性，也难以保证判断的合理性。

规范地解消了因果关系的相当性为判断标准。[1] 而是否解消了相当因果关系，需要综合各种因素进行评判，故避免了从单一视角或单一因素认定的弊端，具有合理性。

但是，我国不宜采取客观归属（责）说作为判断标准。第一，作为德国刑法通说的客观归属（责）说，是在没有限定实行行为的范围与性质的前提下展开的讨论，且其将过失、认识错误、被害人承诺等本归属于其他领域的内容，纳入客观归责的领域，从而与我国刑法理论所强调的构成要件符合性、实行行为等概念存在冲突。第二，客观归属（责）说并非完美的学说，其归责的具体规则也存在问题，而且，若将其整体引入我国，必然叠床架屋，导致判断的反复性。基于此，即便是赞同客观归属（责）说的张明楷教授也认为，若将客观归属（责）说引入我国，也不能全盘引入，而只能引入真正解决因果关系和结果归属的部分。[2] 在客观归属（责）说本身尚存在问题，且与我国刑法理论存在较大冲突的情况下，不宜将之作为判断基准。

2. 相当因果关系解消说之提倡

相较于其他规范的因果关系切断说，相当因果关系解消说作为共犯关系脱离的判断标准更具有合理性。

第一，相当因果关系解消说具有相当的合理性。首先，相当因果关系解消说在条件关系的基础上，以相当性限缩因果关系的成立范围，是形式判断与实质判断、归因与归责的结合，满足了因果关系的判断要求。其次，相当性是根据一般社会经验，以行为时一般人的认识为标准，该行为在日常生活中通常会产生该结果，当结果的发生对于行为而言是特殊的、异常的时，即不具有相当性。相当性标准在保证实质判断合理性的同时，还能较好发挥刑法行为规范的规制机能，目前是日本刑法理论上的通说。最后，因果关系成立是因果关系切断的反面，当因果关系成立采取相当因果关系说时，切断自然就应采取相当因果关系解消

---

① 参见姚培培：《论共犯脱离基准：因果关系切断说的重构》，载《清华法学》2020 年第 2 期。

② 参见张明楷：《刑法学》（上）（第 6 版），法律出版社 2021 年版，第 231 ~ 234 页。

说，唯有如此，才能实现理论上的一贯性与逻辑上自洽性。

第二，共犯因果关系的成立与单独犯一样，同样需要归因（形式判断）与归责（实质判断）的同时满足，由于归责建立在归因的基础上，是对归因条件关系的限缩，故因果关系的切断就无须对归因与归责同时否定，只需对其归责层面予以否定即可，这是驳斥的逻辑使然。既然因果关系的成立采取相当因果关系说，切断自然就应采取否定因果关系相当性的相当因果关系解消说，因此，共犯脱离以相当因果关系解消说为判断基准，就是当然的逻辑归结。

第三，较之于客观归属（责）说，相当因果关系解消说更具有合理性。二者虽然都是从因果关系视角探索共犯脱离的判断标准，也都避免了以单一视角或单一环节认定的弊端，但相当因果关系解消说与我国的刑法理论更契合，其将客观归属（责）说纳入自己研究范围的过失、认识错误、被害人承诺等内容归属于各自的领域，避免了与我国刑法理论的冲突和矛盾。张明楷教授虽赞同客观归属（责）说，但其认为若引入我国，也只能引入真正解决因果关系和客观归属的部分，而真正解决因果关系与结果归属的部分，与建立在条件说基础上的相当因果关系并无本质差异。①

作为规范的因果关系切断说，相当因果关系解消说作为共犯脱离的判断基准，不仅具有立场上的妥当性、方向上的正确性、理论上的一贯性和逻辑上的自洽性，与处罚必要性说等其他规范的因果关系切断说相比较，相当因果关系解消说还具有上述的优势与合理性，实为共犯脱离判断基准的最佳选择，应予以提倡。

3. 相当因果关系解消说的具体化

相当因果关系解消说的关键在于相当性解消的判断。如图 5.1 所示，一般会存在脱离前行为、脱离行为和脱离后行为，三者对结果的发生分别为贡献因果力、解消因果力和贡献因果力。据此，相当因果关系的解消，关键取决于具有解消因果力的脱离行为和具有贡献因果力的脱

---

① 参见张明楷：《刑法学》（上）（第6版），法律出版社2021年版，第242~246页。

离后行为。如果脱离行为足以解消脱离行为与结果发生之间的相当性，因果关系即被切断；在无（明显）脱离行为或者脱离行为未能明显解消相当性的场合，还应结合脱离后行为的异常性进行判断，方可得出合理的结论。

（1）对脱离行为的判断。

如果脱离行为当时足以解消脱离前行为所贡献的因果力，或者说脱离者当时采取了足以消灭脱离前行为所创制的危险的举措①，那么即使事实上仍存在物理上的或心理上的因果力，也应被规范评价为解消了因果关系的相当性，脱离者无须再对剩余共犯人的继续实施的行为及发生的结果承担责任。至于脱离行为是否是当时所能采取的、通常足以消灭危险的行为，应该“基于各个案件的事实关系，在具体确定共犯行为所创造的危险的基础上，比照社会一般观念”② 来确定。

在“撤回教唆案”③ 中，被告人郭某彬虽挑起了郑某贤给被害方一点“教训”的犯意，但当郑某贤电话叮嘱他人携带砍刀前来时，被告人郭某彬竭力进行劝阻，后来被郑某贤派人拉住；在郑某贤、陈某裕、林某宜三人携砍刀欲冲向被害方所在的烧烤摊时，郭某彬先奋力挣脱他人，然后拉住郑某贤阻止其继续实施行为，郑某贤挣脱了郭某彬的拉拽，终致被害人死亡。在该案中，郭某彬作为教唆者确实挑起了郑某贤伤害他人的犯意，对最终结果的发生贡献了心理性因果力，但其后来撤回了教唆，极力劝阻和防止结果的发生，根据社会一般观念，被告人郭某彬在当时的情景下，为阻止因果关系的向前发展付出了真挚的努力，

---

① 参见吴学龙：《共犯关系脱离新论——以脱离前行为产生作为义务为切入点》，载《安徽警官职业学院学报》2018 年第 6 期。

② ［日］成濑幸典：《关于共犯关系的脱离》，载《立教法务研究》2014 年第7 期。

③ “撤回教唆案”：2009 年 4 月，被告人郭某彬因琐事与王某等人发生矛盾，遂向被告人郑某贤提议给对方一点教训。被告人郑某贤以电话的方式纠集陈某裕和林某宜前来报复，并叮嘱林某宜携带砍刀。被告人郭某彬听到让人带刀过来，即竭力进行劝阻，但被告人郑某贤遂让人拉住郭某彬。陈某裕、林某宜二人到达后，三人各携一把砍刀欲冲向被害人所在的烧烤摊，被告人郭某彬挣脱他人后，上前拉住被告人郑某贤进行阻止，郑某贤击打被告人郭某彬脸部，并踹了一脚，然后与被告人陈某裕继续冲上前去，持刀朝被害人陈某某的腿部、肩部、背部等部位猛砍 10 多刀，被害人陈某某受伤后送医院抢救无效死亡。参见福建省厦门市中级人民法院刑事判决书，（2010）厦刑初字第 6 号。

其所采取的一系列举措，足以解消其教唆行为所贡献的心理性因果力，从被告人郑某贤让他人拉住郭某彬以防止其再干预的行为举止来看，郑某贤已经将郭某彬排除在了共犯之外，郭某彬贡献的因果力已经被解消，也就无须再对最终的死亡结果承担责任。

在前述“遇警察逃走案”中，脱离行为是警察的抓捕行为。依据社会一般观念，行凶过程中遭遇警察抓捕，是足以阻止因果关系继续向前发展的意志以外的因素，王某随后逃回家并睡觉的行为表明，其因警察的抓捕而被动地退出了共犯关系。案件中，尽管王某没有对吴某明确表达退出的意思，但从社会一般人的角度，遭遇警察抓捕，停止犯罪行为是合乎情理的反应，因此，吴某对王某逃离后不会再回来是有充分认知的。“只要剩下的共犯认识到被告人已经不会再跟自己一起继续实施犯罪行为，即使被告人没有表明要脱离的意愿并得到承认，也会认定其切断了心理的因果关系。”① 据此，吴某后来四处寻找蔡某并将其杀死，应规范评价为是由吴某单独实施的犯罪行为，与王某脱离前的行为之间没有任何物理上的或者心理上的因果关系。

但是，在“退出绑架案”② 中，就不能认定脱离行为达到了足以解消脱离前行为所加功的因果力。如在“退出绑架案”中，林某和梁某合谋绑架并共同实行，林某为绑架勒索的实施贡献了心理上的和物理上的因果力，林某若要成立共犯脱离，就应采取足以解消其作为正犯所贡献因果力的措施，但其所做的仅仅是“提出放回—争吵—离开”，在当时的时空背景下，其可以单独采取进一步措施阻止梁某继续实施犯罪行为，也可以与被害人联合起来共同阻止梁某继续实施犯罪行为，还可以

---

① 刘艳红：《共犯脱离判断基准：规范的因果关系遮断说》，载《中外法学》2013 年第 4 期。

② “退出绑架案”：林某和梁某合谋绑架某镇一个体户之子唐某（10 岁），向其家人勒索赎金 30 万元。2001 年 3 月 1 日，两人将唐某骗出，然后强行带往邻县一事先租好的民房内。在路上，唐某吵闹不止，林某心生怜悯，同时也担心案发受惩，提出放唐某回家，但梁某不同意，两人发生争吵。林某遂离梁某而去，到外地一朋友处居住。而梁某则单独将唐某带到邻县，为防止其逃跑，将其捆绑于住处，自己则向唐某家人勒索赎金。唐某家人报案，梁某在接受赎金时被抓获，唐某获救。参见陈兴良主编：《刑法案例教程》，中国法制出版社 2003 年版，第 138 页。

求助路人、朋友、警察等阻止梁某继续实施犯罪行为，在存在诸多可能性的情况下，林某选择了离开，足见其并未为阻止结果的发生付出真挚的努力，也未采取依据一般社会观念足以解消因果力的措施，因果关系并未切断，其仍对其后梁某所实施的绑架罪和敲诈勒索罪承担刑事责任。

如果脱离行为足以解消因果关系的相当性，则可直接认定因果关系切断，共犯关系脱离成立。但是，仅根据脱离行为进行判断具有局限性。一是有的案件中并无（明显的）脱离行为，从而使得脱离行为视角的规范判断或者无法实现，或者难以得出合理的结论，故有必要对脱离后行为进行考量；二是有的案件虽有脱离行为，但脱离行为未能达到明显解消因果关系的程度，为得出合理结论，有必要对脱离后行为综合考量。

（2）对脱离后行为的判断。

脱离后行为能否解消因果关系的相当性，关键在于脱离后行为的异常性。异常性的判断与两个因素有关，一是脱离后行为对脱离前行为的偏离程度，二是相对于脱离行为的异常程度。如果脱离后行为越偏离脱离前行为，表明其异常性越大，越易于解消因果关系相当性；面对脱离行为，如果一般人继续实施的可能性越小，脱离后行为的异常性就越大，越易于肯定共犯的脱离。如在“遇警察逃走案”中，脱离行为是警察的逮捕，面对此情形，一般人都不会再继续，故吴某杀死蔡某的脱离后行为就是异常介入因素，切断了死亡结果与王某脱离前行为之间的因果关系，王某成立共犯脱离。

在“甲苯案”[①]中，从共谋成立后到B出售甲苯，间隔时长为2个多月，在此期间，被告人分散居住，并未就共谋的消解进行了商谈，也未实施任何从共谋关系中脱离的行为。然而东京裁判所认为，共谋的消

① 日本“甲苯案”：曾经一起生活的A、B、C、D、E 5人在窃取6瓶甲苯之际，共谋将其中1瓶留下共同使用，剩下的5瓶卖掉后由5人平分货款，此后5人分住4地，各自使用着窃取的甲苯。在共谋之后2个多月的一天，B将剩下1瓶甲苯出售并独吞了货款。参见东京裁判所1977年9月12日判决，《判例时报》第939号第126页。

解并不限于明示的场合，共谋背景中的各种情况随着 2 个多月的时间经过发生了大幅度变化，在 B 实施出售行为之前，前述共谋在默然中已经消解了，从而认定出售甲苯的行为是 B 的单独犯行为，A 等不必对此负责。[①] 虽然时间是共犯关系消解的判断因素，但其并非唯一因素，在无（明显的）脱离行为的场合，仅依据间隔时间的长短而认定共谋的解消与否，难免会受到判断随意化的质疑。在此情形下，应以之前的共谋为坐标，判断 B 出售甲苯的偏离程度，进而认定 B 的行为是否为异常的介入因素。虽然 5 人就窃取并出售甲苯形成了共谋，但共谋内容是出售 5 瓶甲苯，将 1 瓶留作共用。而 B 出售的恰恰是共谋不可出售的甲苯，故应认定出售行为超出了共谋范围，是共犯因果历程中异常的介入因素，切断了因果关系，成立共犯脱离。

在“偷配钥匙案”[②] 中，甲的行为是否成立共犯脱离，就不能仅聚焦于脱离行为对脱离前行为因果力的解消上，而应当将乙偷配钥匙和使用偷配的钥匙盗窃的行为纳入考量范畴。一般来说，乙会直接使用甲提供的钥匙进行盗窃，但“不走寻常路”的乙却暗自偷配了一把，因此即便甲后来收回了钥匙，乙还是以偷配的钥匙实施了盗窃。虽然甲提供钥匙的行为与乙的盗窃结果之间有条件关系，但其中介入了偷配钥匙并使用偷配钥匙盗窃的异常因素，甲提供钥匙与乙盗窃成功之间的因果关系被切断，其提供钥匙的物理因果性被否定。[③] 至于甲提供钥匙和教唆而加功的心理性因果，则因甲的说服和乙的（假意）被说服而解消，因为根据一般社会观念，在其余共犯人同意放弃犯意的情况下，退出者无须采取更多的措施防止其继续实施，故可认为其实现了对相当性因果关系的否定，乙后来的盗窃属于另起犯意，与甲没有因

---

① 参见东京裁判所 1977 年 9 月 12 日判决，《判例时报》第 939 号第 126 页。

② 日本“偷配钥匙案”：甲向乙交付了 A 家的备用钥匙并教唆其盗窃，后来又后悔了，说服乙并取回了备用钥匙，但是乙只是假装被说服，其实并没有放弃犯意，并且暗中偷配了一把备用钥匙，因而成功盗窃。参见［日］西田典之、山口厚、佐伯仁志编集：《注释刑法（第 1 卷）·总论》（岛田聪一郎执笔），有斐阁 2010 年版，第 865 页。

③ 参见姚培培：《论共犯脱离基准：因果关系切断说的重构》，载《清华法学》2020 年第 2 期。

果关系。

如果在“偷配钥匙案”中，甲说服乙但未取回备用钥匙，乙也只是假装被说服，其实并没有放弃犯意，最后用自己暗中偷配的备用钥匙成功盗窃。甲提供钥匙和教唆盗窃而加功的心理性因果，因甲的说服和乙的（假意）被说服而解消，但其并未收回提供的钥匙，脱离行为并未达到足以解消因果关系的程度。应否将乙盗窃成功归责于甲，则需要联系脱离后乙所实施的盗窃行为进行判断。如前所述，乙偷配钥匙并使用偷配的钥匙盗窃，是一般人所不会采取的异常介入因素，解消了盗窃与提供钥匙之间的物理性因果。故只有综合脱离行为与脱离后行为，才能对相当因果关系的解消形成合理的判断。

四、共犯关系脱离的类型化判断

共犯脱离可以依据不同标准划分为不同的类型，如以脱离行为发生的时间为标准，可以区分为着手前脱离和着手后脱离；以脱离是否出于任意性，可以区分为主动退出型和被动排除型；以参与行为类型为标准，可以区分为教唆犯脱离、帮助犯脱离和共谋共同正犯的脱离。无论是哪种类型的共犯脱离，都需要贯彻相当因果关系解消说标准进行判断。但是，由于脱离行为发生的时间有异，参与行为的类型不同，脱离者在共同犯罪贡献的因果力类型和程度都会有差异，本书以参与类型为纬，以脱离发生时间为经，对共犯关系的脱离进行类型化判断。

（一）教唆犯脱离的判断

1. 着手前脱离的判断

教唆是指使他人产生犯罪决意（犯意）的行为，在共同犯罪中，教唆犯所加功的是心理性因果，故教唆犯的脱离必须切断因教唆行为而产生的心理性因果。但是，一经产生的犯意并不会仅凭教唆者单方取消、撤回就能确实地归于消灭，因而仅向被教唆者表达脱离的意思还不够，还需努力说服被教唆者放弃犯罪。例如在“偷配钥匙案”中，如果甲仅仅是告诉乙不要去实施盗窃，根据一般社会观念，尚不足以消除其教唆行为所挑起的犯意，甲需要进一步说服乙放弃犯意，才有可能被认定为脱离。又如在“改变教唆案”[①] 中，父亲对儿子 B 的教唆内容由教唆实行改为教唆帮助，单方面撤回了教唆实行的内容，但父亲并没有进一步消除 B 实行的心理，故在女儿 C 无法翻越围墙毁坏墓碑时，B 单独实行了犯罪。对此，不能否定父亲的教唆与 B 的实行之间的心理上的因果，父亲仍应对 B 破坏墓碑的结果承担责任。

在教唆者的劝说使正犯暂时中止了犯罪，但其后来又改变主意转而实行，或者正犯仅在表面上同意了教唆者的劝说，实质上从未放弃犯意的场合，西田典之教授认为认定因果关系被切断是不妥当的。[②] 但此观点有商榷余地。诚如前述，相当因果关系的切断无须对归因条件关系与归责法律关系同时予以否定，只要否定了归责层面的相当性，因果关系即被切断。因此，根据一般社会观念，如果教唆者为说服被教唆者付出了真挚的努力，而一般人在当时不会再继续实施犯罪，或者在教唆者的说服下，被教唆者表示放弃犯罪，即便是假意或者表面放弃，在教唆者对被教唆者真实想法无法得知的情况下，都不能再将之后的犯罪结果归责于教唆者，否则就违背了一般人的法期待，过于严苛。

2. 着手后脱离的判断

如果教唆者在被教唆者着手正犯行为后脱离，则其不仅要撤回教唆，消除被教唆者的犯意，还需要为避免结果发生而付出真挚努力。“雇凶杀人案”[③] 中，在乙实施杀人行为的时候，甲不仅撤回教唆，还采取了其在当时情景下所能采取的多种防止措施，虽然未能实际阻止犯

---

① 日本“改变教唆案”：父亲 A 教唆儿子 B 和女儿 C 一块儿去损坏墓碑。在 B、C 出发之际，A 认为如果让女儿 C 去毁坏墓碑的话，她是不会怀疑的，于是 A 改为作出让 C 单独毁坏墓碑、B 仅需同行的指示。但由于 C 无法翻越墓地的围墙，结果 B 单独实行了犯罪。参见［日］西田典之：《共犯理论的展开》，江溯、李世阳译，中国法制出版社 2017 年版，第 296 页。

② 参见［日］西田典之：《共犯理论的展开》，江溯、李世阳译，中国法制出版社 2017 年版，第 297 页。

③ 设例“雇凶杀人案”：甲雇乙杀害自己的妻子，在乙行凶时，甲恰逢在现场。在乙捅刺妻子第一刀（刺中大腿）后，甲回忆起二人曾经过往，心生悔意，立马告知乙撤回雇佣，并试图制止乙继续，但乙并不理会甲的劝阻与制止，在捅刺了甲两刀后又继续捅刺甲妻子腹部、心脏等部位。甲拨打 120 将妻子送医，但终因匕首捅刺心脏而死亡。经鉴定，甲为一级轻伤。

罪结果的发生，但根据一般社会观念，这些脱离措施足以消除被教唆者的犯意，足以制止被教唆者继续实施，从规范评价视角，对脱离者予以归责的相当性被解消，共犯脱离成立，甲仅对捅刺的第一刀及之前的行为承担责任。

（二）帮助犯脱离的判断

帮助是使已有犯罪决意之人的犯行更加容易的行为，帮助犯所加功的内容包括提供资金、钥匙等使正犯行为更加容易的有形物理性帮助，提供被害人情报、传授犯罪方法等使正犯行为更加容易的无形技术性帮助①，通过激励、加功约定等消除心理障碍强化正犯犯意的无形心理性帮助。

1. 着手前脱离的判断

如果脱离发生在着手之前，则帮助行为本身的因果力有限，根据一般社会观念，物理性帮助者，只需要收回自己所提供的资金、钥匙等有形帮助，即可成立共犯脱离，即便物理性帮助强化了正犯的犯意，取回工具本身也足以消灭心理性帮助；在技术性帮助的场合，其无形帮助的特点决定了无法通过撤回帮助而消灭加功，此帮助情形如同教唆犯，需要通过说服或阻止等方法实现共犯脱离②；对于强化犯意的心理性帮助，只要以语言或者行动表达了脱离的意思，并为其他共犯人所知悉，即可认为切断了相当因果关系，成立共犯脱离。在“盗窃寡妇案”③

① 有学者认为技术性帮助属于无形帮助，将其纳入心理性帮助的范畴；也有学者认为其属于对正犯行为的帮助，因此将其纳入物理性帮助的范畴。本书则基于其加功于行为而非心理，不将其纳入心理性帮助的范畴；同时，由于其属于对行为的无形加功，与有形加功的物理性帮助不同，因此将之作为一种独立的类型。

② 参见王昭武：《共犯关系的脱离研究》，载陈兴良主编：《刑事法评论》第32卷，北京大学出版社2013年版；温登平：《论帮助关系的脱离》，载赵秉志主编：《刑法论丛》第45卷，法律出版社2016年版。

③ 日本“盗窃寡妇案”：B向A请教：“什么地方容易入室盗窃？”A告诉B：“前面的山上，一位带着两个孩子的寡妇开着一家店。不仅易入室，而且今天是煤矿结算的日子，因为收欠款所以（家里）会有许多钱。”于是A、B、C、D形成了对寡妇实施抢劫的共谋。但着手前，A领悟到了抢劫的罪恶并独自中止了犯罪而离开。B、C、D在察觉A的中止之后，仍然继续实行犯行并达到既遂。参见东京高判昭和25年9月14日高刑集第3卷第3号第407页。

中，被告人 A 向 B 等提供了入室强盗的合适场所及合适时间，属于提供信息的技术性帮助，仅仅凭借撤回消息尚无法消灭贡献的因果力，根据一般社会观念，其还需要以劝说等方法消除加功的心理因果力，但在该案中，被告人 A 仅以独自离开的方式退出共犯，尚不能认为独自离开行为能解消因果关系，共犯脱离不成立。

2. 着手后脱离的判断

如果脱离发生在正犯着手之后，除却前述的措施外，若行为有导致犯罪结果发生可能性，帮助犯还需采取报警、告知被害人等方法避免结果发生，此措施不要求实际避免危害结果的发生，但根据社会一般观念，其应为防止结果发生付出真挚努力，要具有防止结果发生的实在可能性。着手后之所以要求帮助犯采取更有力的脱离行为，是因为其所贡献的因果力随着因果历程向前推进，产生了更大的危险性，故要求其消除危险的行为更有力。

（三）共谋共同正犯脱离的判断

1. 着手前脱离的判断

对于着手前的共谋共同正犯，其所加功的是心理性因果力，共犯脱离的判断依据前述对教唆犯的认定即可。

2. 着手后脱离的判断

着手后的脱离标准，则存在不同观点。一种观点认为，共同正犯具有“共犯性”和“正犯性”，共同正犯关系的整体解消，需要“正犯性”和“共犯性”双重意义上的解消。[①] 另一种观点认为，与仅有“共犯性”的狭义共犯关系的解消不同，共同正犯关系的解消，仅解消其“正犯性”即可，如果还要求规范地切断“共犯性”因果关系，则属于过度的要求，并不妥当。[②]

上述观点并不合理。第一，诚如前述，共犯脱离的理论旨趣在于解

---

① 参见王恩海、李胜男：《论共同正犯的脱离基准——以共同正犯的本质构造为切入点》，载《广西警察学院学报》2023 年第 1 期。

② 参见［日］山中敬一：《共谋关系的脱离》，载《立石二六先生古稀祝贺论文集》，成文堂 2010 年版，第 109 页。

决脱离后剩余共犯人继续实施的行为及结果能否归责于脱离者的问题，其解决的是归责范围的确定问题。而“正犯性”涉及的是正犯与共犯的界分问题，虽然正犯的法效果为“部分实行全部责任”，正犯需对全部结果承担责任，涉及归责范围问题，但其更突出强调的是参与者应承担“正犯之责”，这是归责程度问题。从“正犯性”上寻求共同正犯解消的标准，存在方向性上的错误。第二，退出者即便解消了“正犯性”，不再具有支配性地位，也未必一定能从共犯关系中脱离，其还可能从支配性地位下滑为边缘者地位，对构成要件的实现仍继续贡献着物理上的或心理上的因果力，根据因果共犯论，退出者仍需对其退出后的行为及结果承担责任，归责的范围并未发生变化，共犯脱离不能成立。综上可知，虽然共同正犯和狭义共犯参与共犯的形式有异，但其都是共犯的参与者，立足于共犯脱离理论解决归责范围的旨趣，共同正犯的脱离标准和狭义共犯并没有不同，只有解消了因果关系归责的相当性，或者说规范性地切断了因果关系，才可彻底实现对中途退出者归责的否定。

理论上，可将共谋共同正犯区分为“首谋型”、“平等型”和“追随型”，不同共谋者在共同犯罪中的地位作用、所贡献的因果力类型及程度等存在明显差异，对共犯脱离的要求也不相同。如首谋型的共同正犯，其往往是共同犯罪中的造意者、支配者、推动者，要成立共犯脱离，仅自己退出或者放弃犯意是远远不够的，其应采取必要措施，消除其余共同正犯的犯意，将关系恢复到共谋成立之前的状态。① 对于平等型的共同正犯，根据社会一般观念，在脱离行为足以解消物理上的和心理上的因果力的情况下，可以认为其规范地切断了因果关系。例如在“我们走吧案”② 中，甲男、乙男即属于平等型的共同正犯，乙男为消

---

① 参见刘艳红：《共犯脱离判断基准：规范的因果关系遮断说》，载《中外法学》2013年第4期。

② 设例“我们走吧案”：甲男、乙男欲强奸丙女，乙男因为丙女的苦苦哀求决定放弃奸淫，对甲男说“我们走吧”，随即独自离去。后甲男单独强奸了丙女。参见陈洪兵：《共犯脱离的处理》，载陈洪兵：《共犯论思考》，人民法院出版社2009年版，第186、202页。

除因果力而采取的措施仅仅是“我们走吧 + 独自离去”，站在社会一般人角度，并不足以解消其所贡献的因果力，因此陈洪兵教授认为乙男消极离去的行为成立共犯脱离的观点并不合理。又如在前述“旅馆拒绝进入案”中，行为人因旅馆拒绝其进入而被动退出共犯关系，其和其余共谋者商量后离开。在此种情形下，行为人对其余共谋者的心理性因果并未消除，故不成立共犯脱离。但是，在前述“打昏被告人案”中，作为平等参与者的被告人被共同正犯 A 打昏，表明被告人已经被 A 排除出去，这是足以解消物理性和心理性因果力的脱离行为，对被告人而言，被排除出去即意味着共犯脱离的成立。

第六章　间接正犯与共犯

间接正犯是“通过他人实现犯罪”[①] 的一种正犯样态。对于间接正犯，我国刑法未予明确规定，但刑法学界[②]及司法实务[③]都广泛接受了此概念。但是，近年来，我国学者主张消解间接正犯的声音渐长，因此有必要回溯历史，对间接正犯概念的生成原点及发展变迁予以考察。

一、间接正犯的生成考察

（一）间接正犯的生成土壤：限制的正犯概念

间接正犯概念的形成，需要回溯至刑法上行为人的概念，也就是“谁才是刑法要处罚的对象”。[④] 对此，刑法上有扩张的正犯概念（广义犯罪人）和限制的正犯概念（狭义正犯人）之分。

扩张的正犯概念认为，所谓犯罪，并不一定要求行为人亲自实施不法构成要件所描述的行为。行为人的行为在事实上对于不法构成要件的实现有因果关系的就算是犯罪。[⑤] 可见，扩张的正犯概念以因果关系理

---

① 张明楷：《刑法学》（上）（第6版），法律出版社2021年版，第523页。

② 参见林山田：《刑法通论》（上册），北京大学出版社2012年版，第20页；张明楷：《刑法学》（上）（第6版），法律出版社2021年版，第523页；付立庆：《间接正犯概念的必要性及其具体判断》，载《社会科学辑刊》2020年第4期；武晓雯：《间接正犯概念的必要性——对基于区分制正犯体系的否定说之回应》，载《清华法学》2019年第3期。

③ 最高人民法院2001年正式确认了间接正犯。参见中华人民共和国最高人民法院刑事审判第一庭、第二庭编：《刑事审判参考》（总第16辑），法律出版社2001年版，第75页。随后，间接正犯概念在司法案例中多次被运用。参见浙江省温州市瓯海区人民法院刑事判决书，（2017）浙0304刑初447号；江苏省无锡市中级人民法院刑事裁定书，（2016）苏02刑终126号；吉林省长春市中级人民法院刑事裁定书，（2018）吉01刑终第105号；辽宁省开原市人民法院刑事判决书，（2017）辽1282刑初第107号。

④ 参见蔡圣伟：《刑法问题研究》，台北，元照出版有限公司2008年版，第139页。

⑤ 参见黄荣坚：《基础刑法学》（下），台北，元照出版有限公司2006年版，第757页。

论为基础，认为所有对不法构成要件结果的实现予以加功的人，无论其加功的样态如何，都是正犯，都是刑法要处罚的对象。基于扩张的正犯概念，若实定法未对教唆与帮助的参与形态予以特别规定，则所有参与者均被论为正犯，由此形成的共犯体系为单一制正犯体系；若实定法对教唆与帮助设定了特别的减轻规定，则教唆犯、帮助犯不再被论为正犯，而被称为共犯，从而形成正犯与共犯区分体系。由于教唆犯与帮助犯本为正犯，应受正犯之刑，实定法对共犯减轻处罚的特别规定，即为“限制刑罚事由”。综上，基于扩张的正犯概念而形成的单一制正犯体系与正犯与共犯区分体系中，无论参与者是以自己的行为亲自实现构成要件，还是通过或利用他人的行为对构成要件的实现进行加工，都是刑法处罚的对象，都是正犯，间接正犯概念也就根本没有存在的必要。

限制的正犯概念将可罚行为限定为法定构成要件所描述的行为，故只有自己亲自实现不法构成要件的人（正犯）才是刑法处罚的对象，通过加功正犯实现不法构成要件的教唆者或者帮助者（共犯），并不是刑法上的行为人，不是刑法的处罚对象。但是，如果实定法对共犯设置了特别的处罚规定，刑法也可以对之进行处罚。实定法的特别处罚规定，对本不是处罚对象的共犯予以处罚，本质上属于“扩张刑罚事由”。限制的正犯概念认为，由于正犯与共犯本质相异，共犯体系应严格区分正犯与共犯，基于此建立的共犯体系是且只能是正犯与共犯区分体系。在此体系下，正犯直接根据《刑法》分则的规定处罚，但是，共犯的处罚则必须解决“如何区分正犯和共犯（区分标准）”、“为何将刑罚扩张至共犯（共犯处罚依据）”及“如何将刑罚扩张至共犯（共犯从属性）”等问题，正是因着对这些问题的回答，间接正犯的存在才有了可能。但没有疑问的是，限制的正犯概念为间接正犯的产生提供了土壤。

（二）间接正犯的生成条件：责任共犯论与极端从属性说

1919 年《德国刑法草案》第 26 条对间接正犯进行了规定，这是间接正犯最早的立法例。[①] 而作为一种学理概念的间接正犯，在 19 世纪便

---

① 参见马克昌：《比较刑法原理》，武汉大学出版社 2002 年版，第 630 页。

已经形成，且与古典犯罪论体系密切相关。

古典犯罪论体系诞生于19世纪末，由李斯特和贝林合创。[①] 科学主义在19世纪大行其道，其不仅在自然科学领域得到了前所未有的发展，还蔓延到了人文社科领域，借此形成了经验主义与实证主义。诞生于19世纪的古典犯罪论体系就深受自然实证思潮的影响，此体系重客观事实与经验判断，杜绝一切价值上的思考，认为不法是一切与犯罪有关的客观情状，罪责是一切与犯罪有关的主观情状。[②] 不法中的构成要件只接受经验上可以掌握的客观的、记述的、价值中立的构成要件要素，不法中的违法性也仅指形式违法性，是一种与实证法对立冲突的状态，是纯客观的判断；罪责阶层包含的只有责任能力和故意与过失，其中责任能力是罪责的前提，只进行客观考察，故意、过失是与客观行为相对应的心理事实，同样只作纯客观的判断，因此也就被称为心理罪责论。

自然实证思潮同样影响了共同犯罪，正犯和共犯的区分采取的也是重客观事实与经验判断的形式客观说，认为自己亲自实现不法构成要件行为的人是正犯，其余的都是共犯。依据此说，让10岁的儿子替自己从超市偷偷夹带货品出来的母亲，难以被评价为正犯，只能退而求其次，判断能否以共犯对其进行处罚。当时的学界认为，共犯的处罚依据在于共犯透过其教唆或帮助行为诱拐正犯，"使正犯陷入罪责"。[③] "使正犯陷入罪责"，自然要求正犯行为具有可罚性，即在正犯行为满足了构成要件符合性、违法性与有责性三个阶层的判断时，对共犯的处罚才有了依据，此即共犯处罚依据的责任共犯论。与此相应，在从属性问题上，只有参与故意的主行为的人才会成立共犯，而故意在古典犯罪论体系中属于罪责要素，这意味着，共犯所从属的正犯只有在满足构成要件符合性、违法性和有责性时，共犯才可以被处罚，此即共犯处罚的极端从属性说。

---

① 参见蔡桂生：《构成要件论》，中国人民大学出版社2015年版，第107页。

② 参见林东茂：《刑法综览》，台北，一品文化出版社2004年版，第45页。

③ 参见蔡圣伟：《论间接正犯概念内涵的演变》，载陈兴良主编：《刑事法评论》第21卷，北京大学出版社2007年版。

依据责任共犯论和极端从属性说，10岁的孩子没有刑事责任能力，不能被评价为犯罪，母亲的行为并非“使正犯陷入罪责”，故也不能以共犯进行处罚。母亲的行为既不能以正犯处罚，又不能以共犯处罚，但不处罚又显失合理性[①]，处罚上的漏洞就此产生。正是为了弥补这一显见的漏洞，间接正犯被创设了出来，从而实现对对无罪责的他人加以利用而实施犯罪的幕后者进行归责。

（三）间接正犯的生成形象：弥补处罚漏洞的“替补者”

在自然实证思潮风靡下诞生的古典犯罪论体系，也想依据经验主义与实证主义完成法治国的理想使命，借由经验，凭借客观，实现对处罚范围的限缩，实现对刑罚权发动的限制，因此，在处罚对象上采限制的正犯概念，在正犯与共犯区分标准上采取形式客观说，在共犯处罚依据上采取责任共犯论，在共犯从属程度上采取极端从属性说。当概念、学说、标准的提出与设定都以限缩处罚为目标时，处罚漏洞的出现就在情理之中，间接正犯就是为了弥补处罚漏洞而创设的概念。从生成原点来看，间接正犯是一个应急性概念，是一个替补性概念，李斯特更是直白地称之为“被虚构出来的正犯”。[②]

二、间接正犯的发展变迁

（一）体系嬗变：间接正犯处罚漏洞的消失

古典犯罪论体系在德国支配了20余年，随后陆续出现了新古典犯罪论体系、目的犯罪论体系、新古典犯罪论体系与目的犯罪论体系的结合体系以及目的理性体系（功能犯罪论体系）。随着犯罪论体系的不断更迭，古典犯罪论体系“不法是客观的，罪责是主观的”的基本命题因不断受到冲击而坍塌。

新古典犯罪论体系以新康德的价值哲学为评价标准。不法阶层以社

---

① 一方面会导致处罚范围的不合理，另一方面还会诱导想要犯罪的人，会利用无责任能力者代为实施，这无异于为犯罪人开了不被处罚的“后门”。

② 参见蔡圣伟：《论间接正犯概念内涵的演变》，载陈兴良主编：《刑事法评论》第21卷，北京大学出版社2007年版。

会损害性引领思考，规范的构成要件要素及不法的意图等主观要素被承认，构成要件有了主观化色彩。[①] 罪责阶层以可非难性引领思考，若行为时社会无法期待行为人能实施合乎规范的行为，行为人就不应被谴责，罪责阶层借此实现了从心理罪责论到规范罪责论的跨越。

随后处于支配地位的是目的犯罪论体系。目的犯罪论体系认为，人会基于特定的缘由而对因果流程做有目的的操控，若不是有意操控被害人的死亡，就不是杀人，借此理解，故意被纳入了构成要件的范畴而不再属于罪责。受目的犯罪论体系的影响，主观构成要件要素与主观违法性被广泛接受。

目的犯罪论体系之后，是新古典犯罪论体系与目的犯罪论体系的结合体系。犯罪论体系仍由不法与罪责组成，其中，不法是对行为的否定评价，罪责是对行为人的否定评价，新古典犯罪论体系以价值哲学为评判标准的部分被保留；由于剔除构成要件故意，就无法对构成要件行为的社会意义进行充分评价，目的犯罪论体系中属于不法构成要件的故意内容被保留了下来。

20 世纪 70 年代，目的理性体系形成。该体系以“刑法的目的观”为指引，以新康德学派和新黑格尔学派的观点为基础，将新古典犯罪论体系未曾彻底发扬的新康德思想贯彻到犯罪论体系的每一角落。在不法阶层，对客观构成要件的实现加入价值思考，采取客观构成要件的归责理论，如重视纯粹因果律的条件说被加入价值评价的客观归属说所取代，正犯与共犯的区分也从形式标准演变为实质标准；罪责阶层，在“可非难性”的基础上增加了“预防必要性”，将罪责概念扩大至“可负责性”，价值判准的深入渗透清晰可见。[②]

纵观犯罪论体系的发展历史，古典犯罪论体系通过客观不法理论与

---

① 欠缺不法意图，取走他人财物的行为难以被评价为对或错，故不法的意图被纳入构成要件。新古典犯罪论体系最大的贡献是借由社会损害性的价值思考，认为违法不仅是与实证法对立冲突的状态（形式违法性），还是损害社会（实质违法性），并借由实质违法性概念创造出超法规的违法阻却事由。

② 参见林东茂：《刑法综览》，一品文化出版社 2004 年版，第 38 ~ 54 页。

心理罪责理论架构的犯罪论体系，在后续体系的冲击下逐渐坍塌。依照现今的通说，故意已经成为主观的不法要素，罪责也从心理罪责论演进到了规范罪责论。当故意不再是罪责的内涵，共犯成立所需要参与的故意的主行为，自然也无须到罪责层面才能确定。另外，罪责的内涵是可非难性，核心是判断当时能否期待行为人实施适法行为，而能否期待行为人实施适法行为，自然会因人而异，因此，“罪责必须个别判断而不可能从属于他人”的原则也就确立了下来。①

虽然只有参与故意的主行为的人才会成立共犯，而共犯的处罚需要从属于正犯，但故意不是罪责要素而是不法要素，当正犯行为符合构成要件符合性和违法性的判断时，即可对共犯进行处罚，共犯从属性从古典犯罪论体系所采取的极端从属性说演进为限制从属性说②，并获得了实定法的支持，《德国刑法典》第 29 条“数人共同犯罪的，各依自己的罪责受处罚，不考虑他人的罪责”的规定，就是对限制从属性说的肯定。

根据限制从属性说，共犯的成立与正犯是否具有责任并没有关系。据此，古典犯罪论体系所主张的责任共犯论被否定，共犯的处罚根据不在于使正犯陷入罪责，而在于加功了对法益的侵害，只不过其不是通过构成要件行为直接加功对法益的侵害，而是通过教唆或者帮助行为间接加功对法益的侵害。据此，共犯的处罚依据就从最初的责任共犯论转向了行为与法益侵害之间具有因果性的因果共犯论。③

根据共犯从属性说和因果共犯论，作为间接正犯产生依据的利用无刑事责任能力人实施犯罪的处罚漏洞已经不存在了，作为逻辑结论，为弥补处罚漏洞而生的间接正犯应该走向消亡。

---

① 参见蔡圣伟：《论间接正犯概念内涵的演变》，载陈兴良主编：《刑事法评论》第 21 卷，北京大学出版社 2007 年版。

② 也有论者认为，由于故意属于构成要件，故正犯行为符合构成要件该当性时，即可对共犯进行处罚，此即最小从属性说。最小从属性说当前虽为有力学说，但因在理论根基等方面存在明显的不合理而不足为取，详见前述第三章“要素从属性”部分。

③ 参见［日］西田典之：《日本刑法总论》（第 2 版），王昭武、刘明祥译，法律出版社 2013 年版，第 302 ~ 303 页。

（二）逆向而行：间接正犯走向不断扩张

随着犯罪论体系从形式走向实质，间接正犯作为“替补者”用来弥补的处罚漏洞已然不再存在，间接正犯本应“寿终正寝”。但是，间接正犯逆向而行，被适用的场合却在不断增加，适用范围从最初的“利用欠缺责任能力之人实现构成要件”，扩张到“利用欠缺罪责者实现构成要件”，从而将所有利用不具有故意的情形全部包括进来；后来，李斯特等人又将之扩展为“利用他人合法行为”。当前，从被利用者视角，学界通说认为间接正犯有以下类型：（1）被利用者欠缺责任，包括被利用者无责任能力、被利用者缺乏违法性认识可能性等情形；（2）被利用者欠缺违法性，包括被利用者具有违法阻却事由、利用被害人的自我侵害等情形；（3）被利用者欠缺构成要件的特定要素，既可以是欠缺客观的要件要素，如身份，又可以是欠缺主观的要件要素，如目的或者故意。[①] 间接正犯的存在范围从最初的被利用者欠缺罪责扩展到欠缺违法性又扩展到欠缺构成要件的特定要素，其在本应走向消亡的过程中却走向了扩张，原因何在？对此，合理的解释是，间接正犯摆脱了其生成原点处罚“替补者”的形象，实现了从“替补者”向“首发者”的升阶，跻身于共犯处罚的“首发阵容”，作为一种正犯类型成为刑法的处罚对象。

三、间接正犯正犯性的回归及论证

（一）间接正犯正犯性的回归

犯罪论体系嬗变虽使间接正犯原本弥补的处罚漏洞不复存在，但走向实质的犯罪论体系也逐渐扬弃了区分正犯与共犯时所采取的“是否亲自实现构成要件”的形式标准，转而从实质上进行区分，那些形式上没有亲自实现构成要件的行为人，未必不能被评价为正犯，这样就为间接

---

① 参见［德］乌尔斯·金德霍伊泽尔：《刑法总论教科书》（第6版），蔡桂生译，北京大学出版社2015年版，第415～416页；张明楷：《刑法学》（上）（第6版），法律出版社2021年版，第528～532页。

正犯评价为正犯，或者说间接正犯回归正犯，提供了理论上的依据。

同时，间接正犯“替补性”的思考路径与共犯理论的矛盾，也加速了间接正犯正犯性的回归。间接正犯“替补性”的思考路径是：首先考察是否成立教唆犯，在不成立教唆犯的基础上，其次考察是否成立间接正犯，在逻辑上，教唆犯是否成立的判断是第一次的，间接正犯成立与否的判断是第二次的。但是，间接正犯的产生以限制的正犯概念为前提，以责任共犯论和极端从属性说为条件，生成间接正犯的共犯理论都认为，正犯才是刑法的处罚对象，共犯是从属于正犯而被派生的责任类型，正犯应当优先于共犯进行判断。学者们不愿也不能接受的现象出现了：间接正犯“替补性”思考路径的逻辑与生成间接正犯的共犯理论所采取的逻辑路径截然相反。

对此，山口厚教授和大塚仁教授有过精辟的论述：“替补性”先考察是否成立教唆犯，再考察是否成立间接正犯的思考路径是“以共犯概念为前提来论及关于间接正犯情形中的正犯性的有无，很难说基于适当的思考顺序……在逻辑上，正犯概念应当优先于共犯概念的思考方式”[①]。间接正犯也是正犯，是作为本来的“一次责任”的类型，该当了各罪的构成要件；共犯则是以正犯为前提的从属的参与形态，是派生的、从属的“二次责任”的类型。[②] 也就是说，间接正犯作为固有的原本的正犯，是“一次责任”的类型，其成立与否应立足于自身进行独立的、积极的、第一次的判断，而不能以共犯为前提进行推导。至此，间接正犯弥补共犯处罚漏洞的“替补性”标签被揭掉，间接正犯回归正犯。

（二）间接正犯正犯性的论证

为了论证间接正犯的正犯性，学界提出了各种理论，比较有代表性的有工具理论、实行行为理论、规范障碍理论及当前居于通说地位

---

① ［日］大塚仁：《刑法概说（总论）》（第3版），冯军译，中国人民大学出版社2003年版，第142页。

② 参见［日］山口厚：《刑法总论》（第2版），有斐阁2007年版，第293页。黎宏教授也有类似表述，参见黎宏：《刑法总论问题思考》，中国人民大学出版社2007年版，第95页。

的犯罪事实支配理论，前三种理论作为正犯性的理论依据，也值得检讨。

1. 工具理论等学说检讨

（1）工具理论检讨。工具理论是最早论证间接正犯正犯性的学说。工具理论认为，被利用者是法上的不自由者，如同利用者所使用的刀枪棍棒一样，都是利用者实现犯罪的工具，只不过被利用者是“有灵魂的道具”而已。[①] 工具理论以比喻的方式说明间接正犯的正犯性，直观形象，但“通俗有余，而理论性总是不够”[②]。将有灵魂的被利用者与无灵魂的道具等同视之，是对被利用者人格的物化；在被利用者为“有故意无目的”或“有故意无身份”的情形中，被利用者并非利用者随意使用的工具，对利用行为正犯性的论证比较牵强；再者，根据工具理论，利用之时即实行的着手之时，但是，该理论一是会导致实行着手认定的提前，二是会导致单独犯与共犯着手时点认定的不同。综上，工具理论不具有妥当性。

（2）实行行为理论检讨。实行行为理论站在构成要件立场论证间接正犯的正犯性，认为只有当利用者的行为与直接正犯的实行行为没有实质差异时，方才具有与直接正犯相同的实行行为性。[③] 实行行为理论从构成要件立场寻找间接正犯的正犯性，具有立论角度的合理性。但是，在构成要件的实现上，直接正犯与间接正犯在实现形式上存在直接性与非直接性的差异，对利用行为与实行行为同质性的论证，只能从实质上进行考察。结果是：利用行为既不具有内含的法益侵害可能性，又不具有导致法益侵害的现实危险性，其根本无法等同于直接正犯的实行行为。形式上的不同与实质上的差异，决定了从实行行为视角难以达致对间接正犯正犯性的论证。退一步来讲，即使论证了利用者行为的正犯性，逻辑结论是：利用者开始利用行为之时，

① 参见［日］川端博：《刑法总论二十五讲》，余振华译，中国政法大学出版社 2003 年版，第 374 页。

② 参见林维：《间接正犯研究》，中国政法大学出版社 1998 年版，第 63 页。

③ 参见［日］前田雅英：《刑法总论讲义》，东京大学出版会 2006 年版，第 114 页。

即实行行为的着手之时，这显然过于提前了着手的认定时点；如果转而以被利用行为为着手的认定时点，又等于直接否定了利用行为的实行行为性。这样的逻辑结论，恐怕是实行行为理论不曾预料到的。

（3）规范障碍理论检讨。规范障碍理论从被利用者角度论证间接正犯的正犯性。规范障碍理论认为，当被利用者因不了解犯罪事实而无法形成抑制犯罪的反对动机时，法秩序不会期待其规避违法行为，被利用者也就不是利用者实施犯罪的规范障碍，于利用者而言，此种情形与其亲自实施犯罪行为并无二致，据此即可肯定利用行为的正犯性。反之，如果法秩序可以期待被利用者规避违法行为实施合法行为，被利用者即实施犯罪的规范障碍，在此种情形下，并不能等同于利用者亲自实施构成要件行为，因而，应成立共犯。①

但是，规范障碍理论具有三点不妥当性：第一，立场上的不妥当性。被利用者对所实施行为欠缺认识，本质上属于欠缺罪责，在此情形下将利用者认定为间接正犯，有责任共犯论“因为正犯不具有责性，所以唆使者不成立共犯，而成立间接正犯”的嫌疑，而责任共犯论的立场已被摒弃。第二，方法论上的不妥当性。对利用行为实行行为性的论证，本应从利用行为本身去寻找，规范障碍理论却从被利用者是否为实施犯罪的规范障碍角度进行论证，进而形成“因为被利用者具有非正犯性，所以利用者具有正犯性”的判断思路，不具有方法论上的妥当性。第三，解释范围上的不妥当性。规范障碍理论虽能较好地说明被利用者因欺骗而实施犯罪的情形，但在因强迫而实施犯罪的场合，通常难以形成合理的结论，如在“养父强迫养女盗窃案”② 中，养女对于是否实施盗窃仍有一定的意志自由，仍可评价为养父实施犯罪的规范障碍，以此

① 参见［日］西原春夫：《犯罪实行行为论》，戴波、江溯译，北京大学出版社2006年版，第234页；黎宏：《刑法总论问题思考》，中国人民大学出版社2007年版，第103页。

② “养父强迫养女盗窃案”：在养女不顺从自己的意志时，养父就对其用烟头烫脸或者用螺丝刀戳脸以使其顺从，在其后来命令该养女实施盗窃时，该养女基于对养父平日的暴行的恐惧而实施了盗窃。

否定养父行为的正犯性，是不合理的。[①]

2. 犯罪事实支配理论及其妥当性

（1）犯罪事实支配理论。犯罪事实支配理论发轫于德国，目前居于通说地位。与形式区分正犯和共犯不同的是，犯罪事实支配理论从实质上区分正犯与共犯；与从被利用者角度论证间接正犯正犯性不同的是，犯罪事实支配理论从利用者本身出发论证正犯性。犯罪事实支配理论认为，正犯是具体犯罪事实中的核心角色，是犯罪的关键人物，是支配犯罪过程的人；共犯虽对犯罪事实存在影响，却不能够决定性地支配犯罪过程。[②] 犯罪事实支配理论将限制的正犯概念与法定的构成要件相关联，原则上，正犯实施了该当构成要件的定型的行为，但在特定情形下，行为人虽未实施该当构成要件行为，但对构成要件的实现具有支配性作用时，亦可被评价为规范意义上的正犯。罗克辛教授认为，犯罪支配的具体样态有三类，即作为行为支配者的直接正犯，作为意志支配者的间接正犯和作为功能性犯罪事实支配者的共同正犯。[③]

根据犯罪事实支配理论，在间接正犯的场合，行为人不必出现在犯罪现场，也不必参与共同实施，而是通过对直接实施者（被利用者）的强制、欺骗，或者通过权力组织从而达成了对被利用者的意思支配，操纵（控制）了构成要件的实现，支配了整个犯罪事实及犯罪进程[④]，至于被利用者是否具有故意，或者是否应受刑罚处罚，只是评判利用者对犯罪事实有无支配性的参考因素，而非决定性标准。[⑤]

（2）犯罪事实支配理论的妥当性。[⑥] 第一，相较于工具理论与规范

---

① 参见钱叶六：《教唆犯于间接正犯的界分》，载陈兴良主编：《刑事法评论》第 28 卷，北京大学出版社 2011 年版。

② 参见张明楷：《刑法学》（上）（第 6 版），法律出版社 2021 年版，第 511 页。

③ 参见［德］克劳斯·罗克辛：《正犯与犯罪事实支配理论》，劳东燕译，载陈兴良主编：《刑事法评论》第 25 卷，北京大学出版社 2009 年版。

④ 参见张明楷：《刑法学》（上）（第 6 版），法律出版社 2021 年版，第 524 页。

⑤ 参见李仲民：《间接正犯概念演变及其情境》，载《重庆理工大学学报（社会科学）》2014 年第 11 期。

⑥ 意思支配是犯罪事实支配的下位概念，在论及间接正犯时，犯罪事实支配理论是在意思支配的意义上使用，下同。

障碍理论，犯罪事实支配理论从利用者角度论证间接正犯的正犯性，具有思考方向上的妥当性。间接正犯作为本来意义上的正犯，其正犯性的论证应立足于自身而非被利用者，就此而言，犯罪事实支配理论的思考方向是正确的。第二，从利用者角度论证正犯性，间接正犯的成立范围可以脱离被利用者的影响，不会因被利用者欠缺罪责或是欠缺违法性等情形的变化而波动不定，避免了其他理论存在的“挂一漏万”的情形，间接正犯的成立范围可以固定化。第三，相较于实行行为理论无法达成正犯性的论证，犯罪事实支配理论对正犯性的论证直接明了，即通过意思支配了犯罪历程，在犯罪中起着关键作用，属于核心人物，从而使间接正犯摆脱了弥补处罚漏洞的“替补者”角色，而跃升为处罚的“首发者”，夯实了其正犯的地位。

（3）对犯罪事实支配理论的质疑及回应。犯罪事实支配理论也受到批判，批判声音主要集中在该理论对间接正犯存在前提的限制的正犯概念的否定上。如有学者认为，“间接正犯的存在本身即严重背离了二元参与体系赖以形成的基础——限制正犯学说……反观间接正犯，不论基于何种理由而存在，均是对限制正犯学说的否定，也是对形式客观主义精神的背叛”①。蔡圣伟博士认为，“当正犯与共犯的区分放弃形式客观说转而采取犯罪事实支配理论时，当承认利用成立犯罪之他人亦属间接正犯时，都表明限制的正犯概念已经走到了扩张之行为人概念的门前，只差没跨过门槛而已”②。阎二鹏教授认为，“支配观念的确立，已经使整个犯罪参与论倒向扩张正犯体系的立场”③。

必须明确的是，当深受自然实证思潮影响而建立的古典犯罪论体系被以价值引领思考的新古典犯罪论体系所更替，又被将价值判断标准渗透到犯罪论体系每一角落的目的理性体系所更替时，犯罪论体系就走上了从形式到实质的嬗变之路，正犯与共犯的区分标准，从最初的形式客

① 张伟：《间接正犯泛化与统一正犯体系的确立》，载《法商研究》2018 年第 3 期。

② 蔡圣伟：《论间接正犯概念内涵的演变》，载陈兴良主编：《刑事法评论》第 21 卷，北京大学出版社 2007 年版。

③ 阎二鹏：《论间接正犯概念的消解》，载《法学论坛》2011 年第 4 期。

观说转向实质的犯罪事实支配理论，也就成为变迁的必然。

作为变迁必然的犯罪事实支配理论并没有否定限制的正犯概念。诚如前述，限制的正犯概念与扩张的正犯概念源于对“谁才是刑法处罚对象”问题的回答。限制的正犯概念认为只有一部分参与者是正犯，是刑法的处罚对象；而扩张的正犯概念认为所有参与者都是正犯，都是刑法的处罚对象。所以，二者区别的关键在于是否认为所有参与者都是正犯。至于如何区分正犯与共犯，是采取之前的形式客观说这一形式标准，还是采取当前的犯罪事实支配理论这一实质标准，关乎的只是正犯与共犯的范围划定问题，而不会改变限制的正犯概念只处罚一部分参与者的本质。[①] 上述学者的当区分标准从形式转向实质，限制的正犯概念也就滑向了扩张的正犯概念的批判是不成立的。

以犯罪事实支配理论为区分标准，也是罪刑均衡的要求。根据限制的正犯概念，正犯是刑法的处罚对象，而如何将处罚对象“挑选”出来，则是正犯和共犯的区分标准问题。以限制的正犯概念建立的区分体制中，共犯属于刑罚扩张事由，与正犯相比，立法对之规定的是减轻责任，正犯与共犯的区分，不仅关乎归责的范围，还关系到归责的程度。至此，正犯与共犯的区分，不应再以构成要件的实现方式为标准，而是应以对犯罪参与的程度为标准，只要是支配犯罪进程的，无论是直接支配还是意思支配抑或是功能性支配，都应以正犯论之，追究正犯之责，而非共犯的减轻责任，这是罪刑均衡的要求。

四、间接正犯的类型化展开

（一）被利用者欠缺构成要件要素

1. 被利用者欠缺身份要素

被利用者有故意但无身份时，如“公务员甲指使非公务员身份的妻子乙收受贿赂”，利用者是否成立间接正犯？

---

① 参见武晓雯：《间接正犯概念的必要性——对基于区分制正犯体系的否定说之回应》，载《清华法学》2019 年第 3 期。

观点一认为甲成立受贿罪的间接正犯，乙成立受贿罪的帮助犯。①观点一是通说观点，其逻辑是，由于受贿罪是身份犯，而乙不具有身份，故乙不能成立受贿罪的直接正犯，有身份的甲居于幕后以教唆的方式通过无身份的乙实现了受贿罪的构成要件，属于间接正犯，乙为帮助犯。但是该观点并不具有妥当性。第一，该观点仍停留在将间接正犯作为直接正犯的“替补者”角色的阶段，在思考路径上不具有妥当性。第二，该观点将受贿罪的构成要件理解为单纯的财物接受，是对受贿罪构成要件的误解。第三，在乙知晓受贿真相的情况下，其基于自己的意思协力“权钱交易”关系的达成，甲与乙之间并未形成单方面的支配关系，乙也并非甲实现贿赂的“道具”。

观点二认为甲成立受贿罪的教唆犯，乙成立受贿罪的帮助犯。② 观点二的逻辑是，由于被利用者具有故意，并不是单纯的工具，利用者不能被评价为正犯，只能被认定为教唆犯；就乙而言，由于其欠缺身份，不可能成立正犯，只能成立帮助犯。此观点实际上肯定了“无正犯的共犯”。但是，在二元区分参与体系下，根据通说所采取的限制从属性说，共犯的不法从属于正犯的不法，正犯的成立是处罚共犯的前提，肯定“无正犯的共犯”实质上是对共犯从属性理论的颠覆，有违刑法的客观主义之倾向。③

观点三认为甲成立受贿罪的直接正犯，乙成立受贿罪的帮助犯。④观点三认为，受贿罪的构成要件并不是单纯地接受财物，而是利用职务上的便利，形成权钱交易的关系，在这个意义上，甲借自己的身份对权钱交易关系的达成发挥支配作用，支配了对受贿罪法益（职务行为不可

---

① 参见［日］大塚仁：《刑法概说（总论）》（第3版），冯军译，中国人民大学出版社2003年版，第146页；马克昌主编：《犯罪通论》，武汉大学出版社1999年版，第548页；陈兴良：《本体刑法学》，商务印书馆2001年版，第543页。

② 参见［日］中山研一：《刑法总论》，成文堂1991年版，第476页。

③ 参见钱叶六：《间接正犯与教唆犯的界分》，载陈兴良主编：《刑事法评论》第28卷，北京大学出版社2011年版，第372页。

④ 参见［日］松宫孝明：《刑法总论讲义》（第4版补正版），钱叶六译，中国人民大学出版社2013年版，第193～194页；张明楷：《刑法学》（上）（第6版），法律出版社2021年版，第528～529页。

收买性）的侵害发挥支配作用，因而甲成立的是直接正犯而非间接正犯；乙由于缺乏身份，不能成为正犯，仅成立帮助犯。该观点在实质理解受贿罪构成要件的基础上，以犯罪事实支配理论为标准，认为甲并未达成对乙的意思支配，而是借自己的身份对权钱交易关系的达成发挥支配作用，成立的是直接正犯而非间接正犯的观点，具有相当的合理性。但该说因乙欠缺身份要素而认为乙只能成立帮助犯的观点值得商榷。

本书观点：甲、乙二人成立受贿罪的共同正犯。本书接受观点三的判断标准及对甲的判断结论，但认为乙成立帮助犯的观点值得商榷。如前所述，受贿罪的实质是形成权钱交易关系，但权钱交易关系包含权力的出让与财物的获取两个环节，从对身份的要求上而言，权力的出让须基于身份而实施，但财物的接受却不以身份为必要；从构成要件的实现上而言，收受财物是权钱交易中的重要一环，是决定交易关系能否达成的关键因素，是受贿罪明确规定的构成要件行为，不具有身份者收受财物，是通过了自己的行为对权钱交易关系的达成发挥支配作用，成立受贿罪的直接正犯而非帮助犯。甲、乙二人互相配合，互相补充，共同实现了受贿罪的构成要件，成立受贿罪的共同正犯。

2. 被利用者欠缺故意要素

利用欠缺故意的行为，也就是利用不知情者实施犯罪的情形，包括利用他人的过失和利用他人的轻罪故意两种情形，前者如“医生欺骗案”（医生指使不知情的护士给患者注射毒药），后者如“利用轻罪故意案”（甲明知丙坐在贵重财物的后面，唆使不知情的乙开枪毁坏贵重财物，乙开枪造成丙的死亡）。

根据犯罪事实支配理论，利用者成立间接正犯。[①] 首先，利用者通过欺骗，使被利用者产生了误解，没有认识到自己的“工具性”，特别是在“医生欺骗案”中，医生地位上的优越性及护士对医生的业务信

---

① 参见［日］大塚仁：《刑法概说（总论）》（第3版），冯军译，中国人民大学出版社2003年版，第144页；［日］大谷实：《刑法讲义总论》（新版第2版），黎宏译，中国人民大学出版社2008年版，第142页；［日］西田典之：《日本刑法总论》，刘明祥、王昭武译，中国人民大学出版社2007年版，第272页。

任，使利用者借此获得了支配地位，对犯罪进程能够进行实质性的操控与支配，因此，医生成立故意杀人罪的间接正犯，护士成立过失致人死亡罪。同理，在“利用轻罪故意案”的情形中，被利用者虽具有毁坏财物的轻罪故意，但对于重罪结果是欠缺认识的，利用者通过欺骗建构了不知情者的工具性和对被害人死亡单方面的支配性，从而对犯罪进程进行实质性的操控，成立故意杀人罪的间接正犯。被利用者乙，则成立故意毁坏财物罪与过失致人死亡罪的想象竞合犯。其次，若否定间接正犯的成立，根据共犯从属性理论将利用者认定为教唆犯，从而得出教唆过失犯的结论，与教唆犯和过失犯的基本法理相冲突，也与我国的立法规定相矛盾。最后，在共同犯罪中，共犯的不法性从属于正犯的不法性，但若将利用者认定为教唆犯，则会导致“正犯是较轻的过失犯，教唆犯是较重的故意犯”，使本处于从属地位的教唆犯受到了更重的刑罚处罚，与共犯的基本原理相违背。

3. 被利用者欠缺目的要素

被利用者有故意但无目的时，常见的讨论是“甲以牟利的目的利用没有牟利目的的乙传播淫秽物品”或者“甲以使用的目的利用没有使用目的的乙伪造货币”的，利用者是否成立间接正犯。

对于第一种情形，甲、乙成立传播淫秽物品罪的共犯，同时，甲还通过欺骗对牟利目的的实现发挥了支配作用，成立传播淫秽物品牟利罪的间接正犯。对于第二种情形，甲通过欺骗对伪造货币罪使用目的的实现发挥了支配作用，成立伪造货币罪的间接正犯，而乙因为欠缺使用目的不成立犯罪。

（二）被利用者具有违法阻却事由

1. 利用他人的合法行为

刑法上的合法行为，是指形式上符合犯罪构成要件，但实质上却没有侵害法益的行为，通常指的是正当防卫和紧急避险行为。在利用他人的合法行为中，本书探讨具有代表性和较大争议性的利用他人正当防卫的行为。常举的例子是：甲以杀死乙的目的，唆使乙杀死丙，同时甲又将乙要杀丙的计划告知丙，提醒丙做好防卫措施，因此在乙侵害丙时，丙用提前准备的防卫工具反击致乙死亡。否定说认为，合法的行为不会生出不法性，利用他人合法行为的间接正犯是不存在的；再者，法没有理由保护攻击者的生命，攻击者在攻击之始就担负起了这种风险。因此，利用他人合法行为的不成立间接正犯。[①] 肯定说认为，甲利用了丙的合法行为杀死了乙，构成故意杀人罪的间接正犯。[②]

否定说的观点值得商榷。第一，否定说以被利用者的行为合法，得出“利用他人合法行为的间接正犯是不存在的”的结论，仍然没有摆脱从被利用者角度论证间接正犯的思维惯性。诚如前述，间接正犯是正犯，具有正犯优先性，其成立与否应立足于对自身行为的判断，而否定说则以被利用行为为逻辑起点，以“合法行为不会产生不法结果”，推导得出间接正犯不成立的结论。暂且不论“合法行为不会产生不法结果”是否合理，其以被利用行为为逻辑起点进行的论证，在方法论上就是失当的。第二，否定说在判断结论上不合理。在以利用行为为逻辑起点进行实质性判断时，设若利用者通过强制等方法与防卫者形成了实质的支配关系，对犯罪进程达到了操控的程度，如甲不是提醒丙做好准备，而是以强制方法命令丙进行防卫，即便丙的防卫行为合法，也应肯定甲间接正犯的成立。[③]

肯定说的观点也值得商榷。肯定说认为，主观上具有不法意图的利用者，利用了主观上没有不法意图的防卫者，其本质是将正当防卫者作为实现犯罪的工具，利用者成立间接正犯。但是，在所举案例中，虽然甲通过欺骗获得了优势地位，但被利用者丙是否知晓利用者的不法意图，并不影响其在面对乙攻击时，是否会采取防卫行为进行反击，甲与丙的意思支配关系并未建立起来。丙在面对乙的攻击时，是否会进行反

---

① 参见［日］松宫孝明：《刑法总论讲义》（第4版补正版），钱叶六译，中国人民大学出版社2013年版，第194页。

② 参见［日］大塚仁：《刑法概说（总论）》（第3版），冯军译，中国人民大学出版社2009年版，第142页；周光权：《刑法总论》（第2版），中国人民大学出版社2011年版，第216页。

③ 参见钱叶六：《间接正犯与教唆犯的界分》，载陈兴良主编：《刑事法评论》第28卷，北京大学出版社2011年版。

击，采取何种手段反击，反击是否会致乙死亡，都是极具偶然性的不确定因素，这些偶然性因素的存在，表明甲尚未对犯罪事实进程建立实质性的支配关系，其还不能操控犯罪进程，此情形下，甲还不能被认定为间接正犯。

本书观点：根据犯罪事实支配理论，如果利用者基于强制或欺骗等方法与被利用者达成了实质支配关系，进而对犯罪进程实现了实质的支配，即便被利用者的行为是正当防卫等合法行为，利用者也可以被评价为间接正犯，如果没有达成实质支配关系，则否定间接正犯的成立。当然，无论是否成立间接正犯，就对攻击者乙的教唆而言，甲都成立教唆犯。

2. 利用被害人的自我侵害行为

如行为人强迫被害人自杀，成立故意杀人罪的间接正犯。① 根据意思支配理论，当利用者基于强迫/欺骗/权力组织等与被害人形成了支配关系，从而使被害人丧失自由意志，或者使被害人对结果缺乏认识或产生其他法益关系的错误认识，导致被害人实施了损害自己法益的行为时，由于不能认定被害人对自己的法益的侵害具有违法性，故利用者成立间接正犯。

（三）被利用者欠缺责任

1. 被利用者欠缺责任能力

无责任能力者（严重的精神病患者、幼儿等），尚无分清是非善恶及择善弃恶的能力，也无自我意思决定和自主支配的自由。在利用无责任能力者实现犯罪的场合，背后的利用者对犯罪的实施发挥了实质性的作用，故应将结果归责于背后的利用者，肯定间接正犯的成立。对此，学界并无争议。

但需要思考的问题是，利用未达到法定年龄的人实施犯罪，特别是利用实质上具有刑事责任能力但形式上未达刑事法定年龄的，如利用

---

① 参见［日］山口厚：《刑法总论》（第2版），付立庆译，中国人民大学出版社2011年版，第194页。

15 周岁的人盗窃，是否成立间接正犯。我国传统理论认为，对刑事责任能力进行实质判断极为困难，刑法采取整齐划一的规定模式，间接正犯的成立不应突破形式规定，只有利用未达刑事法定年龄的人，才会成立间接正犯。[①] 根据犯罪事实支配理论，利用者只有建立起实质支配关系的，才会被认定为间接正犯。如果被利用者未达刑事法定年龄，但事实上具有辨认和控制能力，利用者就无法对之建立起实质上的支配与操纵关系，无法实质性地支配犯罪进程，也就不能被认定为间接正犯。[②] 犯罪事实支配理论在正犯的认定上突破形式的规定，提倡实质的考察，具有合理性。实质上具有刑事责任能力但未达刑事法定年龄者，利用者与之难以建立实质的支配关系，若利用者被认定为间接正犯，实属将本为共犯的利用者升格为正犯进行处罚，有违法治原则与罪刑均衡的要求。

2. 被利用者欠缺违法性认识可能性

利用欠缺违法性认识可能性有两种情形，一是利用他人不可避免的违法性认识错误，二是利用了可以避免的违法性认识错误。前者如司法人员甲欺骗乙说："捕杀麻雀是完全合法的行为，你可以大量捕杀。"乙信以为真，实施捕杀行为。后者如甲欺骗乙说："丙的不法侵害虽然已经结束了，但你现在攻击他仍然是正当防卫。"乙信以为真，在丙的不法侵害结束后伤害了丙。上述两种情形下的利用者是否成立间接正犯？

根据犯罪事实支配理论，利用他人不可避免的违法性认识错误，司法工作人员基于其权威地位，以欺骗的方式实现了对被利用者的意思支配，进而建立起与犯罪事实的实质支配关系，利用者没有争议地成立间接正犯。利用他人可以避免的违法性认识错误，应根据案中情形进行具体判断，如果错误难以避免，如同上述，利用者实质性地支配与操控了犯罪的实施，其应被认定为间接正犯；如果错误可以避免，则意味着难

---

① 参见高铭暄、马克昌主编：《刑法学》（第 10 版），北京大学出版社 2022 年版，第 177 页。

② 参见张明楷：《刑法学》（上）（第 6 版），法律出版社 2021 年版，第 531 页。

以建立实质性的支配关系，应否定间接正犯的成立，仅以教唆犯论处。①

五、对间接正犯消解说的反驳

近年来，我国学者主张消解间接正犯的声音渐长，如刘明祥教授和阎二鹏教授等基于我国共犯的立法体例属于单一制正犯体系而主张消解间接正犯概念②；黎宏教授和梁根林教授等基于共犯本质的行为共同说而主张消解间接正犯概念③。但是，认为间接正犯应予消解的主张并不合理。

（一）对基于单一制正犯体系立场消解间接正犯的反驳

第一，单一制正犯体系的理论根基不具有妥当性。单一制正犯体系以扩张的正犯概念为基础，认为所有对不法构成要件结果的实现予以加功的人，都是正犯，都是刑法要处罚的对象。④ 据此，在单一制正犯体系下，间接正犯确实没有存在的必要。但是，这种不论参与者加功样态如何而同等处罚的情形的背后，是因果关系的等价条件理论，该理论不重视行为样态上的区别，对所有的参与者都赋予正犯地位，且适用同一法定刑，此举无疑会扩大处罚范围，有违法治国理念。

第二，主张我国立法例为单一制正犯体系的观点不具有合理性。虽然我国《刑法》总则关于共同犯罪的法律规定在体系特征上存在一定的模糊性，为共犯体系归属的解读留下了空间，但是，结合《刑法》总则和《刑法》分则的规定，可以认为，《刑法》分则对直接正犯进行了规定，《刑法》第 26 条对共同正犯、第 27 条和第 28 条对帮助犯、第 29 条对教唆犯进行了规定，在规定参与类型的同时，还对不同的参与类型规定了相应的处刑基准。基于此，我国刑法关于共犯的规定与单一

---

① 参见［德］乌尔斯·金德霍伊泽尔：《刑法总论教科书》（第 6 版），蔡桂生译，北京大学出版社 2015 年版，第 415～416 页。

② 参见阎二鹏：《论间接正犯概念的消解》，载《法学论坛》2011 年第 4 期；刘明祥：《间接正犯概念之否定——单一正犯体系的视角》，载《法学研究》2015 年第 6 期。

③ 参见黎宏、姚培培：《间接正犯概念不必存在》，载《中国刑事法杂志》2014 年第 4 期；梁根林：《间接正犯的中国命运》，载《比较法研究》2019 年第 5 期。

④ 参见黄荣坚：《基础刑法学》（下），台北，元照出版有限公司 2006 年版，第 800 页。

制正犯体系“所有参与者都是正犯，对各个正犯者都适用同一法定刑”[①] 的特征偏离太远，将之归属为单一制正犯体系太过牵强，明显不具有合理性（更为具体的论述请参见第一章和第二章相关内容）。

在单一制正犯体系的理论根基本身不具有妥当性，将我国刑法关于共同犯罪的立法例归属为单一制正犯体系也不具有合理性的前提下，以单一制正犯体系立场消解间接正犯的见解是不能成立的。

（二）对基于行为共同说消解间接正犯的反驳

行为共同说认为，共同犯罪，实际上就是“数人数罪”，是数人根据共同的行为来实现各自的犯罪意思，既不要求就同一“犯罪”共同进行，又不要求就行为具有共同“故意”。[②] 若在犯罪本质上采取行为共同说，在处罚根据上采取限制从属性说，就不会出现需要以间接正犯填补的处罚空隙，间接正犯的消解就是逻辑上的必然。[③] 但是，基于行为共同说消解间接正犯的理论并不具有妥当性。

第一，基于行为共同说消解间接正犯的理论不具有方法论上的妥当性。基于限制的正犯概念发展起来的区分制认为，正犯与共犯并不处于同一个层面[④]，正犯是共同犯罪中的“核心人物”或“关键角色”，属于“一次责任”；共犯只是共同犯罪中的“边缘人物”，是“一次责任”类型背后派生的、从属的“二次责任”。[⑤] 据此，以区分制为基础的行为共同说，本应正视间接正犯的“一次责任”类型，以利用者行为为视角论证其正犯性与核心性，但行为共同说仍固守间接正犯的“替补者”角色，采取的仍是“因为不成立共犯所以以间接正犯论之”的论证逻辑。与其他理论不同的是，行为共同说将所有利用者分别评价为教

---

① ［日］高桥则夫：《共犯体系和共犯理论》，冯军、毛乃纯译，中国人民大学出版社 2010 年版，第 6 页。

② 参见黎宏：《刑法总论问题思考》，中国人民大学出版社 2007 年版，第 468 页。

③ 参见黎宏、姚培培：《间接正犯概念不必存在》，载《中国刑事法杂志》2014 年第 4 期；梁根林：《间接正犯的中国命运》，载《比较法研究》2019 年第 5 期。

④ 参见［德］汉斯·海因里希·耶赛克、托马斯·魏根特：《德国刑法教科书（总论）》，徐久生译，中国法制出版社 2001 年版，第 778 页。

⑤ 参见［日］山口厚：《刑法总论》（第 3 版），付立庆译，中国人民大学出版社 2018 年版，第 305 页。

唆犯或者直接正犯，做到了全部的“分流处理”，没有出现需要以间接正犯填补的处罚漏洞，消解间接正犯貌似是该说的逻辑结论，但该结论却是以不妥当的逻辑起点为前提的，不具有方法论上的妥当性。

第二，基于行为共同说消解间接正犯的理论对行为共同说存在误解。首先，如前所述，行为共同说与犯罪共同说，原本是围绕共同正犯的成立而产生的学说，而间接正犯原本就是正犯类型，因而不可能根据行为共同说，将原本就属于正犯的间接正犯排除在外。相反，间接正犯与其他正犯是否因为行为共同而成立共同正犯，才是行为共同说所要解决的问题。其次，根据行为共同说，也不能得出消解间接正犯的逻辑结论。如“甲以只能造成轻伤欺骗乙，强制乙与自己一起开枪射击丙，结果导致丙的死亡”，在这个案件中，行为共同说所要解决的是甲、乙二人是否成立共同正犯，至于甲是否成立故意杀人罪的间接正犯，并不是行为共同说所要解决的问题，也不是行为共同说能够得出否定结论的问题。[①] 最后，即便将行为共同说扩大适用于共犯，只要坚持间接正犯的“一次责任”类型，就不可能得出应予消解的逻辑结论。张明楷教授最开始在共犯本质问题上采取部分犯罪共同说，后来转向了行为共同说，但是，其在间接正犯问题上却没有从间接正犯肯定论转向间接正犯否定论，即便是在遭到梁根林教授的质疑后[②]，仍坚定地将间接正犯作为一种独立的正犯类型[③]，其中的深意值得行为共同说论者思考。

第三，基于行为共同说消解间接正犯的理论不具有结论上的合理性。根据行为共同说，利用无刑事责任能力者的，或者被利用者缺乏故意的，或者利用被害人自己的行为的，或者利用他人的合法行为的，利用者都构成教唆犯。[④] 但是，将利用者评价为教唆犯，不仅是对利用者的降格评价，还会导致归责程度上的不合理。如在利用严重精神病患

---

① 参见武晓雯：《间接正犯概念的必要性——对基于区分制正犯体系的否定说之回应》，载《清华法学》2019年第3期。

② 参见梁根林：《间接正犯的中国命运》，载《比较法研究》2019年第5期。

③ 参见张明楷：《刑法学》（上）（第6版），法律出版社2021年版，第527～532页。

④ 参见黎宏、姚培培：《间接正犯概念不必存在》，载《中国刑事法杂志》2014年第4期。

者、婴幼儿实施犯罪等场合，利用者基于意思支配而实质性地操控了犯罪进程，在犯罪中起着关键性作用，是犯罪中的核心人物，合理的逻辑结论是，其应被追究正犯之责。但是，行为共同说认为利用者只应成立教唆犯，只应被追究共犯之责，这是对利用者的降格评价，进而导致处罚上的责任被减轻。究其原因，是行为共同说对参与类型所发挥的归责范围与归责程度功能（行为共同说认为参与类型只解决归责范围）的误解。根据行为共同说，其将原本需要以间接正犯处罚的人评价为教唆犯，确实解决了参与者的归责范围问题，但殊不知，正犯与共犯的区分，还涉及归责程度的确定，即追究正犯之责还是共犯之责（减轻责任）。由于行为共同说仍将间接正犯定位为处罚空隙的“替补者”，仍将关注点聚焦在是否存在处罚上的漏洞，忽视了利用者归责程度是否适当的问题，最终导致评价结论上的不合理。

第四，基于行为共同说消解间接正犯的结论与限制从属性说相矛盾。根据行为共同说，在“甲唆使乙强迫丙（儿童）伤害丁”和“A强迫B自伤或自杀”的场合，会出现“无正犯的共犯”结论。如在“甲唆使乙强迫丙（儿童）伤害丁”的场合，行为共同说将乙认定为教唆犯，那么甲就是“教唆教唆犯”；在“A强迫B自伤或自杀”的场合，行为共同说认为A的行为成立教唆犯，由于自伤或自杀的行为并非违法行为，因此A成立无正犯之“单独教唆犯”。[①] 无论是“教唆教唆犯”还是“单独教唆犯”，都是“无正犯的共犯”。对此，若认为“教唆教唆犯”应受到处罚，由于其从属的是教唆犯，如果坚持共犯（限制）从属性立场，就有可能反过来将教唆犯当作正犯，而这样的处理结局相当于适用了单一制正犯体系；在“单独教唆犯”中，并无教唆犯可从属的正犯，若坚持对之进行处罚，实际上是承认了共犯不需要从属于正犯进行处罚。根据行为共同说而产生的“无正犯的共犯”，最终会导致对行为共同说所依存的共犯（限制）从属性被反噬和弃守。

① 此情形并非我国《刑法》第29条第2款所规定的“被教唆的人没有犯被教唆的罪”，在该款中，教唆者教唆他人实施的是犯罪行为，只不过被教唆者没有实施而已。而文中情形，则是强迫他人实施不具有违法性的行为，甚至是不具有构成要件符合性的行为。